二十四史研究資料叢刊

史記志疑

三

〔清〕梁玉繩撰

中華書局

史記志疑卷二十三

鄭世家第十二

鄭桓公友者，周厲王少子而宣王庶弟也。

案：「庶弟」誤，當依年表作「母弟」。漢地理志亦作「母弟」，鄭詩譜從之是也。詩疏曰「世家、年表同出馬遷，而自乖異。紀年稱桓公爲王子多父，蓋其字」。

太使伯對曰

案：史載史伯之對與國語不同，豈史公删易之歟？

公誠請居之，虢、鄶之君見公方用事，輕分公地。於是卒言王，東徙其民雒東，而虢、鄶果獻十邑，竟國之。

案：國語、漢地志、鄭詩譜及孔疏，見詩鄭風、左傳隱十一年。而知史公之説非也。桓公封於宗周畿内咸林之地，京兆鄭縣是，所謂舊鄭也。因王室多故，感史伯之言，寄帑與賄於虢、鄶等十邑。桓公死幽王之難，其子武公與平王東徙，卒定十邑之地以爲國，河南新鄭是也。然則桓公始謀，非身得也。武公始國，非桓公也。武滅虢、鄶，非王徙之而獻邑也。十邑中八邑各爲其國，非虢、鄶之地，無由獻之也。

夫齊，姜姓，伯夷之後也。

案：齊之祖說在陳杞世家。

鄭人共立其子掘突，是爲武公。

案：年表武公無名，乃今本之失。索隱本引表作「鄭武公滑突，」注云「滑一作『掘』」，蓋指世家而言。杜世族譜及國語韋注亦作「滑突」，譙周作「突滑」，必譌倒也。至索隱謂「其孫昭公名忽，厲公名突，豈有孫與祖同名，當是舊史雜記昭、厲、忽、突之名，遂誤以掘突爲武公之字。古史失武公名，太史公妄記之」。此說殊非。祖孫同名，必有一誤，不得斷史失其名。以掘突爲字，亦妄。

武公十年，娶申侯女爲夫人，

案：娶夫人不定在十年，說見表。

生太子寤生，生之難，及生，夫人弗愛。後生少子叔段，段生易，

案：寤生之解，杜注謂「寐寤而莊公已生，則是生之易，夫人特以怪異，故驚而惡之」。后稷之生如達，嘗棄之矣。大任亦少溲於豕牢而得文王。他如晉、魏書及十六國春秋，前秦苻洪母姜氏因寢產洪。南涼禿髮烏孤七世祖壽闐，其母胡掖氏因寢產於被中。南燕慕容德母公孫夫人晝寢生德，左右以告，方寤而起。其父皝曰：「此兒易生，似鄭莊公。」皆可爲杜注之驗。困學紀聞六、西谿叢語卷上及左傳注解辨誤並用風俗通兒墮地開目視者爲寤生，後書東夷傳句驪王宮生而開目能視。與杜注異。閻氏紀聞

注引周書説文訓寤爲夢，言莊公夢中所生，亦是從易生之説。若從史記難生之解者，陸粲左傳附注云「困而後寤也」。焦竑筆乘云「『寤』當作『遻』，逆也。産子首先出者爲順，足先出者爲逆。莊公逆生，故驚姜氏」。胡元滿説，余弟左通申而證之，曰「爾雅『遻，寤也』。胡説本之。漢書敍傳『上聖寤而後拔』，文選『寤』作『迕』，與『遻』通，詮釋雖殊，義亦兩通」。余謂當是莊公在孕時，武姜嘗夢生子不利於己，驚而覺。及生莊公，遂以名而惡之。至史公謂段生易，乃以意言之耳。

莊公曰武姜欲之

案：姜氏見存而稱「武姜」，可乎？

段出走鄢

附案：正義曰「鄔音烏古反，舊作『鄢』，音偃」。然則唐時史記有作「鄔」者矣。蓋字形相近，音得轉呼，觀左傳釋文可見。昭二十七、八年。

鄭侵周地，取禾。

案：不書「取麥」，妄增侵地，説在表。

二十九年，莊公怒周弗禮，與魯易祊、許田。

案：易田取其便，非因怒王弗禮而易之也。是年鄭歸魯祊，尚未易許田，説在周紀。王孝廉曰「『莊公怒周弗禮』，疑在下『不朝周』句上，而衍『莊公』字耳」。

三十三年，宋殺孔父。

案：事在三十四年。

莊公與祭仲、高渠彌發兵自救，

案：左傳曼伯、祭仲爲二拒，原繁、高渠彌以中軍奉公，此不具。

祝瞻

附案：瞻乃「聸」之訛，即「聃」也。

忽謝曰：「我小國，非齊敵也。」

案：此即桓六年傳「齊大非偶」之言，傳乃追紀前事，非救齊時事，史微誤。

所謂三公子者，太子忽，其弟突，次弟子亹也。

索隱曰：「杜預不數太子，以子突、子亹、子儀爲三，蓋得之。」

九月辛亥，忽出奔衛。

案：桓十一年傳是丁亥。左通曰「庚辰年九月乙亥朔癸卯晦，無辛亥，史誤」。

夏，厲公出居邊邑櫟。

案：此誤合奔蔡入櫟爲一事，説在表。

殺其大夫單伯

案：亶、單古通，此單伯即左傳檀伯。索隱謂因傳有單伯會齊伐宋之文而誤者，非也。亦作「曼伯」，見左昭十一。

渠彌與昭公出獵，射殺昭公於野。

案：射殺之說，不知何出？

子亹自齊襄公爲公子之時，嘗會鬭，相仇。

案：此事亦未聞。

子亹曰：齊彊，而厲公居櫟，卽不往，是率諸侯伐我，内厲公。

案：兩「厲公」當作「子突」。

高渠彌亡歸，歸與祭仲謀，召子亹弟公子嬰於陳而立之，是爲鄭子。

案：桓十八年傳云轘渠彌，祭仲立鄭子，此誤以子儀爲嬰，說在表。

鄭祭仲死

案：仲死於鄭子十二年，未知史何據？

甫瑕

附案：以「傳」爲「甫」，字省耳，故論中「甫瑕」兩見。索隱本作「甫假」。

入而讓其伯父原

索隱曰「左傳謂之原繁」。

燕、衛與周惠王弟穨伐王，王出奔温，立弟穨爲王。

案：穨乃莊王子，僖王弟，惠王叔父，此誤。王不奔温，已說在表。

秋，厲公卒。

案：「秋」當作「夏」，春秋厲公卒於五月也。

子文公踕立

附案：文公之名，左、穀春秋及高注呂子上德、韋注晉語並作「捷」，年表同。公羊作「接」，人表作「椄」蓋捷、接古字通用，而手與木旁古亦通寫也，惟此作「踕」爲譌。其所以誤者，「踕」字同「踥」形相近耳。

與亡凡二十八年

案：「八」字當作「七」。

二十四年，文公之賤妾曰燕姞，夢天與之蘭，

案：夢蘭不定在是年，説見表。

文公弟叔詹

案：詹爲文公弟，未聞。

秋，鄭入滑，

案：「秋」字乃「初」之誤，追敍前四年事也。

周襄王使伯犕請滑

附案：僖二十四年左傳「王使伯服、游孫伯如鄭請滑」，此不及游孫伯，略也。「犕」，古「服」字。

而惠王不賜厲公爵祿

索隱曰：「左傳云『鄭伯享王，王以后之鞶鑑與之。虢公請器，王予之爵。』則爵酒器，非爵祿也。」

又恐襄王之與衞滑（恐，金陵本作「怨」。）

附案：史詮曰湖本「怨」作「恐」，誤。

冬，翟攻伐襄王，

案：僖二十四年傳「冬」當作「秋」。

討其助楚攻晉者

案：「者」字衍。

初，鄭文公有三夫人，寵子五人，皆以罪蚤死。

案：宣三年傳，文公娶江，又娶蘇，報叔父子儀之妃陳嬀，則非三夫人也。五子中二人以罪見殺，一人早卒，一人爲楚酖死，其一子瑕見存，文公惡之，則非五人俱有寵也，亦非皆以罪早死也。

公怒溉

附案：徐云「溉，一作『瑕』」，是也，卽子瑕。

詹死而赦鄭國，詹之願也。乃自殺。鄭人以詹尸與晉。

案：叔詹未嘗自殺，說在晉世家。

卒而立子蘭爲太子（金陵本作「而卒立」。）

案：當作「而卒立」。

鄭司城繒賀以鄭情賣之，秦兵故來。

案：賣鄭者秦戍鄭之杞子也。秦紀云鄭人賣鄭於秦，此云鄭司城繒賀，史或別有據，亦說見紀。

敗秦兵於汪

案：晉敗秦彭衙，取秦汪邑，兩事也，此誤合爲一，說在表。

二十一年，與宋華元伐鄭。

案：宣二年傳鄭公子歸生受命於楚伐宋，宋華元樂吕禦之而獲，非宋伐鄭也。「與」字尤謬。

晉使趙穿以兵伐鄭

案：「穿」當作「盾」。

堅者，靈公庶弟，

案：「弟」一作「兄」，說見表。

楚怒鄭受宋賂縱華元，伐鄭。

案：楚之伐鄭討其貳於晉也，此非。

子家卒，國人復逐其族，

案：不言斲子家之棺，而但言逐族，失輕重矣。

七年，鄭與晉盟鄢陵。

案：宣十一經、傳是鄭與楚盟辰陵，又徼事於晉，此誤。

莊王曰：「所爲伐，伐不服也。今已服，尚何求乎？」

滹南集辨惑曰：「楚世家本左氏，鄭世家云云，二者果孰是？」

乃求壯士得霍人解揚，字子虎，

附案：左傳無求壯士之文，亦不言其里與字，史必別有據，故説苑奉使篇曰「解揚字子虎，霍人，後世言霍虎」。

將死，顧謂楚軍曰：「爲人臣無忘盡忠得死者！」楚王諸弟皆諫王赦之。

附案：晉世家言莊王欲殺解揚或諫乃歸之。此又載解揚將死語及莊王諸弟之諫，必別有據。説苑同，左氏略之。

子悼公濆立

附案：「濆」乃「費」之譌，説在表。

鄦公惡鄭於楚悼公使弟睔於楚自訟。訟不直，楚囚睔。

案：説文「鬵」字注讀若許。繫傳臣鍇引史此文云「諸書假借『許』字」。徐廣音許。徐孚遠、淩稚隆曰即「許」字，見考古圖。又成五年左傳悼公如楚，非使睔也。楚囚皇戌及子國，非囚睔也。下文言「睔私於楚子反，子反言歸睔於鄭」，亦妄。

楚共王曰：「鄭成公孤有德焉。」

案：史詮謂「成公」當作「鄭伯」，是也。但攷成九年傳楚重賂求鄭，何德之有，葢妄仍囚睔歸睔來。

四年春，鄭患晉圍，公子如乃立成公庶兄繻爲君。其四月，晉聞鄭立君，乃歸成公。鄭人聞成公歸，亦殺君繻迎成公。晉兵去。

案：成十年傳「三月，鄭子如因晉執成公，故立繻以示晉不急君也。四月，鄭人殺繻，立成公太子髡頑。五月，晉伐鄭，歸成公。」此以晉圍在春，誤一。以因晉圍改君，誤二。以成公歸在四月，誤三。以繻因成公歸見殺，誤四。不敍立髡頑，誤五。又以繻爲成公庶兄，未知何據？

子惲立

案：當作「髡頑」，說在表。

子駟怒使廚人藥殺釐公赴諸侯曰「釐公暴病卒」。

案：左傳襄七年子駟使賊夜弒僖公，年表同，而此云使廚人藥殺之，疑誤。然僖公之死，春秋謂卒於鄬之會，未嘗書弒，而三傳皆以爲見弒，何歟？黃氏日抄云「王氏曰，諸侯方會其郊，子駟敢弒乎？觀九年與晉爭盟，辭不少屈，而晉人不以爲討，其不爲不義可見矣。葢子駟爲政多殺羣公子，疾之者衆，因公卒於外而誣之。黎氏曰，若君實被弒以疾赴，遂從而書之，則弒君豈有以實告者乎？趙氏曰，若實弒而書卒，是春秋庇逆賊也」。

相子駟欲自立爲君，公子子孔使尉止殺相子駟而代之。子孔又欲自立。

案：子駟子孔何嘗欲自立爲君。子孔特知尉止等作亂而不言耳，亦何嘗使尉止殺子駟。誤讀左傳，遽成乖越，與表言子孔作亂，子產攻之，同妄。

楚共王救鄭，敗晉兵。

案：鄭簡四年爲魯襄十一年，秦伐晉以救鄭，晉爲秦所敗，此誤也。

又欲殺子產，公子或諫曰：

案：公子指子皮，然非諫也，說在表。

鄭君病，使子產會諸侯。

案：昭四年春秋鄭伯會於申，無病使子產事。

秋，定公朝晉昭公。

案：據左傳「秋」當作「夏」。

歸靈王所侵鄭地於鄭

案：昭十三年傳楚欲致犨、櫟之田而仍未致，則不可言歸也。

子產謂韓宣子曰：「爲政必以德，毋忘所以立。」

案：左傳子產無是言。

六年，鄭火，公欲禳湖本譌「穰」。之，子產曰：「不如修德。」

案：左傳此即鄭人欲用裨竈禳火之事，非公欲禳之也。又表書於四年，乃裨竈請禳火之事，亦曰「不如修德」，皆史公意測言之，非子產有是語。

鄭殺建，建子勝奔吳

案：殺建不定在十年，表書於十一年，亦非，説見表。勝奔吳不知的在何時，恐非定十年也。

十一年，定公如晉。晉與鄭謀，誅周亂臣，入敬王於周。

案：昭二十四傳，定公如晉請納王，則當在十二年，而入敬王在十四年，此誤。

十三年，定公卒。

案：鄭定公在位十六年，此誤。

聲公五年，鄭相子產卒。

案：子產卒於鄭定八年，説見表。

子產者，鄭成公少子也。

案：子產者，子國之子也。子國者，穆公之子也。而成公者，穆公之孫也。此誤。

孔子嘗過鄭，與子產如兄弟云。及聞子產死，孔子爲泣曰：「古之遺愛也！」兄事子產。（金陵本無「兄事子產」四字。）

溥南集辨惑曰：「既云如『兄弟』，何必復言『兄事』？兼已死之後及此，其次第亦不應爾。」

二十二年，楚惠王滅陳。

案：事在聲公二十四年。

二十六年，晉知伯伐鄭，取九邑。

案：左傳事在三十三年，已説在表。而傳無取九邑之文，表亦無之，恐妄。

三十七年，聲公卒。

案：十二侯表、六國表皆作「三十八年」。

共公三年，晉滅知伯。

案：事在二年。

三十年，共公卒。

案：共在位三十一年，此脱「一」字。

鄭人立幽公弟駘，是爲繻公。

案：「弟」字誤，年表是「子」也，餘見表。

而立幽公弟乙爲君，是爲鄭君。

案：年表、人表稱鄭康公，則乙雖國滅，未嘗無謚也。徐廣曰「一本云『立幽公弟乙陽爲君，是爲康公』」。「陽」字衍。

趙世家第十三

造父取驥之乘匹，與桃林盜驪、驊、騮、騄耳，獻之繆王。

案：樂書云「華山之騄耳，」蓋武王歸馬華山，斯其遺種也。而此以爲桃林，山海中山經亦云桃林中多馬，豈華山、桃林壤地相接，得以通稱邪？華山乃陽華山，在陜西西安府雒南縣東北，非太華山也，自來注家皆誤指太華山言，閻氏辨之甚詳，見尚書疏證卷六下。餘説在秦紀。

繆王使造父御，西巡狩，見西王母，樂之忘歸。而徐偃王反，繆王日馳千里馬攻徐偃王，大破之。

案：馳馬破徐之誕，已説見秦紀。而紀不稱見西王母。習學記言曰此方士語也，遷載之蕪妄甚矣。余因攷西王母實乃西方國名，如周書王會篇東方有姑妹國，後漢桓帝紀羌勒姐，西羌傳彡姐之類。其名見爾雅釋地、大戴禮少間篇，云舜時獻白琯。竹書紀年云舜時西王母來朝獻白環玉玦，賈子修政語上云堯西見王母，卽穆天子傳敍西王母事，與曹奴、巨蒐諸人無異。竹書亦但言王西征見西王母，其年來朝賓於昭宮而已。自山海西山經撰爲豹尾虎齒，蓬髮戴勝之説，而世遂以爲神母，故相如傳大人賦謂西王母「皬然白首，長生不死」。淮南覽冥訓謂「西老折勝」，揚雄甘泉賦謂「王母上壽」。至漢武內傳又有「天姿絶世」之語，嗣後神仙家遞相附會，詭設姓名，何足述哉！吳越春秋五大夫種九術，第一東郊祭東皇公，西郊祭西王母，國不被災，疑世俗所事本此。

而趙夙爲將

案：「爲將」乃「爲御」之譌。

霍公求犇齊

案：求當是霍公之名，徐廣云「一作『來』」，恐非。然霍公名求，未知所據。而水經注六作「霍哀公奔齊」，亦不知哀公何出。

夙生共孟　共孟生趙衰

案：晉語趙衰夙之弟，故左傳文六年稱成季，韋昭曰「衰，公明之少子」。杜注左傳亦從晉語，云「夙，趙衰兄。」則夙與衰皆共孟子，公明、共孟音相近，其實一人也，此誤從世本。而索隱引世本謂「公明生共孟及夙，夙生衰」。尤誤。惠氏左傳補注反依世本又引易林革之夬言「伯夙奏獻，衰續厥緒，」以爲非兄弟之證，殊未然。左傳宣二年疏亦以世本夙爲衰祖是誤。

翟以其少女妻重耳，長女妻趙衰而生盾。初，重耳在晉時，趙衰妻亦生趙同、趙括、趙嬰齊。

案：左傳同、括、嬰齊是文公反國以女妻衰所生，乃盾之弟。盾爲衰庶長子，故稱宣孟，非衰娶翟女之前先有子也，此誤。

晉景公時而趙盾卒

古史曰：「左傳宣公八年亦晉成公八年，書晉郤缺爲政，使趙朔佐下軍，則盾已死矣，非景公之時也。」

謚爲宣孟，子朔嗣。

案：孟非謚也，當作「宣子」。朔謚莊子，此亦缺。

晉景公之三年

案：毛本作「二年」，然是史公之誤，故徐廣正之曰：「案年表，救鄭及誅滅，皆景公三年」。若依各本改作三年，則複下文而徐說贅矣。

朔娶晉成公姊爲夫人　趙朔妻成公姊

案：賈、服、杜皆以莊姬爲成公女，左成八年疏駁史云：「衰適妻是文公女，若朔妻成公姊，則亦文公之女。父之從母，不可以爲妻，且晉文之卒距此四十六年，莊姬此時尚少，不得爲成公姊也」。余謂「姊」是「女」字之誤，或「成公」是「景公」之誤耳。韋注晉語云「景公之姊」。或據僖二十四傳叔隗爲內子，則文公女是妾，不得爲父從母，此說非也。逆叔隗爲適，乃姬氏之賢，而究未嘗以姬氏爲妾，故宣三年傳趙盾爲旄車之族，自居於庶子，以括爲適也。又大夫之妻，春秋時似未稱夫人。有謂朔妻是襄女者，亦非。

晉景公之三年，大夫屠岸賈欲誅趙氏。

案：下宮之事，左成八年疏、史通申左篇並以史爲繆，後儒歷辨其誣。惟劉向採入說苑復恩、新序、節士，皇極經世依世家書之。前編分載賈殺趙朔在周定王十年，趙姬譖殺原屏在簡王三年，皆不足據也。攷晉靈公在位十四年，成公七年，景公十九年。左傳宣十二年爲晉景三年，趙朔將下軍，宣十五年趙同獻狄俘於周，至魯成二年爲晉景十一年，欒書始代趙朔將下軍，蓋朔前卒矣。成三年趙括爲卿。成五年同、括因趙嬰齊通於朔妻莊姬放諸齊。成八年爲晉景十七年，莊姬譖同、括，殺之。則安得言晉景三年殺趙朔、同、括、嬰齊乎？且趙氏家亂，無關於國。若果治賊，則當其時不能治，迨十年之久致其誅於子若弟，有是情哉！韓厥既諫賈不見聽，奚以不告景公，而但令趙朔趣亡，與許其立後乎？莊姬爲成公女，故趙武從母畜公宫。同、括被殺時其去朔卒已踰七年，武之生雖幼，亦十歲以上，安得言是遺腹，而或索宫中，或匿山中乎？且孤兒處公宫，客何計以出之哉。左傳韓厥請立趙後，卽在晉景十七年，閱二年景公卒，安得言居十五年韓厥因公病祟，謀立趙孤乎？晉語獻公時有屠岸夷，其後無考。或云賈之父，非。藉使有賈，晉方鼎盛，烏容擅兵相殺，横索宫闈，而諸大夫竟結舌袖手，任其專恣無忌耶？匿孤報德，視死如歸，乃戰國俠士刺客所爲，春秋之世無此風俗。則斯事固妄誕不可信，而所謂屠岸賈、程嬰杵臼，恐亦無其人也。蓋周末好事者緣趙氏廟祀董安于一節見左昭三十一。又併魯臧保母事見公羊昭三十一年及列女傳。影撰出來，史公愛奇述之，兼著於年表、據集解有之。韓世家、自序傳中，不然晉世家所書與左傳合，詎非矛盾兩傷歟？僞子華子曰大有造於趙宗，程本自以爲嬰後故。韓詩外傳二稱「齊程本子」，則非趙人矣。朱子語録謂子華子近年巧於模擬者所爲。然語屬不經，徒成乖越，而張守節云「今河東趙氏祠先人，猶別舒一座祭二士」。至宋神宗、高宗封程嬰、杵臼、韓厥爲侯、爲公，建廟致祭，不尤可笑耶？

初，趙盾在時，夢見叔帶持要而哭，

案：史於秦、趙多紀不經之夢，然秦繆上天，本紀不書，而旁見於封禪書、扁鵲傳中，正以其妄耳。乃趙世家載宣子、簡子、主父、孝成之夢，不一而足，何夢之多乎？若是則左傳昭三十一年言簡子夢童子羸而歌，又何以不及也？法言重黎篇曰「趙世多神，聖人曼云」。經史問答曰「世家莫如趙之誣謬龐怪，謂非緯候之先驅不可矣」。或曰趙世家多述詭異，屠岸賈誅趙氏一，宣孟夢叔帶二，簡子游鈞天三，有人當道四，天神遺無恤竹書五，武靈夢處女六，孝成夢乘龍七，此子長鈞奇以成其虚誕飄忽之文，而非爲實録，葢學南華經也。

居十五年，晉景公疾，

案：景公病祟而卒，在十九年，晉世家所書是也。此云居十五年，韓世家作十七年，並誤。

平公十二年，而趙武爲正卿。

案：左襄二十五年趙文子爲政，是平公十年，此誤。

十三年，吴延陵季子使於晉，曰：「晉國之政，卒歸於趙武子、韓宣子、魏獻子之後矣。」

案：季札之聘在平公十四年，此誤作十三年。「武子」乃「文子」之誤，然三子見存，不應稱謚。史詮曰「『武子宣子獻子』六字衍」。

文子生景叔

附案：世本景叔名成，左傳亦曰趙成子。

生趙鞅是爲簡子

附案：左哀二年及十七年傳簡子自稱志父，杜云「志父，簡子之一名。」韋注晉語云「簡子後名」。

六卿以法誅公族祁氏、羊舌氏，分其邑爲十縣，六卿各令其族爲之大夫。

案：十大夫不皆六卿之族，説在晉世家。

在昔秦穆公嘗如此

案：此醫師語也，說在封禪書。論衡紀妖篇不斥其事之妄，但辨所游非天，所見非天帝，何迂也。

告公孫支與子輿

附案：索隱於扁鵲傳云「子輿未詳」。余謂卽子車氏也，子車三良，秦紀作「子輿」。孟子字子輿，亦作「子車」。

五世不安

案：「五世」當是「三世」，蓋晉獻公、惠公、懷公也，此與扁鵲傳同誤。或曰並奚齊、卓子數之。淮南精神訓「四世」注，亦數奚齊、卓子、惠、懷爲四。

霸者之子且令而國男女無別

案：下文亦言襄公縱淫，攷左傳不見晉襄縱淫無別事，蓋與扁鵲傳同妄。

敗周人於范魁之西

案：扁鵲傳亦有此語，其事無攷，當屬妄言。正義以趙成侯伐衛實之，謬矣。

配而七世之孫

附案：簡子至武靈十世，此譌「七」字。論衡紀妖篇是十世也。

吾有所見子晰也

附案：論衡「晰」作「遊」，恐非。風俗通卷一與史同。史詮曰「晰，明也，謂夢中明見子耳。索隱以子晰爲當道人名，非」。

乃廢太子伯魯，而以毋卹爲太子。

案：簡子大夫也，而稱其子爲太子，可乎？

後二年，晉定公之十四年，范、中行作亂。

案：陽虎奔晉在定十一年，則當作「後三年」。余有丁云「范、中行氏因邯鄲午見殺而作亂，其説在下，此先言之，誤」。余謂「范中行作亂」五字衍文，事在定十五年也。

十月，范中行氏伐趙鞅

附案：左定十三年是七月，此譌十月。

以范皐繹代之

附案：左傳作「皐夷」，左通云「夷爲『繹』者，聲之轉也」。

韓不佞、魏哆

附案：韓簡子之名，左傳及晉世家皆作「不信」，古通，説文「佞，從女信省」。而魏哆即魏曼多也，説在晉世家。

中行文子奔邯鄲

案：左哀三年，荀寅奔邯鄲，乃晉定二十年，此在十八年，誤。

簡子又圍柏人

案：事在晉定二十二年，非二十一年也，説見表。

定公三十七年卒，而簡子除三年之喪，期而已。是歲，越王句踐滅吳。

案：簡子先定公一年卒，此緣左傳「趙襄子降於喪食」之文，而誤爲斯語，本無其事也。然下文固云「襄子降喪食」，何以有此誤說？蓋史公妄稱簡子六十年卒，以定公三十七年爲簡子四十三年，於是改襄子居父喪作簡子居定公之喪，改襄子降食作簡子易三年爲期，而不自覺其矛盾矣。至滅吳在晉出公二年，是歲越圍吳耳。「滅」字必「圍」字之譌，否則下文書「越圍吳」，何以此先言滅吳耶？而定公三十七年越圍吳，即下文所稱襄子元年越圍吳事，此又因其譌而知其誤重也。

晉出公十一年，知伯伐鄭。趙簡子疾，使太子毋卹將而圍鄭。知伯醉，以酒灌擊毋卹。毋卹羣臣請死之。毋卹曰：「君所以置毋卹爲能忍訽。」然亦慍知伯。知伯歸，因謂簡子，使廢毋卹，簡子不聽。毋卹由此怨知伯。

案：是時簡子已久死，卿之子亦不得稱太子。而襄子之怨知伯，非爲其欲廢之，並說在六國表。至灌酒一節，左傳末篇無其事，史公或別有據，故說苑亦載之也。

晉出公十七年，簡子卒。

案：簡子卒於晉定三十六年，非出公十七年也，此與表同誤。所可怪者，後文云「趙襄子元年，越圍吳。襄子降喪食，使楚隆問吳王」。圍吳之事，在晉定三十七年，襄子初嗣爲晉卿，所言固不誤也，何以此書簡子卒於出公十七年？自相牴牾，深所不解，豈史公又以圍吳爲出公十八年事乎？正義亦疏舛。至襄子紀元之謬，已說在表中。

陰令宰人各以科擊殺代王

附案：徐廣謂「各，一作『雒』」。蓋宰人名，亦通。

遂以代封魯伯子周

附案：湖本譌「伯魯」爲「魯伯」。

襄子立四年，知伯與趙韓魏盡分其范、中行故地。

案：分地在晉出公十七年，説見表。「其」字衍。

出公奔齊，道死。

案：奔齊時出公未死，説見晉世家。

余霍泰山山陽侯天使也

附案：論衡紀妖篇作「余霍太山陽侯天子」，與此同譌，當依風俗通卷一作「余霍太山陽侯大吏」。

亦黑龍面

附案：風俗通「亦」作「赤」，是也，此譌。

脩下而馮

附案：徐云「修，或作『隨』」，義同。風俗通作「脩下而馮上」。

左袵界乘

附案：徐云「界，一作『介』」，是也。風俗通作「介乘」。方氏補正曰「介，甲也。此指武靈王變服習騎射事。左袵，變服也。介乘，謂甲而乘馬習射」。

奄有河宗

附案：風俗通作「河室」，疑非。

三國攻晉陽，歲餘，

案：歲餘，國策作「三年」。

引汾水灌其城

附案：國語但云襄子走晉陽，圍而灌之，不言何水。韋注依此以爲汾水。魏世家依國策以爲晉水。尚書疏證六曰「李宏憲疑莫能定，不知二水皆是也。蓋知伯決晉水以灌城，至今猶名知伯渠，然亦豈有舍近而且大之汾水不引以並注者乎？」盧學士曰「晉水注於汾水，汾水之所經廣矣。此云汾水雖不可謂誤，而晉水尤與晉陽爲切近」。

唯高共不敢失禮

附案：徐廣「共」作「赫」，是也。「共」乃「赫」之譌脱，韓子難一第三十六、淮南氾論、人間訓、説苑復恩及人表並作「赫」。呂覽義賞篇作「高赦」，赦、赫聲相近。

乃取代成君子浣立爲太子。

案：索隱曰「世本云代成君子起卽襄子之子，非也」。然索隱於表又云襄子子獻侯浣何歟？起與浣名亦異。

襄子弟桓子

附案：索隱於此及魏世家皆引世本云「襄子子桓子」，恐非。又桓子，索隱據世本名嘉。

襄子立三十三年卒，浣立，是爲獻侯。

案：襄子五十一年卒。又獻侯是追尊，不當稱侯，並說在表。

十三年，城平邑。

案：竹書在六年，說見表。

烈侯好音

案：此書好音事於六年之後，蓋與表書於七年同，然當在四年也，亦說見表。

弟武公立

案：「公」當作「侯」，又失名，已說在表。索隱引譙周謂「世本及說趙語者無武公」，殆非也。

九年，伐齊。齊伐燕，趙救燕。

案：此所書誤，並有譌脱。趙敬侯七年齊伐燕取桑丘，三晉救燕，伐齊至桑丘，六國表及田完、魏、韓世家可證。若敬侯九年雖有伐齊之事，乃因齊有喪，三晉共伐至靈丘，而與燕無涉也。田完世家正義兩引趙世家，一云伐齊至桑丘，一云伐齊至靈丘，而今本皆無之，故知傳寫脱誤耳。是當移書於八年以前，而補之曰「七年，齊伐燕，趙救燕，伐齊至桑丘」，於九年則補書曰「伐齊至靈丘」，庶幾得之。

十一年，魏韓趙共滅晉，分其地。

案：是時但分其地，而未滅晉也，説在表。

大戊午爲相

附案：徐廣謂「戊，一作『成』」。人表作大成午，則「戊」乃「成」之譌。韓策「大成午從趙來」是也。

攻鄭，敗之，以與韓，韓與我長子。

案：此所書殊難曉，是時鄭滅已六年，安得有鄭而攻之。鄭爲韓滅，韓即徙都鄭，故韓亦稱鄭，何煩趙與之。若謂攻鄭便是攻韓，則攻其國都矣，而「與韓」句又不可接。且祇敗之而已，奚以與哉。大事記改書云「韓分鄭地長子與趙」。以爲韓滅鄭之時，趙與有勞，至是韓始以地酬其功。硬改史文，既屬武斷，更爲臆談，而長子亦非鄭地也，豈足述乎？

伐魏，敗涿澤，圍魏惠王。

案：涿澤之圍，不在六年，説見表。

九年，與齊戰阿下。

附案：徐廣曰「戰，一作『會』」。大事記云「世家威王封即墨大夫烹阿大夫之後，諸侯莫敢致兵於齊二十餘年，雖未可盡信，然距阿下之會首尾纔五年耳，當從別本」。

秦攻魏，趙救之石阿。

附案：秦紀、六國表皆作「石門」，徐廣曰「一作『阿』」。蓋據此世家也。然本紀正義引括地志謂堯門山俗名石門，在雍州三原縣西北三十三里。上有路，其狀若門。武德中於山南置石門縣。通鑑注引水經注馮翊雲陽縣有石門山，則「阿」字譌寫。

虜其太子痤

案：此乃公叔痤之誤，説在秦紀。

成侯與韓昭侯遇上黨

大事記曰：「成侯十三年乃韓懿侯九年，趙世家誤『昭侯』」。

與韓魏分晉，封晉君以端氏。

案：端氏之封當在前敬侯十一年分晉之時，此誤書於成侯十六年也。下文「肅侯元年，奪晉君端氏，徙處屯留」。亦是誤書，當在成侯五年，大事記亦以史爲誤，其詳見六國表中。蓋三晉既分晉地，尚奉晉孝公以端氏一城，其後奪端氏而徙之屯留，猶得食屯留一城也。迨成侯十六年，鄭取屯留，於是晉孝公之子静公始夷於編户而爲家人矣。其事與田齊徙康公略同，但田氏待康公死無後而收其所食之一城，三晉不待静公之死而生奪其邑，則又不如田氏耳。

十七年，成侯與魏惠王遇葛孽。（孽，金陵本作「蘖」。）

案：表謂魏惠王十四年與趙會鄗，魏世家同，爲成侯十八年，此書於十七年，誤。但一以爲葛孽，一以爲鄗，二處各異，蓋稱鄗者是。鄗本晉地，是時屬趙，故武靈王城鄗，魏表及世家俱言會鄗，可信。徐廣云「葛孽在馬邱」，不知馬邱何地，方輿紀要云「在曲周縣西」，則與鄗遠。「孽」字當作「蘖」。

魏惠王拔我邯鄲　魏歸我邯鄲

案：邯鄲，趙都也，一拔一歸皆妄，說見表。

公子緤與太子肅侯爭立。

案：肅侯失書名，說見表。

肅侯元年，奪晉君端氏，徙處屯留。

案：事在成侯五年，說見上。

十一年，秦孝公使商君伐魏。

案：事在十年。

魏惠王卒

案：惠王非卒於肅侯十五年也，說在表。

取我藺、離石

案：秦紀、年表及此下文皆言秦取藺在秦惠文更元之十二年，趙武靈十三年，此時未取藺，蓋因藺與離石相近，並屬西河，誤連及之耳。或曰西周策蘇厲述秦善用兵，有取趙藺、離石、祁之語，祁屬太原，史不見取祁事，疑「藺」字是「祁」之誤。

韓舉與齊、魏戰，死於桑丘。

附案：徐廣以韓舉爲韓將，非也。此是趙將而與韓將同姓名者，說在六國表。桑丘在漢中山國，本燕地，時屬於齊。一作「乘丘」者誤，説見建元王子侯表。至正義謂此時齊伐燕桑丘，三晉來救，則謬甚。事在敬侯七年，何得合韓舉之戰爲一役耶？

子武靈王立

案：此失書名，説見表。

梁襄王與太子嗣

案：「襄」當作「惠」，嗣乃是襄王，索隱引世本襄王名嗣，可驗此文之誤，而尤足徵是時惠王非三十六年卒也。

三年城鄗

案：表在二年。

五國相王，趙獨否。

案：此武靈八年也。稱王者燕、秦、楚、齊、趙、魏、韓及宋、中山九國，楚僭王在春秋前，不在其列，其餘稱王皆不在武靈八年，吾不知所謂五國者誰乎？大事記改書於顯王四十六年，武靈三年。以爲韓、燕、中山皆稱王，趙獨稱君。胡氏大紀同。然則相王非五國也，趙不肯王在三年，非八年也。而八年，乃武靈稱王之時，故十一年書「王召公子職」。

九年，與韓魏共擊秦。

案：六國擊秦，不止三晉，又事在八年，俱説見秦紀。

十一年，王召公子職於韓，立以爲燕王。

案：事在十二年，說見表。

虜將軍趙莊

案：趙莊說在秦紀。正義謂「莊」一作「茈」，非。

十六年，秦惠王卒。

案：卒在十五年。

命乎命乎，曾無我嬴！

附案：列女傳云「命兮命兮，逢天時而生，曾莫我嬴嬴！」

十八年，秦武王與孟說舉龍文赤鼎，絶臏而死。

案：秦武卒在十九年，此誤。餘見秦紀。

北至無窮

案：「無窮」疑是「無終」。

又取藺、郭狼

通鑑地理通釋曰「郭狼，疑是皋狼」。

爲人臣者，寵有孝悌長幼順明之節，

案：國策作「窮有弟長辭讓之節」，疑此「寵」字誤，正義以貴寵釋之，非也。

使王緤告公子成

案：國策是「王孫緤」。

兄弟之通義也

案：「兄弟」當依國策作「先王」，徐作「元夷」尤非。

夫翦髮文身，錯臂左衽，

案：索隱曰「錯臂亦文身。孔衍作『右臂』，謂右袒其臂也」。吴師道云「既言文身，則畫臂爲復。恐後説是，錯或『袒』字之譌」。

却冠秫絀

案：國策「鯷冠秫縫」，鯷音題，大鮎，以其皮爲冠。秫與「鉥」同，音術，鍼也。此「却」字疑非。絀亦縫紩之名。徐廣曰「一作『鮭冠黎緤』」。

大吴之國也

附案：今國策俗本作「犬戎之國」，誤。

三胡

附案：國策「三」作「參」，吴注云「史因音而譌。據上文則『參』當作『東』」。余謂「三」與「參」同。依索隱以林胡、樓煩、東胡爲三胡，較確。

趙文、趙造、周袑、趙俊皆諫止王，毋胡服。

案：策有趙文、趙造諫辭，此不載。而所載「先王不同俗」以下，是王答趙造語也。答趙文語，此亦不載。周紹，策作「紹」，賜胡服立爲王子傅。趙燕胡服後期，讓其逆令。疑史謁「燕」爲「俊」，然二人未有諫胡服之事，史誤耳。

故禮也不必一道

附案：「禮也」二字策作「禮世」，謂禮施於世也，則「也」爲「世」之訛。然吳注謂宜從商君傳作「治世」，則「禮」當作「理」。

仇液之韓，王賁之楚，

案：國策「仇」元作「机」，「液」作「郝」，又作「赫」，蓋一人而記別也。但策云主父令仇赫相宋，不言之韓，豈有誤耶？此王賁是趙人，非秦王翦之子王賁。

牛翦將軍騎

案：策有牛贊無牛翦，疑一人二名，或「翦」爲「贊」之誤。

鴟之塞

附案：正義曰「徐廣鴟一作『鴻』，鴻上故關今在定州。一本作『鳴』字，誤也。」各本脱一「鴻」字。（金陵本正義重「鴻」字。）

王軍取鄗

案：鄗本趙邑，武靈三年嘗城鄗矣，此何以言「取鄗」，豈前此曾爲中山所取耶？

二十五年，惠后卒。

附案：惠后者，孟姚也，因其爲惠文王之生母，故稱惠后，以别於太子章之母。下文惠文后卒者，乃惠文之后耳。小司馬是年及孝成元年兩注大謬，周氏巵林已辨之。

三年，滅中山。

案：中山滅於武靈二十五年，表書於惠文四年，此前一年，皆非也，説在表。

主父開之

附案：索隱曰「謂開門而納之。俗本作『聞』，非。譙周、孔衍皆作『閉』，藏也。」

主父死，惠文王立，立五年，

案：主父傳位惠文已四年，而主父之死上文備言之，疑「五年」上八字當衍。

九年，趙梁將，與齊合軍攻韓，至魯關下及。

附案：「及」乃「反」之譌，各本以「及」字屬下文誤。

十年，秦自置爲西帝

案：事在十一年。

十四年，相國樂毅將趙、秦、韓、魏、燕攻齊，取靈丘。

案：六國伐齊在明年，是歲惟秦擊齊，無趙、韓、魏、燕攻齊及取靈丘之事，葢誤。索隱謂此年伐齊，明年重擊齊，非也。

趙與韓、魏、秦共擊齊

案：此言伐齊失書楚，說在秦紀。

十六年，秦復與趙數擊齊，齊人患之。蘇厲爲齊遺趙王書　於是趙乃輟，謝秦不擊齊。

案：惠文十六卽齊襄保莒之歲，田單守卽墨未下，餘地盡入燕，則當時之齊僅存二城，秦何利而數擊之？秦卽欲擊，復何畏而必共趙擊之？秦果欲共趙擊齊，趙又何敢謝之？其謬不辨自明也。國策亦稱蘇厲爲齊說趙，而書中俱爲韓言，與篇首相戾。蓋言齊誤耳，乃史公反改「韓」作「齊」，書辭亦不同，未知所據。大事記曰「是時齊地皆入燕，獨莒、卽墨僅存，蘇厲之書不及，恐非此時事」。吳注曰「策爲韓言，乃趙藉擊韓，而厲爲韓止之者，其間事實皆明指韓。首云伐齊爲齊，殊誤，而史一切以韓爲齊，抑馬遷之所改歟」？然趙伐韓不知在何時其文及地名多舛異，不可强爲之說。

反高平、根柔於魏

案：國策作「温軹高平」，根柔之地未見，似宜從策。

反巠分、先俞於趙

附案：巠分，徐云一作「王公」，蓋字之譌。策作「三公什清」，據後漢續志注常山元氏縣有三公塞也。但正義曰「巠音邢。分字誤，當作『山』」。括地志云『勾注山一名西陘山，在代州鴈門縣西北四十里。』俞音戍。郭注云『西隃卽鴈門山』。爾雅西隃，鴈門。西先聲相近，二山之地皆趙地」。說亦通。

廉頗將，攻齊昔陽，取之。

案：此與頗傳在十六年，而表在十五年，以楚表及世家較之，則書於十六年者非也。「昔陽」當作「淮北」，說見表。

十七年，樂毅將趙師攻魏伯陽。而秦怨趙不與己擊齊，伐趙拔我兩城。

案：毅是時方爲燕攻齊，何從將趙師而攻魏，葢非毅將耳。秦拔趙兩城，乃争城之常，非爲怨趙不與擊齊也。是時齊衹有二城，安得秦欲與趙攻齊事乎？說見上。

秦拔我石城

案：此事年表亦書之，然疑有誤也。正義引右北平之石城縣及相州石城爲證，而在北平者燕境，在相州者魏境，皆非趙地。胡注通鑑謂卽漢西河之離石縣。然趙肅侯二十二年秦已取之矣，何待是時始拔乎？俟攷。

魏冉來相趙

案：是歲爲惠文十八年，秦昭二十六年，冉復爲秦相，安得相趙之事哉，誤矣。大事記謂「相趙未幾，復歸相秦」，非也。

秦敗我二城

案：「敗」當作「取」。

趙奢將攻齊麥丘，取之。

案：此在惠文十九年，是時齊亦尚止二城。麥丘屬燕，年表、田完世家及奢傳皆不書，未知此何以言之？

二十年，廉頗將攻齊。案：是年樂毅尚在齊，次年田單始敗燕軍復有七十餘城。此時齊無可攻，他處皆無其事，疑亦史誤。

與魏共擊秦。秦將白起破我華陽，得一將軍。案：惠文二十六年事，此誤在二十五年，又不書穰侯、胡陽，說見秦紀。

燕將成安君公孫操弑其王。案：事在惠文二十七年，此誤書於前一年也。燕世家索隱引之，「將」作「相」。

左師觸龍言願見太后 附案：國策作「讋」。一本無「言」字。明孫鑛國策評云「史『龍』下亦有『言』字，當是二字，此誤爲一，或一字彼誤分爲二。」余攷人表同史，而說苑敬慎篇言桀臣有左師觸龍，荀子臣道、議兵篇言紂臣曹觸龍，韓詩外傳四亦云曹觸龍之於紂，則趙臣不當作「讋」字。高祖功臣表有臨轅侯戚觸龍，惠景表有山都侯王觸龍。

老婦恃輦而行（金陵本「行」下有「耳」字。）附案：索隱本句末有「耳」字，是也。

至於趙主之子孫爲侯者

附案：史詮曰「今本『王』作『主』，誤」。

而況於予乎

案：「予」字非，一本作「子」字尤非，國策作「人臣」是也。

而攻燕中陽

案：此「中人」之誤，説在表。

有城市邑十七

案：策作「七十」，是也。此與下文同誤爲「十七」。

聽王所以賜吏民（「聽」金陵本作「財」。）

附案：毛本「聽」作「財」，與國策作「才」同，卽裁也，倒句甚古。

蠶食上乘倍戰者，裂上國之地，

附案：策作「其死士皆列之於上地」，正義解非。

以萬户都三封太守

案：正義云「爾時未合言太守，至漢景帝始加『太』字。此『太』字衍。」吴師道云「國策凡五言太守，決非衍，當時已有此稱矣。」二者奚從，閻氏辨之矣。尚書疏證四云「史家有追書之詞，每以後之官名制度敍前代事，如郡守更爲太守始景帝中二年七月，太史公書於景帝前輒曰太守，豈當日之實稱乎？抑偶誤耳？或曰太守字在史記固多追書，若國策韓陽曰『使陽言之太守，太守其效之』，豈亦追書

乎　余曰昔人已疑到此，著有明辨，蓋校寫國策者不通古今，妄增入，非元文，因笑近時刻日知録者遽謂國策真有太守稱，亦不善於論世矣」。

吾不處三不義也

案：策言馮亭辭封入韓，然漢書馮奉世傳云趙封馮亭爲華陽君，與趙將括距秦，戰死長平，所説不同，未知誰實。

廉頗將軍軍長平

案：此上失書「六年」二字。

七年，廉頗免。

案：此乃「七月」之誤，白起傳可證。

楚來救及魏公子無忌亦來救，秦圍邯鄲乃解。

案：楚、魏救趙解圍，在九年，此誤作八年，正義糾之矣，而通鑑獨依此書於赧王五十七年，何也？

燕攻昌壯

案：徐廣謂「壯，一作『社』」，而正義云「壯字誤，當作『城』，昌城在翼州信都縣。」則作「社」亦誤。

趙將樂乘、慶舍攻秦信梁軍，破之。

案：集解、索隱、正義皆謂此卽前年秦拔寧新中事，非也。是歲爲趙孝成十年，秦昭五十一年，秦紀言「將軍摎攻趙取二十餘縣，首虜九萬」，疑卽此事。信梁乃摎號也。此言破，秦紀言「取縣虜首」

者，秦諱言敗，虚功非實，史公於本紀依秦史書之而未改正耳。

而秦攻西州（金陵本作「西周」。）

附案：「州」當作「周」，他本作「周」。

十四年，平原君趙勝死。

案：年表、列傳在十五年，此誤。

虜卿秦、樂閒

案：徐孚遠謂「樂閒諫燕王不聽歸趙，非被虜也」。余謂樂閒下缺「奔趙」二字，燕策作「入趙」，燕世家、樂毅傳作「奔趙」可證。

秦拔我榆次三十七城

案：此失書拔新城狼孟，紀、表有。

汾門

附案：正義引括地志謂「汾」字誤，恐非。水經易水注作「汾門」，亦曰汾水門。

秦王政初立

附案：「政」當作「正」，説在秦紀。

秦拔我晉陽

案：事在十九年，非二十年也，説見表。

二十一年，孝成王卒。廉頗將，攻繁陽，取之。使樂乘代之，廉頗攻樂乘，樂乘走，廉頗亡入魏。子偃立，是爲悼襄王。

附案：據廉頗傳，「孝成王卒，子偃立，是爲悼襄王」十二字，當在「攻繁陽取之」下，此錯簡也。

秦召春平君

案：策作「春平侯」，疑此誤。

而留平都

案：策作「平都侯」，此似脱「侯」字。

龐煖將趙、楚、魏、燕之鋭師，攻秦蕞。

案：五國伐秦，此失書韓，説在始皇紀。

趙攻燕，取貍、陽城。

附案：正義謂燕無貍陽，疑「貍」字誤，當作「漁陽」。正義甚謬，燕策燕攻齊陽城及貍，蘇代爲齊將與燕戰敗，則貍陽城乃二地名，燕取之於齊，而今又爲趙所取也。

秦攻鄴，拔之。

案：秦不止拔鄴，説在始皇紀。

子幽繆王遷立

案：國策作「幽王」，列女傳作「幽閔」，與此不同。徐廣曰「又云『湣王』」，世本、年表及史考趙遷皆無諡。」索隱曰「此獨稱幽繆者，蓋秦滅趙之後，人臣竊追諡之，太史公別有所見而記也」。陳氏測議曰「或武臣、張耳之時追諡」。

秦攻武城

案：不及平陽，略也，說在始皇紀。

趙忽及齊將顔聚代之。趙忽軍破，顔聚亡去。以王遷降。八年十月，邯鄲爲秦。

案：國策及李牧傳作「趙葱」，「忽」字譌。「顔聚」亦作「顔最」，見國策及漢書馮唐傳，古字通，說在功臣表。而策及牧傳言聚與王同虜，此云亡去，恐非。又王遷在位八年被虜，此書於七年，誤。

趙之亡大夫共立嘉爲王

案：代王嘉之事，史公於論及之，又附見燕世家，變體也。而張耳立趙後歇爲趙王，項羽徙爲代王，陳餘復奉爲趙王，滅於漢，亦宜牽連書之。

史記志疑卷二十四

魏世家第十四

畢公高與周同姓

索隱曰：「左傳富辰説文王之子十六國有畢，此云與周同姓，似不用左氏之説。馬融亦云畢、毛，文王庶子。」書顧命疏王肅亦云「文王庶子」，而唐表魏氏世系云「文王第十五子」。

生武子

案：世本畢萬生芒季，芒季生武仲州，卽武子犨，故杜預云「畢萬，魏犨祖父」。此言萬生武子，恐非。又此世家敍世次多缺名及謚，疎也。

晉獻公之二十一年，武子從重耳出亡。

案：事在二十二年。

生悼子

附案：索隱及禮樂記疏引世本無悼子一代，而索隱别引世本居篇又有悼子，與史合，唐表從之。然韋、杜注並以絳爲犨之子，襄三年傳疏云「計其年世，孫應是也。」先儒悉皆不然，未知何故？春秋分記謂魏顆謚悼子，非。

卒任魏絳政

徐氏測議曰「絳初爲列大夫，後乃下卿，此云任之政，非」。

謚爲昭子

案：魏絳之謚，内、外傳及徐廣引世本皆作「莊子」，索隱引世本居篇作「昭子」。則「昭」字誤也。

生魏嬴。嬴生魏獻子。

案：世本無嬴，以獻子爲莊子之子。杜注亦云莊子絳，獻子之父。韋注周語云「獻子，魏絳之子舒也。」

韓宣子老

案：昭二十八年左傳，宣子卒，非老也。

晉宗室祁氏、羊舌氏相惡，六卿誅之，盡取其邑爲十縣，六卿各令其子爲之大夫。

案：十縣大夫不皆六卿之子，説在晉世家。

而孔子相魯

案：相魯之誤，説在孔子世家。

後四歲

案：「四」當作「三」。

魏獻子生魏侈

案：世本獻子生簡子，簡子生襄子，故杜云「襄子，魏舒孫曼多也。」此少簡子一代，而魏襄子曼多之爲魏侈，説在晉世家。

魏侈之孫曰魏桓子

案：索隱據世本云襄子生桓子，而唐表云襄子生文子須，須生桓子。又韓子説林、難三、淮南人間、説苑敬慎、權謀並以桓爲宣，恐誤。春秋成十三年曹宣公，檀弓作「桓公」，鄭注宣言「桓」，聲之誤也。

桓子之孫曰文侯都魏（金陵本作「文侯都」，「魏」字下屬，與集解、索隱同。）

案：世本文侯是桓子之子。文侯已上世系多異，未知孰是。又各本誤絶「都」字爲句，唐表亦誤以「都」爲名。

文侯元年

案：稱「元年」非也，説在表。

周威王

史詮曰「缺『烈』字」。

子擊不懌而去

案：韓詩外傳九説太子擊遇田子方事，與此小有異同，末云「太子再拜而後退」，此言「不懌而去」，二語人之賢不肖相去甚遠，未知孰得其實。

子擊生子罃

附案：「罃」當作「罃」，説見表。

文侯受子夏經藝

案：受經及後卜相二事，表在十八年、二十年，説見表。

李克曰：君不察故也。

附案：吕覽舉難、新序四述李克云「君若置相，則問樂騰新序作「商」。與王孫苟端孰賢。」蓋傳聞異辭耳，故説苑臣術所載略同。

臣進屈侯鮒

案：屈侯鮒，韓詩外傳三作「趙蒼唐」，與此不同。説苑鮒作「附」。

臣何以負於魏成子

附案：一本無「以」字者是。

是以東得卜子夏、田子方、段干木。此三人者，君皆師之。

案：上文亦云文侯之師田子方。然考吕子舉難、察賢、韓詩外傳三、新序四、説苑臣術，並言文侯師子夏，友田子方，敬段干木，則謂文侯以三人爲師非也，當依韓詩外傳作「君皆師友之」，此蓋缺「友」字。

是歲，文侯卒。

附案：索隱引紀年云「文侯五十年」，今本紀年作「五十四年」，下「武侯卒」又引紀年云「二十六年卒」，今本是「十六年」，索隱誤也。而紀年有錯簡，故其事間有可據，其年多不足憑。又呂覽下賢篇言「文侯南勝荆於連隄，東勝齊於長城，虜齊侯獻諸天子，天子賞文侯以上卿」，諸書皆無其事。「上卿」當作「上聞」，說在樊噲傳。

公子朔爲亂

附案：年表及趙世家並作「公子朝」，是也，此「朔」字譌。朔爲趙氏遠祖，何故名之。

使吳起伐齊

案：起已於魏武侯六年死於楚矣，是時爲武侯九年，安得有起乎？大事記以世家爲誤。

十一年，與韓、趙三分晉地，滅其後。

案：是時分晉地而未滅也，說在表。

十三年，秦獻公縣櫟陽。

案：「縣」字誤，說在表。

自趙入韓，謂韓懿侯

案：韓世家不書伐魏濁澤事，則其時趙、魏交兵未嘗有韓矣。攷田完世家云「威王敗魏濁澤圍惠王」。是必齊威王與趙合兵伐魏，而此以下凡言「韓」者皆「齊」之誤也。大事記謂齊不與濁澤事，蓋失檢耳。

魏君爲（金陵本作「魏君圍」。）

附案：一本「爲」作「圍」是，三字句。年表及趙與田完世家言「圍惠王」，可證。史詮曰「湖本『圍』作『爲』，連下文讀」，誤也。

敗趙于懷

案：事在惠王元年，此誤二年。

城武堵

案：表作「武都」，未知孰是。各本誤離「城」字爲句。

虜我將公孫痤，取龐。

案：「公孫」乃「公叔」之誤，說在秦紀。又攷魏文侯十年，當秦靈公十年，秦補龐城，則龐爲秦邑也。其後三年，文侯圍繁龐，出其民，則此時秦所取者豈繁龐乎？

十年，伐取趙皮牢。

案：事在九年，說見表。

十五年，魯衛宋鄭君來朝。

案：秦策云「梁君伐楚勝齊，制韓、趙之兵，驅十二諸侯以朝天子於孟津。後子死，身布冠而拘於秦」。齊策蘇子說閔王，亦有魏王從十二諸侯朝天子之語，史皆缺略不載。又攷韓子說林言「魏惠公爲臼里之盟，將復立天子。彭喜謂鄭君勿聽。」與韓策同，惟策誤次於釐王之時，而以「臼里」爲「九重」，一作「九里」。「彭喜」爲「房喜」耳。復立天子，卽所謂率十二諸侯朝天子也。尤盛德事，何以不書，而反書諸侯之朝梁哉。

與秦孝公會杜平

附案：「社」當作「杜」，傳寫譌耳。

十八年，拔邯鄲。

案：二十年言「歸邯鄲」，一拔一歸，並妄也，說在表。

十九年，諸侯圍我襄陵。

案：事在十八年，惟齊圍之，說見表。

中山君相魏

案：表書於二十九年，此前一年，未知孰是。餘說見表。

三十年，魏伐趙，趙告急齊。

案：正義曰「孫臏傳云『魏與趙攻韓，韓告急齊』，此文誤耳。魏伐趙，趙請救齊，齊救趙，敗魏桂陵，乃在十八年」。正義是也。趙助魏伐韓事，年表、世家皆不書，當是趙先敗而歸矣。田完世家亦與此同誤。

齊虜魏太子申

案：國策曰「殺太子申」。

於是徙治大梁

附案：徐廣引紀年徙大梁在九年，索隱謂紀年誤。然商君傳索隱謂二十九年徙，亦誤，依史在三十一年是。今本紀年在六年，與漢書高紀臣瓚注及水經注二十二卷所引同，尤非也。

以公子赫爲太子

案：表在後一年，疑此上矢書「三十二年」四字。赫疑卽襄王，說在表。

鄒衍、淳于髡、孟軻皆至梁。

案：孟子至梁不在惠王三十五年，說見表。

梁惠王曰

案：孟子初見惠王，王問利國，孟子答以仁義。他日因敗衄之故，又問所以洒恥者，孟子勸以施仁政。史止載孟子仁義之對，而并惠王之問爲一端，王滹南譏其文辭雜亂，良然。

孟軻曰：「君不可以言利若是。」

案：改「王」稱「君」，非也，說見表。

三十六年，復與齊王會甄。是歲，惠王卒，子襄王立。襄王元年，與諸侯會徐州，相王也。

追尊父惠王爲王。

案：惠王三十六年後改元十六年始卒，是年未卒也。史以惠改元之年爲襄元年，誤矣。襄王已下，又三代失書名，而元年亦無諸侯相王事，祇魏改元稱王耳。惠生而爲王，何俟追尊，更屬虛妄。並說在表中。

秦取我汾陰、皮氏、焦。

案：「焦」下脱「曲沃」二字，說見秦紀。

七年，魏盡入上郡於秦。秦降我蒲陽。

案：秦取蒲陽而復歸之，故魏入上郡爲謝也。此誤書之，說已見表。

秦歸我焦、曲沃

案：此似失書歸皮氏，說在秦紀。

十六年，襄王卒，子哀王立。張儀復歸秦。

案：「襄」當作「惠」，「哀」當作「襄」，說在表。又儀之歸秦，據儀傳當在哀王二年，實襄王二年也，此誤。

五國共攻秦

案：攻秦者六國也，說在秦紀。

齊敗我觀津

案：「津」乃「澤」之誤，說見表。

五年，秦使樗里子伐取我曲沃，走犀首岸門。

案：「曲沃」當作「焦」，說見表。水經注二十二「岸門」作「岑門」，與策、史異，疑非。

秦求立公子政爲太子

附案：「求」字譌，當依表作「來」。

昔者，魏伐趙，斷羊腸，拔閼與，約斬趙，趙分而爲二。

附案：史、策皆不載此事，無從考也。閼與之拔，蓋魏卽歸之，故其後秦昭王攻趙閼與，至始皇而拔之。

薛公

案：魏有田文爲武侯相，見吳起傳，呂氏春秋執一篇所謂商文也。又有魏文子相襄王，見魏策，與齊孟嘗爲三人。因名偶同於孟嘗，而孟嘗又有奔魏事，故國策誤以文子爲薛公，並謂孟嘗奔魏爲相魏，豈不妄哉！史仍其誤耳。且薛公奔魏當魏昭王十一二年間，國策載謀相事於哀王時，此敘在哀王九年，前乎薛公之奔魏者二十六七年，是時孟嘗方相齊，何以居魏乎？

秦來伐我皮氏，未拔而解。

案：此書伐皮氏於哀王十二年，與紀年書於隱王（周赧也。）八年合，然年表及樗里甘茂傳並在秦昭元年，魏哀十三年，恐是十二年誤。

秦拔我蒲反、陽晉、封陵。

案：年表、紀年皆作「晉陽」，是也。此作「陽晉」，正義謂史文誤。又「封陵」，紀年作「封谷」，水經作「風陵」。

二十三年，秦復予我河外及封陵爲和。

案：事在二十一年，「河外及」三字衍，說見秦紀。

秦將白起敗我軍伊闕二十四萬

案：二十四萬合韓、魏軍言之，說見表。

與秦、趙、韓、燕共伐齊

案：六國伐齊，此失書楚，說在秦紀。

秦破我及韓、趙，殺十五萬人。

案：「韓」字衍，十五萬連趙言之亦非，說在秦紀。

蘇代謂魏王

案：蘇代國策作「孫臣」。

中旗馮琴對曰

附案：索隱云「國策作『推琴』，春秋後語作『伏琴』，韓子作『推瑟』，說苑作『伏瑟』，文各不同。」余又攷「中旗」策作「中期」，古字通也。說見弟子傳而說苑敬慎篇作「申旗」，與策、史異。韓子見難三。

魏桓子御，韓康子爲參乘。

案：秦策作「康子御，桓子驂乘。」

汾水可以灌安邑，絳水可以灌平陽。

案：史策所説並同，而水經注六引史作「汾水浸平陽，絳水浸安邑」並云「余觀智氏之譚，汾水灌平陽或亦有之，絳水澆安邑未識所由。」迨攷胡注通鑑引酈注又與策、史無殊，胡復據括地志謂「道元未識絳水可灌平陽，因少長齊地，未嘗至河東」也，豈今本水經注傳寫譌舛乎？然梁書韋叡傳亦言「汾可灌平陽，絳可灌安邑」，則何以説？（晉語注「安邑魏也，平陽韓也」。）潛丘劄記曰「嘗往來平陽、夏縣，而悟二語具有妙解。蓋汾水並可灌安邑，至絳水則不待言。絳水並可灌平陽，至汾水又不待言。交錯互舉，總見水之爲害溥耳。」

魏人有唐雎者，年九十餘矣，

案：此時爲安釐王十一年，迨魏之亡凡四十二年。而國策載魏亡後，唐雎爲安陵君説秦始皇，豈雎壽至一百三十餘歲乎？

吾請獻七十里之地。

案：魏策作「百里之地」。

痤因上屋騎危，謂使者曰：

疏證曰：「國策范痤獻書魏王耳，無上屋騎危事。」

伐楚道涉山谷（金陵本無「山」字。）

附案：策與史同，索隱、正義據劉伯莊云「涉谷是往楚之西道。」索隱本無「山」字，未知然否？

右蔡左召陵

附案：徐云「一無『左』字」。正義曰「上蔡、邵陵並在陳州西。從汴州南行向陳州之西郊，則上蔡邵陵正南面，向東皆身之右，定無「左」字。」余攷策作「右上蔡召陵」，則「蔡左」二字當作「上蔡」，傳寫譌耳。

秦固有懷、茅、邢丘，城垝津以臨河內，

附案：城垝津者，築城於垝津也。荀子强國篇注引史同，謂垝津卽圍津，以曹參度圍津爲證。荀子傳寫誤作「圍津」，乃東郡白馬之韋津也。圍、韋、垝三字古通借用之。索隱謂「策作『邢丘、安城』，此少『安』字。」正義謂「『垝』字誤，當作『延』」，恐非。攷魏策曰「秦故有懷地邢丘、之當作「安」城、垝津，而以之臨河內」，不言延津也。

秦葉縣昆陽與武陽鄰（金陵本作「葉陽」。）

附案：武陽，正義作「舞陽」，與策同，以下文「繞舞陽」例之，則「舞」字是也。舞陽在葉東，屬魏，若武陽則齊地矣。古舞、武通借，故混書之。刺客傳秦武陽作「舞陽」。又春秋莊十年「蔡侯獻舞」，穀梁作「武」。周禮地官鄉大夫職「興舞」，馬融注論語「射不主皮」作「興武」。漢書功臣表以武陽侯趙安稽爲「舞陽」，宋書荆雍州蠻傳「舞谿」，南史作「武谿」。「葉縣」亦「葉陽」之譌。

國無害已

案：此句文義不順，策作「魏國豈得安哉」，則「已」字疑當作「乎」。

秦七攻魏，五入囿中。

附案：策作「十攻」，此譌作「七」。徐廣謂「『囿』一作『城』」，是，策作「國中」。

北至平監

附案：徐云「平縣屬河南。或作『乎』」。而策作「北至平闞」，則「平」字譌也。「監」與「闞」同，說在齊世家。

大縣數十，名都數百，

附案：徐謂一本「十」作「百」，「百」作「十」，與策同。

禍必由此矣

案：國策「由」作「百」，大事記從策。

趙挾韓之質

案：「趙」字策作「而」，是也，索隱解非。

而又與彊秦隣之禍也

案：策「又」字作「無」，是。

此亦王之天時已

附案：策作「大時」，大事記從此譌。

使道安成

附案：策作「使道已通」，似從史爲勝。

敗之河内

案：「河内」乃「河外」之誤，秦紀及六國表是「河外」。

公孫喜

案：魏將公孫喜爲秦所虜，此時久無其人，策作「公孫衍」是。

秦王政初立

附案：「政」當作「正」，説在秦紀。

秦拔我垣、蒲陽、衍，

案：「垣衍」二字羡文，説在始皇紀。

遂滅魏，以爲郡縣。

案：國策魏尚有安陵君，魏滅後猶存，蓋魏所封同姓之國，似當附載，古史補之矣。又陳涉封魏咎，項羽封魏豹，雖别有傳，皆應附書一二語。

説者皆曰魏以不用信陵君故，國削弱至於亡，余以爲不然。天方令秦平海内，其業未成，魏雖得阿衡之佐，曷益乎？

案：索隱本及史通雜説篇作「阿衡之徒」，疑「佐」字譌。索隱曰譙周云「國之云亡，有賢者而不用也，如用之，何有亡哉？使紂用三仁，周不能王，況秦虎狼乎？」史通曰「論成敗者當以人事爲主，必推命而言，則其理悖矣。以之垂誡，其不惑乎」！滹南集曰「此謬説也。魏之亡既迫於秦與而非人謀之所能救，則秦之亡亦迫於漢興而無可爲者。乃遷於本紀取賈生之論以不任忠賢罪二世，何哉？夫無忌之徒，固未足以益國，然遷之失言，不得爲無罪也。」餘冬敍録曰「遷知天之令秦平海内，而不知秦無道爲天之所欲速亡者，何也？」

韓世家第十五

韓之先與周同姓，姓姬氏。其後苗裔事晉，得封於韓原，曰韓武子。

案：韓之先與晉同祖，皆武王之後。此所云武子者，韓萬也。杜注桓三年傳，依世本云「韓萬莊伯弟」。晉語韓宣子謝叔向曰「桓叔以下嘉吾子之賜」。韋注云「桓叔生子萬，受韓以爲大夫」。索隱、唐表同，則韓乃桓叔之後。如世家所説是武王子韓侯之後，恐史公誤。又敍韓之世多不書名，亦疎。

武子後三世有韓厥

案：左宣十二注云「韓厥，萬玄孫」，與索隱引世本合，則「三世」當作「四世」。孔疏引世本缺韓簡一代，遂妄疑服、杜言玄孫爲無據也。

從封姓爲韓氏，韓厥

王孝廉曰「『韓厥』字疑衍」。

景公十一年，厥與郤克將兵八百乘伐齊

案：事在十年。

晉景公十七年，病。

案：病在十八年。

續趙氏祀

案：下宮之難，非實有其事，說在趙世家。

晉悼公之十年，韓獻子老。

附案：「十」乃「七」之譌。

宣子徙居州

案：左昭七年韓宣子以州易原於宋樂大心，然定八年晉止宋樂祁之尸于州，是仍屬晉也，故宣子得居之。

晉定公十五年，宣子與趙簡子侵伐范、中行氏。宣子卒，

案：定十六年與趙簡子伐范、中行者韓簡子不佞也，是時宣子已卒十九年矣，左傳及晉、趙世家可證。此誤「十六年」爲「十五年」，誤「簡子」爲「宣子」。

子貞子代立。貞子徙居平陽。

案：貞子卽左昭二年韓須。索隱引世本謚平子，説苑敬慎有韓平子與叔向問答語。而人表又作悼子，豈須有三謚乎？世本又云「景子居平陽」，此云貞子徙，未知孰是。

貞子卒，子簡子代。簡子卒，子莊子代。莊子卒，子康子代。

附案：徐廣謂「史記多無簡子、莊子」，人表亦同。然韓簡子不侒見于左氏經、傳及晉、趙世家，惟莊子無攷，索隱引世本皆有之，史依世本。春秋分記亦謂簡子之子爲莊子庚，庚生虎，安得謂貞子生康子乎？高誘呂覽任數注貞子生康子，同誤。晉語注「康子，宣子曾孫，莊子之子」，言曾孫亦非。

武子二年

案：紀年當始景侯，此與表始武子，誤，説在表。

景侯虔元年

案：景侯一名處，説在表。又呂覽任數注謂武子都宜陽，景侯徙陽翟，史似失書。

子列侯取立　子文侯立

案：列侯之謚有二，紀年又無文侯，俱説在表。

鄭反晉

案：表作「敗晉」，是。

與魏惠王會宅陽。

案：「惠王」二字衍，前後皆祇書魏，不應此獨書王，且是時魏未王也。

子昭侯立

案：此侯本謚昭釐，説在表。

魏取宋（「宋」字金陵本作「朱」。）

附案：表云「魏取我朱」，則「宋」字湖本譌刻也，他本並作「朱」。

伐東周，取陵觀、邢丘。

案：地名有誤，説見表。

韓姬弑其君悼公

案：此事亦説見表。

秦來拔我宜陽

案：拔宜陽疑誤，説在表。

屈宜臼曰：昭侯不出此門。

案：此及下兩昭侯，史詮謂俱當作「君侯」。

子宣惠王立

案：「惠」字衍，説在表。

十一年，君號爲王。

案：表在十年，與楚世家書于懷王六年正合，此誤。

虜得韓將鯁、申差於濁澤。

案：主帥是太子奂，説在秦紀。又正義謂濁澤當作「觀澤」，是也。濁澤乃魏地，非韓地，蓋史因國策之誤。

楚救不至韓。十九年大破我岸門。

史詮曰「『韓』字下有缺文，國策可補。『大』上當有『秦』字。」盧學士曰「策云韓氏大敗，史公既删易，當並去『韓』字，則下句『秦』字亦可不增矣。」

太子倉質於秦以和

附案：秦紀言「敗韓太子奂」，乃韓宣王十六年事，而此稱倉者，蓋奂敗没而别立太子也。

是爲襄王

案：徐廣及留侯世家作「襄哀王」。後桓惠王留侯世家亦作「悼惠王」。

敗楚將唐昧（金陵本作「唐眛」。）

附案：「昧」當作「眛」。

公子蟣虱（金陵本作「蟣蝨」。）

附案：「虱」乃俗字，當作「蝨」。策作「幾瑟」。

蘇代謂韓咎曰

案：蘇代，策作「冷向」是也。古史亦以史爲誤。但韓咎卽公子咎，與蟣蝨争爲太子者。而此篇實謀納蟣蝨，義不可通。吴注云「咎豈有納幾瑟之理，當是謂公仲之辭也」。徐氏測議曰「公子咎與韓咎是二人，故蘇氏說韓咎奉蟣蝨也。」亦是一解。

其聽公必矣

案：國策作「德公」，是。

楚圍雍氏

案：圍雍非襄王十二年事，說在秦紀。

請道南鄭，藍田出兵於楚以待公，殆不合矣。

案：策云「請道于南鄭、藍田以入攻楚，出兵于三川以待公，殆不合兵于南鄭矣」，較此明晰。

不如出兵以到之

附案：策作「出兵以勁魏」。索隱曰「到，欺也，猶俗云『張到』」。陳太僕云「到者，但至其處而從壁上觀耳。作『勁』字誤」。趙太常云「當是顛倒意，謂惑之也」。余謂趙丈說爲勝。韓子內儲說左上云「到其言以告」。呂子愛類云「何其到也」。重已篇注云「到逆其生，到引牛尾」。淮南原道云「到生挫傷」。可證「到」古「倒」字。

司馬庚

附案：徐廣謂「庚」一作「唐」。國策作「康」，疑「庚」「唐」字誤。

蘇代又謂秦太后弟芈戎曰

案：策不言蘇代也。索隱云「此取國策説，伯嬰即太子嬰。未立前亦與幾蝨争立，故事重而文倒」。

公何不爲韓求質於楚（金陵本「質」下有「子」字。）

附案：索隱本及國策「質」下有「子」字。

楚王聽入質子於韓

案：正義謂「楚王」下脱「不」字，是。

韓立咎爲太子。齊、魏王來

案：此上缺書「十三年」，表可證。

十六年，秦與我河外及武遂。

案：事在十四年，「河外及」三字衍，説見秦紀。

使公孫喜率周、魏攻秦。秦敗我二十四萬，

案：此時之周豈能從伐秦乎？可疑也。二十四萬，説見表。

五年，秦拔我宛。

案：宛不屬韓，又事在前一年，説見表。

與秦昭王會西周而佐秦攻齊

案：六國攻齊，此失書燕、楚、趙、魏，説在秦紀。

與秦會西周間（金陵本作「會兩周間」。）

附案：「兩周」，湖本譌「西周」。

韓相國謂陳筮曰

附案：徐廣「筮」作「筌」，並譌。國策作「田苓」，是。索隱引策誤爲「荼」。

請令發兵救韓（金陵本作「請今」。）

附案：毛本「令」作「今」，是。

十年，秦擊我於太行，我上黨郡守以上黨郡降趙。十四年，秦拔趙上黨，殺馬服子卒四十餘萬於長平。

案：上黨降趙在十一年，非十年也。長平之事在十三年，非十四年也。

桓惠王卒

附案：魏世家安釐王十二年信陵君曰：「今韓氏以一女子奉一弱主，內有大亂。」大事記云「韓世家不載其事，必是時韓王少，母后用事。」余攷魏安釐十二當桓惠八年，是時秦宣太后趙惠文后齊君王后皆臨朝用事，韓亦當然也。古史云「信陵說魏王曰：『韓氏以一女子奉一弱主』李斯上書言趙高必爲亂曰：『如韓玘之爲韓安相』，此二事皆二人所親見，而至漢太史公不得其事矣。大抵戰國事韓最疎略」。

王安五年，秦攻韓，韓急，使韓非使秦，秦留非，因殺之。

案：韓非使秦，紀、表在六年。

韓遂亡

案：楚立韓諸公子韓成爲王，漢立韓襄王孽孫韓信爲王，唐表以信爲幾瑟子。皆當附及。

紹趙孤之子武，以成程嬰、公孫杵臼之義，

案：趙孤之事非實，説在趙世家。史詮曰「『孤』字當在『之』下」。

田完世家第十六

陳完者，陳厲公佗之子也。厲公者，陳文公少子也。其母蔡女。文公卒，厲公兄鮑立，是爲桓公。桓公與佗異母。及桓公病，蔡人爲佗殺桓公鮑及太子免而立佗，爲厲公。厲公既立，娶蔡女。蔡女淫於蔡人，數歸，厲公亦數如蔡。桓公之少子林怨厲公殺其父與兄，乃令蔡人誘厲公而殺之。林自立，是爲莊公。故陳完不得立，爲陳大夫。厲公之殺，以淫出國，故春秋曰「蔡人殺陳佗」，罪之也。

案：佗是文公子五父，厲公躍是桓公子。厲公蔡出也。桓公疾，佗殺其太子免而代之，蔡人殺佗立厲公。厲公卒，弟莊公林立。史所説俱誤，詳陳世家中。

宣公十一年，殺其太子禦寇。

案：春秋事在陳宣公二十一年，此缺「二」字。

齊懿仲欲妻完

案：懿氏乃陳大夫，非齊也。左傳追敍其事，見莊二十二年。故加「初」字，此誤爲「齊」耳。後文論中言「及完奔齊，懿仲卜之」亦同誤。

敬仲之如齊，以陳字爲田氏。

案：陳之改田在春秋後，史公謂敬仲所改，並盡易經、傳「陳」字爲「田」，謬也，說在年表。

晏嬰與田文子諫

案：文子未嘗諫納欒盈，說在表。

田桓子無宇有力，事齊莊公，甚有寵。無宇卒，生武子開與釐子乞。田釐子乞事齊景公爲大夫，其收賦稅於民以小斗受之，其粟予民以大斗，

案：左氏襄二十八年無宇始見傳，乃齊景三年，其父文子尚在，則無宇未事莊公也。武子名開，左傳不見，史公當别有據。又小斗大斗之言，卽景公九年晏子與叔向語，所謂家量公量者，正桓子時事，此以爲僖子非。

范、中行請粟於齊。田乞欲爲亂，樹黨於諸侯，乃說景公，

案：齊輸粟范氏不及中行，亦非因田乞樹黨之故，說在十二侯表及齊世家。

芮子

案：荼母姒姓，作「芮子」非，徐廣作「粥子」亦非，說在齊世家。

又紿大夫曰：「高昭子可畏也，

案：稱「昭子」非，說見齊世家。

遂反殺高昭子

案：昭子未嘗見殺，說見齊世家。

晏孺子奔魯

案：左傳奔魯者乃晏圉，此誤以爲景公子安孺子矣。

乃使人遷晏孺子於駘，而殺孺子荼。

案：晏孺子卽孺子荼，兩書其名，直似二人矣，不亦贅乎？當是「殺孺子母」之誤。

鮑牧與齊悼公有郄，弑悼公。

案：牧爲悼公所殺，何云牧弑悼公，說見表。

齊人歌之曰「嫗乎采芑，歸乎田成子！」

案：生而稱謚之誤，辨見秦紀，此誤尤甚。韓子外儲說右上述周、秦之民歌曰，「謳乎其已乎苞乎，其往歸田成子乎！」歌小異。史通暗惑篇云「人既物故，加以易名，田常見存，而遽呼以謚，此之不實，明然可知。左傳石碏曰『陳桓公方有寵于王』。史記家令說太上皇曰『高祖雖子，人主也』。諸如此說，其例皆同。然事由過誤，易爲筆削，若田氏世家之論成子，以韻語纂成歌辭，欲加刊政，無可釐革，故獨舉其失以爲標冠云」。

子我者，監止之宗人也。

案：齊世家依左傳以闞止卽子我，是也。此言子我爲監止宗人，下言「田氏殺子我及監止」，並誤作二人，索隱糾之矣。

子我舍公宮

案：傳云「子行舍于公宮」，乃陳逆也，此誤子我。

田常既殺簡公，懼諸侯共誅己，乃盡歸魯、衞侵地，西約晉、韓、魏、趙氏，南通吳、越之使，

古史曰「左傳成子歸成于魯，以子貢之言，不得已而與之，本非成子所以自定之計也。又自從齊、晉更相侵伐未已，不見成子約晉之實。又是時吳滅已久，言通吳、越之使，亦非確論」。

於是盡誅鮑、晏、監止。

附案：徐氏測議曰「前已誅監止矣，此復及者，蓋盡其黨類也。」

後宮以百數，而使賓客舍人出入後宮者不禁。及田常卒，有七十餘男。

索隱曰「鮑昱云『陳成子有數十婦，生男百餘人』，與此異。然譙允南案春秋，陳桓爲人，雖志大負殺君之名，至于行事亦修整，故能自保，非苟爲禽獸之行。夫成事在德，雖有姦子七十，祇以長亂，事豈然哉？言其非實也」。

子襄子盤代立

案：徐云「盤」一作「塈」，索隱引世本作「班」，未知孰是。

伐魯、葛及安陵

案：「葛」當作「莒」。「安陵」疑誤，説在表。

莊子卒，子太公和立。

附案：索隱謂「紀年莊子後有悼子，田和後有田侯剡。年數亦與史異。莊子、鬼谷子云田成子殺齊君，十二代有齊國。據世本、世家，自成子至王建之滅祇十代，若如紀年，則悼子及侯剡卽有十二代，與莊子、鬼谷説同，明紀年非妄」。余攷莊子胠篋釋文云「十二世，自敬仲至莊子九世知齊政，自太公和至威王三世爲齊侯。」陸氏不依紀年而以威王爲斷者，以莊生在齊宣王時也，似從史爲是。徐孚遠以爲十二世乃總言田氏擅齊之數，殊混。

取母丘（金陵本作「毋丘」。）

附案：「母」當作「毌」，衍「丘」字，説見表。

桓公午五年，秦、魏攻韓，

案：此年秦、魏攻韓，他無所見，但有齊伐燕取桑丘，三晉伐齊至桑丘耳。詳攷國策，方知此乃齊宣王二十九年勝燕噲事，誤載于桓公五年。蓋齊策前後三章皆大同小異，一爲邯鄲之難，卽下文威王二十六年事也。一爲南梁之難，卽下文宣王二年事也。一爲齊舉燕國，與此無殊。所謂攻韓者，卽岸門之戰也。然岸門之戰，魏新敗于秦，未必與秦攻韓，紀、表及韓世家俱無之，而楚、趙救韓亦鮮明文，疑此仍策之誤，未足據依。其餘吴注辨之甚悉。吴云威王二十二年鄒忌始相，上距桓公取桑丘之歲二十餘年，豈得已爲大臣。史誤以邯鄲一章勦入之明矣。策段干綸史作段干朋，然亦勦南梁章語也。田臣思卽田忌，策一作「思臣」誤。索隱引策作「田期思」，引紀年作「徐州子期」，今竹書作「田期」。史記考異云「臣」當作「臣」，音怡，與期音相近。宣王二年出奔，至二十九年子噲之役，凡二十七年，不應復見。使忌果在齊，則王安得棄之而將章子？策或誤載其名。且桓公時秦、魏攻韓，楚、趙救之，齊不救，因而襲燕。宣王時秦、魏伐韓，楚、趙救之，齊不救，因而舉燕，何其事之脗合如此？且田臣思曰「天以燕予齊」，而僅爲取桑丘乎？是史亦誤以宣王伐燕章附之桓公也。

子威王因齊立

案：「齊」字衍，説在表。

三年，三晉滅晉後而分其地。

案：是時分其地而未滅也，説在表。

晉伐我至博陵

案：通鑑「晉」作「魏」，當是，説見表。

遂起兵西擊趙、衛，敗魏於濁澤而圍惠王。惠王請獻觀以和解。

案：擊趙、衛事無攷。敗魏濁澤與伐魏取觀是兩事，不得并爲一端，且是齊伐而取之，非魏因敗濁澤而獻觀以和也。

夫大弦濁以春温者，君也。

附案：索隱本無「春」字，故小司馬云「春秋後語『温』字作『春』，義亦相通。」蓋後人附注異本，傳寫連爲「春温」耳，當衍「春」字。下同。

淳于髡曰

案：新序二載髡與鄒忌問答語，與史異，何也？

梁王曰：若寡人國小也，

附案：後漢書李膺傳注引史作「寡人之國雖小」。

威王曰：寡人所以爲寶與王異。

附案：論寶一節見韓詩外傳十，惟韓誤「威王」爲「宣王」耳。又攷説苑臣術言「成侯謂威王曰：忌舉田居子爲西河而秦、梁弱。此作「盼子」。舉田解子爲南城而楚人抱羅綺而朝。此作「檀子」。舉黚涿子爲冥州而燕人給牲，趙人給盛。舉田種首子爲卽墨而於齊足究」。與此小異。

徙而從者七千餘家

附案：李膺傳注引史此句上有「以此爲寶」四字。

其後成侯騶忌

評林明歸有光曰「其後」二字疑有誤。

公孫閱

案：索隱引策作「閼」，今國策作「閈」，未知孰是。

十月，邯鄲拔，

案：拔者非邯鄲也，說在表。「十月」，策作「七月」，此誤。

殺其大夫牟辛

附案：「大夫」似當作「夫人」，說見表。

田忌聞之，因遂率其徒襲攻臨淄，求成侯，不勝而犇。

案：田忌出奔在宣王二年戰馬陵之後，不在威王三十五年。無論威王賢明，成侯讒搆所不能行，而忌之戰功可見者，桂陵、馬陵二役；若威王時已出奔，則安得馬陵之勝乎？此與孟嘗傳同誤。然其誤亦由國策也。策于威王時載鄒忌、田忌不相說一章，有田忌遂走之語，史公謬以爲據，因撰出襲攻臨淄事。索隱謂齊都臨淄，當依孟嘗傳作「襲齊邊邑」，而不知忌未嘗襲齊耳。國策戰馬陵後有田忌爲齊將一章，言孫臏勸忌無解兵入齊，可正齊君而走成侯；忌不聽。以是觀之，忌亦賢矣，柰何反以襲齊誣之耶？

宣王元年，秦用商鞅。周致伯於秦孝公。

案：致伯在宣王即位前一年，紀、表可據，此誤也。

魏伐趙，趙與韓親，共擊魏。趙不利，戰於南梁。

案：此文之誤，說在魏世家，當云「魏伐韓，趙與魏親，共擊韓。趙不利，敗于南梁。韓氏請救于齊」。

宣王召田忌復故位

案：忌無召復位之事，此與孟嘗傳同誤，蓋因錯認忌出奔在威王時，而其後馬陵之功自不能没，遂又撰出復位一節也。吴注策云「忌既襲齊，豈得再復？成侯猶在，豈宜並列」？四語有以矛刺盾之妙。

騶忌子曰：「不如勿救。」

案：國策無騶忌勿救之説，索隱謂是時騶忌已死，又謂宣王乃威王之誤，並謬甚。馬陵之役，自在宣王二年。

田忌曰：弗救，則韓且折而入於魏，不如蚤救之。」孫子曰

案：策「田忌」作「張丐」，丐疑即丑。「弗救」作「晚救」，以「孫子」爲「田思臣」，即忌也，誤。「思臣」誤，説見上。

使田忌、田嬰將，孫子爲帥。

附案：徐云「嬰」一作「盼」，非，説在表。「帥」乃「師」之誤，在軍中爲軍師也，表、傳可據。

救韓趙以擊魏

案：「趙」字衍。

魏惠王卒。明年，與魏襄王會徐州，諸侯相王也。

案：是時惠王未卒，徐州之會亦非爲相王，並說在表。

自如騶衍

淳南辨惑曰「荀卿傳亦云『自如孟子至于吁子』，『自如』二字連用不得」。余案孟荀傳此句前有「自如淳于髡以下」句，匈奴傳亦有「自如」二字。

接予

附案：「予」乃「子」字之誤。

十九年，宣王卒，子湣王地立。

案：二王卒立之年，說在表。索隱引系本湣王名遂，與史異。

三年，封田嬰於薛。

案：封嬰不在湣王三年，說見表。

與宋攻魏

案：言「與宋」非也，說在宋世家。

楚圍雍氏

案：此事不在湣王十二年，說見秦紀。

與秦擊敗楚於重丘

附案：重丘說在秦紀。

二十八年，秦與韓河外以和。

案：不言與魏，何也？蓋脱之。又此事在二十六年，説見秦紀。

二十九年，趙殺其主父。齊佐趙滅中山。

案：殺主父在前一年，滅中山不在是歲，亦非齊佐趙滅之，並説見表。

蘇代自燕來，入齊，見於章華東門。

案：章華東門，正義引括地志同史，而裴駰引左思齊都賦注云「齊小城北門也」，國策又作「南門」。

夫約鈞，然與秦爲帝，

附案：策作「夫約然」，一本無「然」字。吴注云「恐『約鈞』字譌」。無「然」字而以「約」連下文讀爲是。

趙之阿東國危

附案：策作「河東」，謂趙河之東也，此誤作「阿」。正義謬。

韓聶與吾友也

案：韓策「聶」作「珉」。

蘇代爲齊謂秦王

附案：策「齊」皆作「韓」，恐非。

於是齊遂伐宋，宋王出亡，死於温。齊南割楚之淮北

附案：荀子王霸篇注引史云「齊閔王二十三年與秦敗楚重丘，南割楚之淮北」。此楊倞撮合引之，或據以爲割淮北亦在閔二十三年，非也。取淮北在滅宋後，乃三十八年事。

淖齒遂殺湣王

案：國策有王孫賈誅淖齒一章，此不宜略。

爲莒太史敫家庸

附案：徐廣曰「敫音躍，一音皎」。田單傳後述此事作「嬓」，正義亦曰音皎。説文放部謂「敫讀若龠」，蓋有二音也。胡注通鑑依顔師古漢書王子表注，云敫乃古「穆」字，誤甚。説在王子表。

以爲非恒人

案：「恒」字何以不避？

王建立六年，秦攻趙，齊、楚救之。

案：事在五年，非六年。但楚世家無救趙事。索隱引國策「楚」字作「燕」，亦無攷。

周子曰

附案：索隱曰「策以『周子』爲『蘇秦』，然此時秦死已久矣」。檢今本國策作「蘇子」，但作「周子」似是。鮑彪策注云「周子謂最」。

十六年，秦滅周

案：滅東周也，失「東」字，說在周紀。

秦王政

附案：「政」當作「正」，下同，說在秦紀。

遂滅齊爲郡

案：楚、漢王三齊者，王建之弟假，其孽孫安，宗族田儋，儋子市及從弟榮，榮子廣及弟横，又有族人田都，雖別有傳，亦當附及數語。

及完奔齊，懿仲卜之，

案：卜不在奔齊時，懿仲亦非齊大夫，說見前。

田乞及常所以比犯二君，專齊國之政，非必事勢之漸然也，蓋若遵厭兆祥云。

案：史公此論指周太史陳懿仲卜敬仲事，然非史氏所宜言也。王若虛云「亂臣賊子皆得以天命自解，而無所懲艾」，良然。

史記志疑卷二十五

孔子世家第十七

其先宋人也，曰孔防叔。

案：孔子六代祖孔父嘉别爲公族，故其後以孔爲氏，則敍孔子先世當始孔父嘉，不得始防叔。其所以始防叔者，豈緣防叔始奔魯之故歟？而孔氏之奔魯，實非防叔始。潛夫論志氏姓云「防叔爲華氏所偪，出奔魯爲防大夫」，此本于世本，見商頌及左、穀桓元二疏，禮儒行、孝經疏、家語本姓、唐書世系表七十五下，皆仍其説。夫孔父爲華督所殺，則孔氏應卽避難出奔，奚待三世而後適魯？何孟春謂「防叔避亂，當在滑公末年南宫萬弒滑公殺華督國亂之日」，亦非也。汪氏增訂四書大全曰「方督之見殺，是天假手於萬以雪孔氏戴天之大耻，何爲反避之他國乎」？惟杜注昭七年傳云「孔父嘉爲宋督所殺，其子奔魯，」最爲明確，路史後紀十從之。是奔魯者乃孔子五代祖木金父，防叔之祖也。

紇與顔氏女野合而生孔子

案：古婚禮頗重，一禮未備，卽謂之奔，謂之野合，故自行媒、納采、納徵、問名、卜吉、請期而後告廟。顔氏從父命爲婚，豈有六禮不備者。檀弓疏及索隱、正義以婚姻過期爲野合，亦無所據。蓋因紇偕顔禱于尼山而爲之説耳。野合二字，殊不雅馴，至若博物志所引異説，則更妄誕極矣。

魯襄公二十二年而孔子生

附案：左氏春秋不書孔子之生，公、穀俱書于襄公二十一年，然公羊書十有一月庚子孔子生於是年之末，穀梁書庚子孔子生於十月之後，微有不同，而使濁稱二十二年生。史通申左篇譏劉向七録曰「列子書論尼父而云生在鄭穆之年，以後爲先，曾無所疑」。從公穀者，索隱、外紀、黄氏日抄及宋濂孔子生卒歲月辨之類也。隸釋邊韶老子銘以孔子生于周靈王二十年，亦從公、穀。若索隱言史誤以周正十一月屬明年，大謬矣。從來三正推法，祇以後月屬前月，並無以前月屬後月。周正十一月第能爲夏正九月，未聞倒而爲夏正之正月者。從史者杜注左傳、襄三十年。拾遺記、續博物志、古史、大紀、路史朱子論語序説、通鑑前編、餘姚黄氏宗羲南雷文約之類也。二十一年是己酉，何休云「乙卯」，誤。二十二年是庚戌，當從史記爲的。其徵有三：襄二十一年日食，必非生聖人之歲，一也。公、穀皆口授，公羊著于漢景之時，穀梁顯於漢宣之代，歷世既久，寧得無譌，二也。杜注哀十六年傳云「仲尼至今七十三」。五代史馮道傳，道卒年七十三，時人皆謂與孔子同壽，則非七十四可知，三也。困學紀聞兩存其説，以爲不可攷。閻注亦從史。索隱深悼孔子生年莫定，致壽數不明，殊不然矣。三國志譙周傳孔子七十二而歿，家語終記「二十三年生乎」，謬甚。若生月必當從穀梁在十月，以杜長歷推之，是年十一月無庚子，況三傳經文于十月既書庚辰朔，則庚子應在十月，倘作十一月，則一月祇二十日，大不可通。且陸氏公羊釋文曰「上有十月庚辰，此亦十月。一本作『十一月』，又本無此句。」是知公羊傳寫譌異，非灼然可據者。至生日必庚子無疑，不但公羊書之，南齊書臧榮緒以宣尼生庚子日，陳五經拜之，固確證也。綜而論之，年宜依史記，月宜用穀梁，日則庚子。路史餘論定爲八月廿七日孔子生，又引五行書謂生庚戌年二月二十三日甲申時，斯不足辨耳。

生而首上圩頂

附案：索隱謂「圩音烏，窊也，故孔子頂如反宇」。「反宇」二字見白虎通聖人篇，姓名篇云孔子首類尼丘山，蓋中低而四旁高，如屋宇之反。而論衡骨相篇作「反羽」，宏明集牟子理惑論作「反頨」。

丘生而叔梁紇死

索隱曰「家語云生三歲而梁紇死」。

由是孔子疑其父墓處，母諱之也。

案：古者墓而不墳，故疑其處。檀弓疏云「謂不委曲適知柩之所在，不是全不知墓去處也」，則安得言母諱之乎？索隱亦以史言母諱爲非，而撰出徵在少寡，不從送葬之説，殊屬臆解。鄭注檀弓以爲徵在野合而生孔子，恥焉不告，尤謬。莊子盜跖篇曰「孔子不見母」，釋文云「未詳」，蓋妄也。

孔子母死，乃殯五父之衢，蓋其慎也。郰人輓父之母誨孔子父墓，然後往合葬於防焉。

案：孔叢子陳士義篇以殯衢爲虚造謗言。博物志謂蔣濟、何晏、夏侯、王肅皆云無此事，注記者謬。元陳澔雲莊禮記集説曰「顏氏之死，夫子成立久矣，豈有終母之世不尋求父葬之地，至母殯而猶不知父墓乎？殯於衢路，必無室廬，而死于道路者不得已之爲耳，聖人禮法之宗主而忍爲之乎」？邵氏泰衢檀弓疑問曰「五父之衢非殯棺之地，倘無郰母之誨，將終殯之衢已乎？若不詳而有徵，又何敢冒昧合葬。夫豈郰母一語，遂成實信哉」！惟明胡震亨以檀弓、史記爲然，其讀書雜録辨之云，「古者墓而不墳。防實山墓，葬山者因山，營兆易湮，不能定知其窆，亦事理所有。迨母死葬不可久稽，不得已于五父之衢擇地以殯，若謂他日得父葬所，可啟之而同葬；終不得葬所，則此雖殯，亦可，不必再爲之葬，有人子無限苦衷焉。康成改慎音爲引，失聖人合葬謹慎之心。孔穎達復沿誤爲疏，以爲欲使他人怪而致問，則似聖人因父墓不得，借母殯爲招者，世豈有如是訪墓之策，亦豈人子所以待親者哉。五父之衢，當亦傍衢之地，非真衢路也」。毛氏經問三亦以史爲可據，辨顏氏送葬以後全然不至墓所，故不能告墓處。又辨孟皮當孔子生時未必存，或以病足廢不墓祭，孔子必望墓而家祭，斷無以幼穉野祭，其母帥之而行者，故不能知墓處」。胡、毛兩家之辨，余不敢信，姑因其言申之。「輓父」檀弓作「曼父」，音近而譌，字當作「輓」，蓋輓柩之家，是知墓矣。鄭注謂「郰母與徵在爲鄰相善」，殊不足憑。且聖母不告之子而告之鄰母，必無此理。萬一郰母先聖母而死，夫子將終不知父墓乎？有以知其說之難通耳。新安江氏永鄉黨圖考依高郵孫遂人說以殯衢是孔子父，非也。

孔子要絰，季氏饗士，孔子與往。陽虎絀曰：「季氏饗士，非敢饗子也。」孔子由是退。

案：索隱曰「家語『孔子之母喪，既練而見』，不非之也。今謂孔子實要絰與饗，爲陽虎所絀，亦近誣矣」。又以「要絰」爲「要經」，非。楊慎曰「孔子不就季氏，亦無要絰與往之理」。邵氏疑問曰「喪而要絰，喪未除也，而與享者有乎？至聞虎一叱，由是而退，則禮樂之宗，曾不若一竊寶玉大弓之盜已。矚亡之拜，將仕之言，遷應不知也」。而方氏補正則云「季氏饗士，卒欲用之。古者既葬，金革之事弗避，孔子所居在季氏分地，要絰而往，庶人召之役則往役之義也，故陽虎曰季氏饗士，非敢饗子。正義謂饗文學之士，誤矣」。方說似勝，但昭公二十七年陽虎始見於傳，而是時孔子年十七，當昭公七年豈虎已用事于季氏乎？可疑者此耳。古史反據陽虎謂孔子要絰當在此後，誤也。

孔子年十七，魯大夫孟釐子病且死，

案：魯昭七年孔子年十七，至昭二十四年孟僖子卒，孔子時年三十四，左傳載僖子將死之言于昭七年，終言之也，而此即敍于孔子年十七時，是史公疏處，索隱、古史並糾其誤。

懿子與魯人南宮敬叔

索隱曰「左傳及繫本敬叔與懿子皆孟僖子之子，不應更言『魯人』，太史公疎耳。」

季武子卒，平子代立。

附案：平子乃武子之孫，悼子之子也。或疑此爲誤，殊不然。左昭十二傳「季悼子卒」，疏云「悼子卒不書經，其卒當在武子前。平子以孫繼祖，武子卒後即平子立」。又昭二十五年傳「政在季氏三世」，注云「文子、武子、平子」，皆足證史之不謬。因思論語「政逮大夫四世」，明是文、武、平、桓，而四書集註謂武、悼、平、桓，未免失攷。孔安國注此章謂文、武、悼、平亦不合。

嘗爲季氏史

附案：索隱云一本作「委吏」，是也，與孟子合，朱子序說亦從之。

魯南宮敬叔言魯君曰：「請與孔子適周。」

案：史載孔子適周見老聃于十七歲後三十歲前，故隸釋邊韶老子碑及水經渭水注皆說孔子年十七，問禮老聃，俱承史也。索隱據莊子天運篇糾其誤，曰「莊子云孔子年五十一，南見老聃，南之沛。云『甚矣道之難行』，此非十七人語，乃既仕之後言耳。」尚書疏證八及四書釋地續，依皇王大紀定孔子適周在魯昭公二十四年，據曾子問從老聃助葬日食一條爲斷，謂昭七年孔子十七，敬叔尚未從遊。定九年孔子五十一，又不日食也。馮氏解春集駁之曰「春秋昭公世凡七日食，不止二十四年。且二十四年二月僖子卒，五月日食，則此時僖子甫葬，敬叔方在虞祭卒哭之時，焉能與孔子適周」。毛氏經問十二駁閻說同。余謂史固誤，論史者亦誤。史記考要謂「適周之沛非一時事，孔子于老聃不但周沛一再見而已」。此語甚合，觀莊子天道篇稱孔子藏書周室，因子路言往見老聃可見。蓋適周問禮，不知何時？敬叔生于昭十一年，當昭七年孔子十七時，不但敬叔未從遊，且未生也。若昭二十四年孔子三十四時，不但僖子方卒，敬叔未能出門從師，且生才十四歲，恐亦未見於君，未能至周。而明年昭公卽孫于齊，安所得魯君請之。此皆當缺疑之事，必欲求其年，則莊子五十一之說庶幾近之。金履祥謂孟僖使二子師孔子，非必在死後。孔子適周在二十歲，餘，亦妄也。

是時也，晉平公淫，楚靈王兵強

案：所說以爲魯昭二十年，孔子年三十之時，而晉乃頃公，去平公已二世。楚乃平王，靈王已死七年。皆誤也。史詮謂此是魯世家之錯簡，甚妄。

魯小弱，附於楚則晉怒；附於晉則楚來伐；不備於齊，齊師侵魯。

案：左傳自襄二十七年會宋弭兵以後，晉、楚之從交相見，無怒伐魯之事，齊亦未嘗侵魯，此所言皆非實。

齊景公與晏嬰來魯

案：左傳昭二十年無齊侯來魯事，說見表。

起纍紲之中

案：此謂百里奚。索隱曰「家語無此一句賢君篇。孟子以爲不然之言也」。

而季平子與郈昭伯以鬬雞故得罪魯昭公

案：昭二十五年傳昭伯怨平子故勸昭公伐季氏，昭伯何曾得罪昭公，此誤說。

齊處昭公乾侯

余有丁曰「乾侯晉地，晉人以居公者。齊處公于鄆，非乾侯也。」

孔子適齊，爲高昭子家臣，欲以通乎景公。

景吏部曰：「欲通齊景，不恥家臣，孔子而如是乎？且據史所說，孔子三十歲時景公與晏嬰適魯，既有秦繆之對，而景公悅矣。至此又何必自辱爲家臣以求通也。故困學紀聞十一引皇王大紀曰，遷載孔子言行，不得其真者尤多。」

與齊太師語樂，聞韶音，學之，三月不知肉味。

索隱曰「論語子語魯太師樂，非齊太師也。又『子在齊聞韶，三月不知肉味』，無『學之』文。今此合論語齊、魯兩文爲言，恐失事實」。佩韋齋輯聞曰「襄二十九年季札聘魯請觀樂，舞韶箾，則魯未嘗無韶也，使孔子欲學之歸，而求之魯可也，何爲至齊始聞而學之哉」。

景公說將欲以尼谿田封孔子，晏嬰進曰：

案：嬰賢者也，與孔子友善，沮封尼谿，必無之事。孔鮒詰墨已言之，先儒亦歷辨其誣。索隱謂「此說出晏子及墨子」。蓋本墨氏非儒謗聖之言，後人羼入晏子春秋耳。吕覽高義、說苑立節載孔子見齊景公，景公致廩丘以爲養，孔子辭不受，遂行。據此益徵晏嬰阻封之非實。後夾谷之會，史言晏子與有謀焉，亦妄。

吴伐越，墮會稽，得骨節專車。

案：余有丁謂「吴伐越事，在哀公元年，今載于定公五年，此時吴未墮會稽安得獲骨之事」。明鄧以讚史記評曰「此當在吴敗越會稽下，誤置此」。

仲尼曰：禹致羣神於會稽山，

案：此事見國語，然禹未嘗會諸侯於會稽，此外傳之妄，假託仲尼語耳，說在夏紀中。「羣神」，文十一傳疏引國語及說苑、家語、博物志並作「羣臣」。

爲釐姓

案：魯語作「漆姓」，家語辨物、杜注文十一傳同。索隱反以「漆」爲誤，何也？路史亦然，豈世本無漆姓，遂足據乎？

退而修詩書禮樂，

案：時爲定公五年，恐未曾修詩書禮樂也，疑衍。

遂執季桓子

案：定八年傳陽虎將殺季氏于蒲圃，非執之也。囚季在定五年，前此矣。

公山不狃以費畔，季氏，使人召孔子。

案：論語公山弗擾以費叛召子欲往，子路不悦。孔安國注云「弗擾與陽貨共執季桓子而召孔子」。此卽定五年虎囚桓子事，蓋虎囚桓子逐仲梁懷，實弗擾使之，則以費宰而謀執君主卽是畔，故論衡問孔篇言「公山弗擾與陽貨俱叛執季桓子」也。朱子注論語依邢疏增之曰「據邑以畔」，未免欠攷。而史尤誤，毛氏奇齡西河集有答施愚山問公山弗擾書，云虎執桓子在定五年，傳並無公山不狃共事，然實公山氏使之，則囚桓逐懷皆公山氏所爲。若據邑以叛，則在定十二年。墮費時夫子已爲司寇，親命申句須、樂頎伐不狃，逐之奔齊，而仲由又身在師中，焉得有召夫子與子路不説之事。故孔安國但據定五年執桓子事，在夫子未仕以前，其於以費叛則不過以費宰畔，不必據邑。蓋既執桓子，則共事亦畔，共謀亦畔，若是據邑，則一奔卽奔，焉有五年至十二年尚安然在費者。史記以定八年蒲圃謀弑，誤作定五年囚季之役，云執桓子而桓子詐之得脱，已是悖謬，乃竟造一畔費事在陽虎奔齊歸寶玉大弓之後，則與五年之囚季，八年之順祀，十二年之墮費，並相牴牾。且其時爲定九年，而十年之夏夫子已作司寇，卽夾谷之事，然且十年以前，先爲中都宰一年，而後由司空進司寇則在定九年，夫子已仕魯，而猶召夫子，謬矣。

蓋周文、武起豐鎬而王，今費雖小，儻庶幾乎！

索隱曰「檢家語及孔氏之書，並無此言，故桓譚亦以爲誣也。」史記疑問曰「還以孔子欲費與不狃爲可以文、武乎？是從叛也，何妄之甚」。

四方皆則之

附案：索隱依家語作「西方」。

由司空爲大司寇

附案：此及下文兩稱大司寇，公羊定十四年疏云「魯無司寇之卿，是以大夫亦名大」，恐不然。攷檀弓王制疏引崔靈恩云「諸侯三卿，司徒兼冢宰，司馬兼宗伯，司空兼司寇。諸侯不立冢宰、宗伯、司寇之官，三卿之下則五小卿爲五大夫，司徒下立二人小宰、小司徒，司空下立二人小司寇、小司空，司馬下立一人爲小司馬」。但春秋之世，侯國多不遵三卿之制，卽魯三家之外有東門氏、臧氏、子叔氏，宣成時同在卿列，則亦儼然六卿矣。臧宣叔、武仲皆以世卿而爲司寇，此豈猶是小司寇之職乎？昭、定以後臧氏替而以孔子居之，亦事理所有。史云大司寇者，別于小司寇之下大夫也，若司空卿，則孟孫世居之，孔子必是爲小司空。韓詩外傳八有孔子爲司寇命辭，續經書孔子卒亦爲卿之證。毛氏經問十二謂「夫子由小卿司空進大司寇」，良是。宋祝穆事文類聚司徒門引符子有魯侯因左邱明之言召孔子爲司徒事，雖不可據，亦是小司徒也。前賢或謂孔子爲小司寇，非卿，或謂孔子爲司空、司寇皆卿，並非。

會於夾谷

案：左、穀述此事各異，史合采二傳又不同，蓋夾谷之會，當世樂道之，後人侈論之，故其言殊。若家語，但竊二傳、史記以成文耳。

君子有過則謝以質

附案：一本「質」作「實」，與下句對，當是也。然公羊定十年注作「質」。

於是齊侯乃歸所侵魯之鄆、汶陽、龜陰之田以謝過。

案：春秋齊歸鄆、讙、龜陰田，杜、服以爲三邑，何休以爲四邑，此以汶陽易讙，誤。疑「鄆」字誤倒在「汶陽」上，又脱「讙」字。三田皆汶陽田也，故孔子使茲無還對齊曰：「而不反我汶陽之田，吾以共命者亦如之」。攷汶陽是魯地，僖元年以賜季友者也，不知何時爲齊所取，成公時曾暫還魯，旋奪于齊，其後遂屬焉，故閔子辭宰以汶上爲言耳。但定七年齊歸鄆矣，何煩此時復歸，豈陽貨之亂，又屬於齊乎？

定公十三年夏，孔子言於定公曰：「臣無藏甲，大夫毋百雉之城。」使仲由爲季氏宰，將墮三都。

案：余有丁云「定公十二年墮郈墮費，史誤以爲十三年」。余説是。但考左傳，侯犯以郈叛，公山不狃以費叛。郈、費之墮，叔季自墮之，郈、費不叛，則二氏方欲資爲保障，即欲墮之，其將能乎？觀圍成弗克，可見已。乃左傳述此事一若墮郈及費皆出孔子、仲由之謀，左氏作之，公羊附之，史公信之，而三言成實，豈情也哉！家語襲左傳、史記之文，謂孔子墮三都之城，并墮成邑，誤甚。宋章如愚山堂考索有三家墮都辨，以爲其謀非出孔子。滹南集五經辨惑云「三山林少穎，近代名儒也，其於兵萊人墮三都等，皆排之而不取，可謂卓識」。公羊定十二年注又異，據疏當是春秋說也。

十二月，公圍成，弗克。定公十四年，孔子年五十六。

案：圍成事在定公十二年冬，孔子去魯後，此與魯世家誤書於十三年孔子去之前。孔子之去在十二年，年表、魯世家是，此又誤書於定十四年。定十四年，孔子在衞也。余有丁曰「年表定十二年孔子去魯，而世家以爲十四年孔子去魯，前後矛盾。蓋定公十二年孔子年五十四，由司寇攝行相事，于是墮郈墮費，三月，魯大治。齊人懼，餽女樂以阻之，孔子遂行，正值魯十月有事於郊之日。其圍成弗克在十二月，此時孔子已去魯矣。史記必誤」。

由大司寇行攝相事

案：攝相者，乃儐相會盟之事。蓋孔子自相會夾谷，後遂以司寇而攝行人之職，索隱述贊曰「攝相夾谷」是也，乃史公以當國爲相，故于秦紀及吳、齊、晉、楚、魏世家、伍子胥傳直書孔子相魯，豈不誤哉！魯之相季氏尸之，孔子安得攝乎？然其誤非始史公，晏子春秋外篇「孔子聖相」，荀子宥坐云「孔子爲魯攝相」，宋薛據孔子集語引尹文子云「孔子爲魯相」，史妄仍之，王充遂有孔子爲相國之說。見論衡自記。而經史問答六力辨孔子以卿當國，余未敢以爲然。韓子外儲說左言孔子相衞，尤妄。

於是誅魯大夫亂政者少正卯

案：史本于荀子宥坐。王制疏引史云「七日而誅少正卯」，史無「七日」二字，疏乃引尹文子也。孔子集語及宋高似孫子略並引尹文子稱仲尼誅少正卯，其後如淮南氾論、説苑指武、白虎通誅伐篇引韓詩內傳、論衡講瑞、定賢、後書李膺傳皆述之，然昔賢多議其妄。王若虛五經辨惑曰「孔子誅少正卯，事誰所傳乎？其始見於荀卿之書，而呂氏春秋、今檢無之。說苑、家語、史記皆載之，作王制者亦依倣其意，著爲必殺之令。刑者不得已而後用，若乃誣其疑似，發其隱伏，而曰吾以懲奸防亂，是申、商、曹、馬陰賊殘忍之術也。少正卯魯之聞人，自子貢不知其罪，就如孔子之説，何遽至于當死。乃一朝無故而尸諸朝，天下其能無議，而孔子之心安乎？卯兼五惡，借曰可除，而曰有一於人皆所不免，則世之被戮者不勝其衆矣。東坡蘇氏云，『此叟自知命薄，必不久在位，故及其未發去之。苟少遲疑，己爲卯所圖已』。夫君子不可則止，卯誠當死，自有常刑，豈如仇敵相軋，以先舉爲計哉！永嘉葉氏云，『少正卯之誅，果于察奸，非先王之正刑』，竊亦以爲不然」。王氏此辨甚愜。明張時徹皇明文範有陸瑞家誅少正卯辨，其上篇略曰「昔季康子問政，孔子曰『子爲政，焉用殺』。豈有己爲政未滿旬日，而即誅一大夫耶？卯既爲聞人，亦非不可教誨者，何至絶其遷善之路，而使之身首異處耶？魯季氏三家陽貨奸雄之尤者，司寇正刑明弼，當自尤者始。尤者尚緩而不誅，誅者可疑而不緩，兩觀之鬼，不亦有辭于孔氏哉！不告而誅，不啻專殺大夫矣，聖人爲之乎？凡此皆涉于無理，故不可信。」下篇略曰「誅卯之言，殆始荀況也。朱元晦嘗疑此以爲不載於論語，不道於孟子，雖以左氏春秋、內外傳之誣且誇而猶不言，獨荀況言之。愚謂況忍人也，惟以此爲倡。當是時吾見三桓之弱魯矣，未聞卯之奪君也。此其刑政緩急之間，一庸吏能辨之，況吾夫子哉」！長洲尤氏侗看鑑偶評曰「卯既爲聞人，聚徒營衆，無不交結三桓之事，子何能驟誅之。朱子疑而未信。大抵諸子之説，寓言居多，如以荀子爲真，則莊子盜跖篇亦果有之耶」？四書釋地又續云「少正卯之誅，朱子極辨其無，而論語序説猶載之，此釐革之未盡者也」。劉書新論心隱篇獨信之。

孔子遂適衞，主於子路妻兄顏濁鄒家。

附案：後文正義「濁鄒音卓聚」，蓋誤認爲顏涿聚。涿聚父子仕齊，於衞之濁鄒何涉？濁鄒卽讎由，孟子疏言之極明。朱子序説從之。索隱謂此與孟子所説不同，其實兩説無殊。讎由、濁鄒，音近傳別耳。孔叢記義言「讎由善事親，後以非罪執，子路請贖焉，二三子納金於子路。或謂孔子曰：『受人之金以贖其私昵義乎？』子曰：『貧取於友，非義而何』。」可爲子路妻兄之證。且讎由是子路妻兄，便是彌子瑕妻兄。瑕見主其妻兄之家，遂邀孔子來主，亦非無因。而濁鄒緣孔子主於家，受業爲弟子，理固宜然。至涿聚是齊人，呂子尊師、淮南氾論言其爲梁父大盜，學于孔子，爲齊忠臣。氾論「涿」作「啄」，訛。涿聚名庚，其子名晉，見左哀二十三、二十七傳。漢書人表毛本作「顏燭鄒」，繹史本同，各本作「濁鄒」。師古曰「卽顏涿聚子也」。「子」字衍。攷韓子十過有顏涿聚諫田成子游海事，説苑正諫作「顏燭趨」。晏子外篇言景公使燭鄒主鳥，韓詩外傳九作「顏鄧聚」，「鄧」字訛，有本作「斲」。説苑正諫亦載其事，作「燭雛」。集韻、類篇又作「濁雛」，雛音聚。並因形聲相狀，通借用字也。

去衛，將適陳，過匡。

附案：論語「畏匡」無注，梁皇侃論語義疏本孔安國「在陳絶糧」注以爲宋地名，蓋據莊子秋水篇「孔子游匡，宋人圍之」也。但宋雖有地名承匡，見文十一年春秋。而此時未至宋。孔子之宋，遇桓魋之難，不是匡人，並不聞一如宋而桓魋、匡人遭兩難者。況莊子釋文引司馬云「宋當作『衛』」，固與史合，然陽貨與衛又風馬牛不及，焉能暴匡。若朱子序説謂適陳過匡，乃誤刪世家文，其實匡非陳地，過匡在適陳之先耳。毛氏奇齡四書賸言曰「春秋傳公侵鄭取匡，在定公六年，季氏雖在軍，不得專制，凡過衛不假道，反穿城而躪其地，其令皆出自陽虎，是虎實帥師。當侵鄭時，匡本鄭鄙邑，必欲爲晉伐取以釋憾，而匡城適缺，虎與顔剋就其穿垣而入之，虎之暴匡以是也。至夫子過匡，適顔剋爲僕，匡遂以爲虎而圍之」。毛氏此解，明白可據。攷春秋僖十五年「次于匡」，杜注「衛地，在陳留長垣縣西南」。左傳文元年「衛侵鄭及匡」，杜注「在潁川新汲縣東北」。二縣相近，疑匡是一地而分屬。何以徵之？文八年傳「晉侯使解揚歸匡、戚之田於衛」，杜注「匡本衛邑，中屬鄭，晉令鄭還衛」。則定六年取鄭匡，安知非復屬於鄭乎？所謂疆埸之邑，一彼一此，何常之有也。

顔刻爲僕

案：論語注包咸曰「陽虎曾暴於匡，夫子弟子顔剋時又與虎俱行。後剋爲夫子御至於匡，匡人相與共識剋，又夫子容貌與虎相似，故以兵圍之」。莊子秋水釋文同。足解此史顔刻爲僕一段不明處，琴操作「顔淵」，非。蓋不説刻與虎俱，則其事未晰也。正義引琴操略同，但檀弓「死而不弔者三」疏引世家云「陽虎嘗侵暴於匡，時又孔子弟子顏刻爲陽虎御車。後孔子亦使刻御車從匡過，孔子與陽虎相似，故匡人謂孔子爲陽虎，因圍，欲殺之」。非但言刻爲虎御與諸説異，且與世家文不同，疑孔疏誤。疏以微服避桓魋，嫁其詞以爲媚悦匡人，其妄可知。所謂匡人者，韓詩外傳六、説苑雜言、家語困誓稱「匡簡子將殺陽貨，孔子似之，帶甲圍孔子舍」也。

孔子使從者爲甯武子臣於衞，然後得去。

案：匡圍之解，琴操謂因暴風擊僕軍士之故，固屬妄談。韓詩外傳六、説苑雜言、家語困誓皆謂歌終釋難。而莊子秋水謂匡人知非陽虎，請辭而退。禮疏引世家謂孔子自説解圍，又各不同，未知孰實。獨史謂從者臣甯武子，然後得去，則尤可怪。困學紀聞十一引胡致堂曰「穆公末，武子之子相，已與孫良夫將兵侵齊，武子非老則卒矣。穆公卒，歷定公、獻公，閻注甯氏滅于獻公手。凡三十七年，至靈公三十八年而孔子來。使有兩武子則可，若猶俞也，其年當百有五六十矣，何子長之疎也」。毛氏奇齡四書索解曰「武子仕衞在僖公年，歷文、宣、成、襄、昭五公，而後至定之十二年。是在甯武時，孔子未生，在孔子畏匡時，則甯氏族滅已久，其間相去實百五六十年，而謂爲其臣解難，直笑話也」。

靈公與夫人同車，宦者雍渠參乘，出，使孔子爲次乘，招摇市過之。

案：示兒編曰「聖人方以季桓子受女樂而去魯，適衞而又爲靈公南子驂乘，不知子長何所本而云然」？史記疑問曰「欲通齊景，不恥家臣。欲媚夫人，帷中交拜，且使爲次乘，儼同宦寺之流，過市招搖，不顧辱身之醜，小人之所不爲也，而謂孔子爲之乎？馬遷誣聖，罪在難寬」。余謂呂氏春秋貴因篇言孔子道彌子瑕見釐夫人，同妄也。

孔子獨立郭東門，鄭人或謂子貢曰：

附案：韓詩外傳九説此事頗詳別，未知何所本？白虎通壽命、論衡骨相皆仍史。

形狀末也

附案：白虎通論衡家語「末」皆作「未」，史詮謂字之譌。

吴王夫差伐陳，取三邑而去。

案：吴無取三邑事，哀元年傳及年表可證，説見陳世家。

蔡遷於吴

案：「蔡」下缺「請」字。

吴敗越王句踐會稽

鄧以讚曰：「前骨節事當在此下，不然，入此吴敗越無謂矣，且吴未嘗再墮會稽也。」

陳湣公使使問仲尼

附案：索隱曰「家語、國語作『陳惠公』，非也」。

孔子居陳三歲，會晉、楚爭彊，更伐陳，

案：時爲定十五年，哀元、二兩年無晉、楚伐陳事，即三歲前後亦未嘗伐陳，此妄也。

孔子曰：歸與歸與！

案：後文亦載歸乎云云，此出孟子，後見論語，其實皆一時之言，但辭少異耳。朱子序說、滹南辨惑俱從索隱，以爲史記之失。四書釋地續曰「孔子在陳凡二次，一居于定公十五年，哀公元年、二年，一居于哀公二年、三年、四年。世家並載有歸與之辭，哀公三年載者得之，蓋興起于魯之召冉求，於情事爲得」。四書賸言曰「大抵夫子之歎，在第二次適陳之際」。

朞月而已

附案：一本有「可也」二字。

孔子學鼓琴師襄子

案：索隱據家語辨樂以師襄子卽論語「擊磬襄」，索隱誤作「擊鼓」。而家語本於韓詩外傳五，元無擊磬爲官之言，蓋王肅妄增耳。淮南主術「師襄」注「魯樂太師」，此高誘之誤，肅豈仍其說歟？四書釋地又續云「孔子在衞年五十九時，學鼓琴師襄子，與論語曰襄者自別一人。論語之襄乃魯伶官，以擊磬爲職，當未入海前，豈容抽身至衞，俾孔子從之學乎？注本家語非，然則高誘、王肅以二襄同名，合爲一人，殊謬。索隱妄引爲徵，朱子集註亦誤從之也」。余疑師襄子必列子湯問篇之師襄，鄒衍一語猶上文夏革對湯稱師曠，記事者潤益之。漢書人表二襄判列爲兩人。但孔子不應五十九始學琴，余有丁引歷聘紀年記孔子二十九歲適衞學琴，亦無據。文選七發「師堂操暢」李善注引韓詩外傳作「師堂子京」，堂襄音近，子京其字。初學記十六云韓詩爲「師堂子」。

如王四國

附案：一本「如」上有「心」字。

而聞竇鳴犢、舜華之死也

附案：竇其姓，鳴犢其字，而其名曰犨，以爲二人者誤。別詳余所著人表考。

趙簡子未得志之時

史詮曰當作「趙孟」。

作爲陬操以哀之

附案：家語作「槃操」，殆取「考槃」之義歟？

冬，蔡遷於州來。是歲，魯哀公三年，而孔子年六十矣。

案：蔡遷州來之歲，孔子年五十九，哀公二年也，此誤，「是歲」當作「明歲」。

顧謂其嗣康子曰：我卽死，若必相魯。

案：哀三年傳季桓子命正常語，則相魯之言非其實也，豈桓子逆知南氏生男必不得立乎？

蔡昭公將如吳

案：此及下兩「昭公」皆當作「昭侯」。

楚侵蔡。秋，齊景公卒。明年，

案：「明年」當書於「秋」字之上，蓋哀公五年事，誤在四年也。又攷春秋及史是時無楚侵蔡事。

孔子自蔡如葉

附案：孔子至衞凡五：去魯司寇適衞，一也；將適陳過匡過蒲而反乎衞，二也；過曹而宋而鄭而陳仍適衞，三也；將西見趙簡子未渡河而反衞，四也；如陳而蔡而葉復如蔡，將至楚而不果仍反乎衞，五也。金履祥謂至葉卽是至楚，史記于在衞之事，葉、蔡之事，皆重出而不考，則不然。史公親見古文家語，故能年經月緯，自少至老，歷歷如是，不可以意論也。戰國燕策蘇代曰「陽貨之難，孔子逃於衞」。而虎難在定八年，豈孔子未用于魯之前已曾至衞耶？游士之言，恐未足信。

於是乃相與發徒役圍孔子於野，不得行，絕糧。

案：朱子序説云「是時陳、蔡臣服於楚，若楚王來聘孔子，陳、蔡大夫安敢圍之。據論語絕糧當在去衞如陳之時」謂蔡服楚微有不合。經史問答云「當時楚與陳睦，而蔡全屬吳，遷于州來，與陳遠。且陳事楚蔡事吳，則讎國矣，安得二國之大夫合謀乎？且哀公六年，各本徐廣注訛以哀公六年爲「四年」。吳志在滅陳，楚昭至誓死以救之，陳之仗楚何如，感楚何如，而敢圍其所用之人乎？乃知陳、蔡兵圍之説，蓋史記之妄，而絕糧則以陳之被兵，孔注可信。孔安國論語注謂絕糧乃孔子初次適陳時事。然則楚昭之聘，亦爲虛語。説在後。而孔子厄于陳、蔡，孟子以爲無上下之交，必去之惟恐不及，所云可速則速也。乃自定十五年至哀六年，徘徊陳、蔡，一至再至，毋乃非危邦不入、亂邦不居之義乎？未識當時情事若何，參考無由，深所難曉。江氏永謂絕糧當在哀四年孔子自陳如蔡時，指故地上蔡言之，與遷于州來之蔡無涉，非也。

夫子蓋少貶焉

附案：史詮謂「蓋」乃「盍」字之譌，是也，家語在厄作「盍」。

於是使子貢至楚。楚昭王興師迎孔子，然後得免。昭王將以書社地七百里封孔子，楚令尹子西曰：

案：經史問答曰「是時楚昭在陳，何必使子貢如楚。而楚果迎孔子，信宿可至，孔子何以終不得一見楚昭？古史謂孔子曾見昭王，無據。而其所迎之兵，中道而聞子西之沮，又竟棄孔子而去，皆情理之必無者。且楚昭旋卒於陳，則孔子又嘗入楚乎」？朱子序說曰「書社地七百里，恐無此理」。司馬氏史剡曰「子西楚之賢令尹也，楚國賴之亡而復存，其言豈容鄙淺如是哉」！余合攷之，知孔子未嘗入楚，但至葉耳，而子西未嘗沮孔子，昭王未嘗迎孔子欲封之，並未嘗聘孔子。夫昭王軍於城父，方師旅不遑，何暇修禮賢之事。子西卽嫉媢，何不沮于徵聘之時，而乃沮于議封之日，益足見此段之全虛矣。前哲歷辨其誣，皆確不可易。又朱子語録云「昭王之招無此事，鄒、魯閒陋儒尊孔子之意如此」。

述三王之法（金陵本作「述三五之法」。）

附案：文選班固東都賦「事勤乎三、五」，劉琨勸進表「三、五以降」，王融曲水詩序「邁三、五而不追」，袁宏三國名臣序贊「三、五迭隆」，及李康運命論「仲尼見忌於子西」，李善注並引史作「三、五之法」，則今本譌也。

子路曰：衞君待子而爲政，

案：論語有冉有、子貢以夷齊問孔子事。古史曰「前此三年，當作「四年」，其時爲哀七年。季康子召冉有矣。後此五年冉有爲魯帥師敗齊于清矣。今冉有在衞，豈自魯來見孔子歟？哀公七年，子貢在魯爲季氏説吴太宰嚭，豈今歲自衞反魯歟？子路與冉有同爲季氏家臣，既而仕衞孔氏以死，豈與孔子皆歸于魯復自魯仕衞歟？傳記脱略，無所考證矣」。

其明年，冉有爲季氏將師，

案：「其明年」三字誤，當作「後四年」，故徐廣曰「此哀公十一年也，去吴會繒已四年矣。」

會季康子逐公華、公賓、公林，以幣迎孔子。

附案：左哀十一年疏引史「逐」作「使」。據冉求「毋以小人固之」一語，則「逐」字近之，而康子實未嘗用孔子，則「使」字是。未定孰從。江氏永謂「世家誤『使』爲『逐』，康子豈能遽逐小人哉。」

凡十四歲而反乎魯

索隱曰：「定公十二年孔子去魯，則首尾計十五年矣。」

季康子問政，曰：「舉直錯諸枉，則枉者直。」

汪繩祖曰：「史蓋以封哀公之言爲告康子，而謬以告樊遲之語爲答問政，故索隱譏史公撮論語爲文而失事實也。」

古者詩三千餘篇，及至孔子，去其重，取可施於禮義，三百五篇孔子皆絃歌之，以求合韶、武、雅、頌之音。

案：詩譜序疏曰「書、傳所引之詩，見在者多，亡逸者少，孔子所録，不容十分去九。馬遷言三千餘篇，未可信。詩凡三百十一篇，史記漢書云三百五篇，闕其亡者，以見在爲數也」。又左襄二十九疏曰「季札歌詩風有十五國，其名皆與詩同，惟次第異，則仲尼以前，篇目先具，其所删削，蓋亦無多。記、傳引詩亡逸甚少，知本先不多也。史記云古詩三千餘篇，孔子去其重，取三百五篇，蓋馬遷之謬耳」。而呂氏讀詩記引歐陽公曰「鄭學之徒，以遷謬言，予考之遷説然也。書、傳所載逸詩何可數，以鄭詩譜圖推之，有更十君而取其一篇者，又有二十餘君而取其一篇者，由是言之，何啻三千」。池北偶談曰「孔子但正樂，使各得其所而已，未嘗删詩。且一則曰『詩三百』，再則曰『誦詩三百』，家語對哀公問郊，當引禮器。亦曰『臣聞誦詩三百，不可以一獻』。知古詩本來有三百篇，非孔氏删定也。又左傳列國卿大夫燕享賦詩，率皆三百篇中之詩，多在孔氏之前，其非夫子手删，了然可見」。習學記言云「史記言古詩三千，孔安國亦言删詩爲三百篇，案詩周及諸侯用爲樂章，今載於左氏者皆史官先所采定，就有逸詩殊少矣，不待孔子而後删十取一也。論語稱『詩三百』，本謂古人已具之詩，不應指其自删者言之。輔廣亦謂司馬遷言古詩三千，傳聞之誤，昔賢所論，惟歐陽公以史爲然，餘俱非之。余謂孔子于詩不止去其重，亦未必删去十之九。竊疑三百五篇，古人采定詩數如此，自爲一集，餘詩固在也。又其後詩人之作，積久愈多，學者或不免增續，遂致雜亂，惟朝廷樂章尚守其舊，孔子因據古詩舊本，仍其詩數，删校而録之。譬如文選，昭明所定，而諸名家别集固行於世，且有續文選者，有廣文選者，設不幸遇妄人取而混刻之，則失昭明之舊矣，好古之士重加釐訂，俾還其舊，詩亦猶是也。但今之三百五篇，未知卽古之三百五篇否？宋史儒林傳王柏言「今詩非盡定於夫子之手，所删之詩，容或有存于閭巷浮薄之口，漢儒取以補亡。」斯論雖創，似非無見，蓋詩遭秦火，不能獨全，漢儒傳詩而不全得，因取世俗流傳者綴輯以足三百五篇之數，無怪也。夫孔子删書，而書之眞僞相淆，定禮樂而禮樂不傳，安見詩之爲全經耶？且更有疑者，太師陳詩以觀民風，周之盛時環海內而封者千八百諸侯，何以獨邶、鄘至曹十一國有詩，又皆作于春秋之世乎？一矣。吳、楚無風，當是采詩所不到，若虢、檜皆鄭滅，陳、蔡皆同盟，而滕、薛亦陳、檜之比，何以四國一無所録？至許無風而載馳之詩録于鄘，黎無風而式微之詩録于邶，豈非殘缺失次乎？二矣。經典所載，如貍首、采薺、九夏，武王之支以及新宮、祈招、茅鴟、轡之柔矣並宴享所用，列國所賦，他若左傳所引諸詩句，以及表記「昔吾有先正」，論語「素以爲絢」之類，皆必不見删于孔子，亦必不先子而亡，何以不在三百五篇内乎？三矣。子云雅、頌各得其所，宜鮮有倒錯者，乃正聲之中或類於變聲，後王之什或先于前王，卽以周頌一篇論，左傳楚莊王引詩謂武王作武，其卒章曰「耆定爾功」，其三曰「鋪時繹思」，其六曰「綏萬邦」，今但以耆定一章爲武，其三、其六乃賚之與桓，不惟次第相隔，抑亦分合各殊，烏在其爲所乎？四矣。困學紀聞七引葉石林云「以所作爲先後，詩未删之序也」，恐非。然則孔子所稱詩三百者，安必卽今所傳三百五篇哉。或問朱子注詩多以鄭、衞爲淫奔之作，故王柏説詩盡削而黜之。毛氏奇齡白鷺洲主客説詩駁之云「向使爲淫詩，則不惟禮義所絶，幾見有淫詩而可絃歌之以合韶、武、雅、頌耶？漢王式爲昌邑王師，以三百五篇諫，假使淫詩，則導之不足，何有于諫。龔遂諫昌邑王亦言『大王誦詩三百五篇，所行中詩一篇何等』。若果淫奔之詩藉藉而有，則昌邑所中詩不一篇矣。又毛經問十五深辨王柏之非，子以爲奚若？曰：此則王柏過信朱子之故。朱子于鄭、衛之詩不依小序，解作淫詩，而於鄭詩尤甚，原有可議。蓋淫者其聲，而非詩淫也。季札觀樂於鄭、衛皆曰美哉！而不譏其淫，亦可概見。雖然楚申叔跪唸巫臣有桑中之喜，鄭伯有歌鶉奔，此古詩舊本也，獨非淫詩乎哉？因以識播管絃而合聖樂者，只可就施禮義諸章言之爾。王、龔所稱亦然，況正者足以發善心，邪者足以懲逸志，豈說詩必此詩歟？墨子公孟篇「誦詩三百，絃詩三百，歌詩三百，舞詩三百。」

序彖、繫、象、說卦、文言。

案：孔子作彖象繫各上下篇及文言、序卦、說卦、雜卦謂之十翼，此錯敍而不出雜卦何也？

讀易韋編三絕

附案：抱朴子祛惑篇有古强者云「孔子嘗勸我讀易，曰：『此良書也，丘竊好之，韋編三絕，鐵擿三折』。今乃大悟」。困學紀聞十云「鐵擿見於此。擿一作『撾』。方士寓言也。」而薛據集語引史記曰「孔子讀易，韋編三絕，鐵擿三折，漆書三滅」。御覽六百十六同，豈後人刪之歟？

假我數年，若是，我於易則彬彬矣。

案：此與論語異，似非孔子之言。

七十有二人

案：弟子不止此數，說在弟子傳。

不憤不啟，不舉一偶，（金陵本作「不憤不啟，舉一隅不以三隅反」。）

案：「不悱不發」一句何以删之？「啟」字何以不避諱？

三人行，必得我師。德之不修，學之不講，聞義不能徙，不善不能改，是吾憂也。

案：此段總書行事，前後皆記者之辭，而三人行二章是孔子之言，無端插入，與上文敍憤悱章同。王若虚曰「史氏所記，孔子所言，豈可混而不别。遷采經摭傳，大抵踳駁，不足觀」。

達巷黨人童子曰

案：「童子」二字不知何據而增之。攷有以達巷黨人爲項橐者，孟康注漢書董仲舒傳是也。有謂項橐是孔子師者，乃戰國秦策甘羅語，甘茂傳述之。新序五齊閭丘卬曰「秦項橐七歲爲聖人師」。以爲秦人何也？淮南説林云「項託使嬰兒矜」。修務云「項託七歲爲孔子師」。顔氏家訓歸心云「項橐、顔回短折」。宏明集正誣論云「顔、項夙夭」。抱朴子微旨云「愚人項託、伯牛輩，謂天地之不能辨臧否」。論衡實知云「項託七歲教孔子以爲學，人見其幼成早就，稱之過度。七歲是必十歲，教孔子是必孔子問之，其實此事妄傳，猶説蒲衣八歲舜讓以天下也」。見莊子應帝王釋文引尸子。明黄瑜雙槐歲抄載保定府西北四十五里滿城縣之南門有先聖大王祠，神姓項名託，周末魯人，年八歲孔子見而奇之，十歲而亡，時人尸祝之，號「小兒神」，真無稽之談。

河不出圖，雒不出書，

案：論語曰「鳳鳥不至，河不出圖」，此豈别見本乎？

降志辱身矣

案：此下缺「言中倫行中慮」六字。

乃因史記作春秋，上至隱公

附案：日知録四云「春秋不始于隱公，晉韓宣子聘魯，觀書于太史氏，見易象與魯春秋，曰：周禮盡在魯矣。左昭二。蓋必起自伯禽以泊中世，自隱公以下，世道衰微，史失其官，于是孔子懼而修之。然則自惠公以上之春秋，固孔子所善而從之者，惜其書不存」。

據魯，親周，故殷，運之三代。

附案：正義訓殷爲「中」，言春秋「中運夏、殷、周之事」，非也。史詮曰「據魯者，以魯爲據也。親周者，以周爲親也。故殷者，以殷爲故也。言春秋之作，兼魯、周、殷三代之法而運之也。康成云『春秋從殷之質』，是也，正義謬」。史記考異謂即春秋公羊家王魯親周故宋黜杞之説，與史詮相發。

子夏之徒不能贊一辭

附案：困學紀聞六云曹子建與楊德祖書「游、夏之徒」注引史記「子游、子夏之徒」，今本無「子游」二字。余攷薛據集語引史亦無「子游」，而文選楊答臨淄侯牋注引史又作「子夏之徒」。

孔子年七十三，以魯哀公十六年四月己丑卒。

案：史公依春秋作「己丑日」，杜注云「四月十八日乙丑，無己丑，己丑五月十二日，日月必有誤」。經史問答四曰「問史記、孔叢皆作『己丑』，與左氏合，則恐是杜長歷之譌。吳程以大衍歷推之，乃四月十一日，不知誰是？答：前二年五月庚申朔，是左氏所紀，下距是年四月，中間當有一閏，以庚申朔遞推之，是年四月朔爲戊申，是四月十八日乙丑也。若四月十一日，乃戊午，杜氏似不謬」。宋濂亦云戊申朔。

哀公誄之曰

學齋佔畢曰：「宣聖之誄，檀弓與左氏異，世家與左氏同，而漢書五行志又與史異。大聖人之誄，尚紛紛異同如此，況其下者乎！」周禮太祝注引春秋傳「不弔」作「不淑」。路史發揮五以誄集詩言爲疑。

失志爲昏，失所爲愆。

附案：索隱本作「失禮爲昏，失所爲僭」，又引左傳家語作「失禮爲僭」，並非。

惟子貢廬於冢上

索隱曰：「家語無『上』字。且禮云『適墓不登壟』，豈合廬於冢上乎？蓋『上』者亦邊側之義」。四書釋地續曰「廬于冢上，總不若孟子築室於場佳。築室處在今孔墓之右十數步，户東向。」

魯世世相傳以歲時奉祠孔子冢，而諸儒亦講禮鄉飲大射於孔子冢。

附案：日知録十五辨古無廬墓祭墓之禮，且引此文論之云，禮教出于聖人之門，豈有就冢而祭，至鄉飲大射，尤不可于冢上行之。蓋孔子教于洙、泗之間，所葬之冢在講堂之後，孔子既没，弟子卽講堂而祀之，且行飲射之禮，太史公不達，以爲祭于冢也。」顧氏之言殊不然，四書釋地續曰「諸儒講禮鄉飲大射于孔子冢，誤寫作『冢』。此『冢』字與贊曰『以時習禮其家』合。斯説雅符人情。至祠冢則自昔有之，七修類藁十七載張元禎思禮堂記，據周禮冢人及世家發明墓祭之禮。四書釋地續曰「余每讀東郭墦間之祭者，以爲古墓祭之切證。不知何緣至東漢建寧五年蔡邕從車駕上陵，謂同坐者曰：『聞古不墓祭』。見後書禮儀志注引謝承書，又見祭祀志。魏文帝黄初三年詔曰古不墓祭自作終制曰禮不墓祭。此言既興，到今皆以墓祭爲非古，雖高明如顧寧人，亦惑其説。余謂孟子且勿論，成陽靈臺碑『慶都僊没，蓋葬于兹，名曰靈臺，上立黄屋，堯所奉祠』，非墓祭之見于集乎？韓詩外傳曾子曰『椎牛而祭墓，不如雞豚逮親存』，非墓祭之見于子乎？周本紀武王上祭于畢，畢文王墓地，非墓祭之見于史乎？周禮冢人『凡祭墓爲尸』，非墓祭之見于經乎？更孟子之前，魯奉祠孔子冢，豈有非禮之祭，而敢輒上聖人之冢者哉」。毛氏奇齡辨定祭禮通俗譜曰「漢極重墓祭，自高帝至宣帝皆于陵旁立廟曰寢園，每日祭之。民間亦然，如朱買臣傳『其故妻夫婦上冢』。原涉傳『上冢到車數十乘』。後儒見三禮未經記及，便云古無墓祭。而不學之徒，妄求事始，唐侍郎鄭正則祠享儀謂始於光武諸將出征有經鄉里者，詔有司給少牢埽墓。聞見録謂始于曹公過橋玄墓致祭。而性理載宋儒引周元陽祭録謂始唐開元二十年詔士庶于寒食上墓拜埽，則不惟不讀漢書，且不讀孟子矣。又有謂始於曾子問望墓爲壇以時祭，則尤不通」。毛氏經問三亦歷引經、傳以徵古人之重墓祭，而經問十二復申之云「兩漢純用墓祭，大抵祭祖宗皆在陵園，而宗廟不備，不惟同堂異室大乖典制，即西京洛陽且有不具寢室者，故蔡邕言之，魏文述之，不爲無故。宋儒真以爲無墓祭而戒之，陋矣」。由是言之，日知録謂古人于墓禮但有奔喪去國二事，臆説不足信，即其所稱蘇武謁武帝園廟，樓護上書求上先人冢因會宗族故人，班伯上書願上父祖冢，詔太守都尉以下會，董賢上冢有會，太官爲供，凡此皆可證古之重墓祭，與毛氏所引朱買臣、原涉二條相發。

故所居堂弟子内

附案：索隱所説非也。方氏補正曰「當作『故弟子所居堂内』，傳寫誤倒」。

字子思，年六十二。

案：王肅家語後序從史作「六十二」，攷伯魚先夫子五年卒，則夫子卒時，子思當不甚幼，而孟子、檀弓並稱子思在魯穆公時，故漢藝文志云子思爲繆公師也。夫子没于哀公十六年，歷悼公元公至穆公卽位之歲已七十年，哀二十七，悼三十七，元二十一。安得子思年止六十二乎？毛氏四書賸言載王草堂復禮辨史記「六十二」是「八十二」之誤，曲阜孔農部繼汾闕里文獻考亦云然，當不謬也。劉恕外紀卷末據孔叢記問篇子思、孔子問答，與抗志篇子思居衞，魯穆公卒之言，以子思年壽爲疑，而不知孔叢僞書，自不足信。通考二百九引書録解題及餘冬敍録二十六俱辨之。通鑑書子思言苟變于衞侯在周安王二十五年，亦誤信孔叢耳。見居衞篇。

子上生求，字子家，

案：後序子家名傲，後名永。

子家生箕，字子京，

案：漢書孔光傳「子京」作「子真」，後序作「子直」，名榼。

字子高，年五十一。

案：後序子高年五十七。但此所書孔氏之年，慎、鮒、襄、忠四人三代皆五十七歲，並子高則四世同壽，可疑也。

子高生子慎

附案：孔光傳作「順」。後序子高生武字子順，名微，後名斌。闕里文獻考云名謙，或作「武」，後名斌。孔叢陳士義篇「子順爲相」注「孔武後名斌」。唐世系表穿生斌，一名胤。攷子慎曾孫名武，則「武」必「斌」之譌文，但何以一人而有四名，疑莫能定，故史缺不書也。慎、順古通。又世系表謂斌相魏封文信君，明程敏政聖裔考曰聖裔之受封始此。

子慎生鮒

案：孔光傳是「鮒」，而儒林傳作「甲」，師古曰「名鮒字甲」。後序子魚名鮒，後名甲。孔叢獨治篇子魚名鮒甲，陳人或謂之子鮒，或稱孔甲。史失書其字。

爲陳王涉博士，死於陳下

案：史、漢儒林傳及鹽鐵論毀學篇皆云鮒與涉俱死，而此及孔光傳言死陳下。孔叢答問篇云博士凡仕六旬，老于陳，有將没戒弟子語，則非不良死矣，未知孰是。

鮒弟子襄

案：史失書名，後序子襄名騰，子魚之弟。唐世系表、闕里志並名騰也，卽藏書壁中者。陸氏釋文、隋志、史通古今正史篇作「孔惠」，俱非。毛氏古文冤詞云此必以子襄之子名忠，「忠」與「惠」字形相近而致誤者。

遷爲長沙太守

案：長沙是時爲封國，不應有太守。孔光傳及唐表、後序皆作「太傅」，則史誤也。

子襄生忠

案：後序子襄生季中，名員。唐表忠字子貞。攷夫子兄之子名忠，不應子襄之子同名，當作「中」爲是，書序疏引史作「中」也。「季」字衍，而「員」乃譌文。又史失書字子貞。

忠生武，武生延年及安國。

案：孔光傳忠生武及安國，武生延年。後序季中生武及子國。安國字。唐表忠二子，武、安國。武生延年。則史以安國爲武子，誤也。書序疏引史「延年」作「延陵」，非。孔叢敍世篇尤爲僞謬，七修類藁二十四、王世貞讀書後皆辨之，故不采録。闕里考云武字子威。

安國生卬（金陵本作「卬」。）

附案：「卭」乃「卬」之譌。

高山仰止，景行行止。

附案：王應麟詩攷引史作「景行行之」，而今史記本與詩同，惟禮表記釋文云「行止，詩作『行之』」，與詩又不合。補三王世家云「高山仰之，景行嚮之」。

余祗回留之

附案：索隱云「祗，敬也，有本作『低迴』，亦通」。

史記志疑卷二十六

陳涉世家第十八

又間令吳廣之次近所旁叢中

盧學士曰「次所卽近旁也，二字複出，正如『逡巡遁逃』之比。漢書無『近』字，有『旁』字。宋子京音步浪反，恐亦未然。」

陳守令皆不在

案：索隱曰「張晏云『郡守縣令皆不在』，非也。秦無陳郡，陳止是縣，則守非官，與下守丞同，『皆』衍字」。劉敞曰「衍『皆』字，守非正官，權守者耳」。胡三省曰「秦郡置守、尉、監，縣置令、丞、尉，原父以爲權守，良是，蓋『令』下缺『尉』字」。余謂下言守丞，必陳尉守之，而陳縣不應一時令丞俱無正官，疑「皆」卽守令之名。

西擊

案：「擊」下缺「秦」字，當依漢書增。

止次曹陽二三月

史詮曰：「『月』當作『日』。」

而封其子張敖爲成都君

附案：「其」字乃「耳」之譌，張耳子也。

不如少遣兵

附案：「遣」乃「遺」之譌，留也。索隱本是「遺」字，與漢書同。

陽城人鄧說將兵居郯

案：索隱云「章邯軍此時未至東海，『郯』當作『郟』，是郟鄏之地」。正義云「疑汝州郟縣是。陽城河南府縣，與郟相近，又走陳，蓋誤作『郯』耳」。胡三省曰「章邯兵至滎陽，則已過郟鄏而東矣，正義近之」。錢宮詹曰「漢志潁川有郟縣，與陽城相近，非郟鄏之郟」。

銍人伍徐

附案：徐廣云「徐一作『逢』」，是，漢書作「五逢」。

將兵圍東海守慶于郯

案：漢志東海郡，高帝始置，秦無此郡，何以有守？錢大昭曰「『守慶』疑是人姓名，廣韻守亦姓，出姓苑」。

夥頤，涉之爲王沈沈者！

附案：說文繫傳「錁」字注引史曰「錁乎，涉之爲王默默者也」。孫侍御云「沈沈，劉伯莊云猶談談，又作『潭潭』，韓昌黎詩『潭潭府中居』是也，作『黕』無義。繫傳多誤字，不足據」。

爲陳涉置守冢三十家

案：史、漢高紀皆言「予守冢十家」，此誤。

褚先生曰：地形險阻

附案：史公以過秦論上篇爲世家論，漢書仍之，褚生妄爲增換，而凌氏不考，低刻一字以別于正文，誤矣。徐廣曰「一作『太史公』」。裴駰案「班固奏事云『太史遷取賈誼過秦上下篇以爲秦始皇本紀、陳涉世家贊文』，然則言褚先生者，非也」。索隱曰「徐廣、裴駰據所見別本及班彪奏事，皆云合作『太史公』。今據此是褚先生述史記，加此贊首地形險阻數句，然後始稱賈生之言，因即改太史公之目，而自題已位號也」。

於是秦人拱手而取西河之外

案：孝公時不能取地至西河外，說在始皇紀論中。

收要害之郡

案：「收」上缺「北」字。

兼韓、魏、燕、趙、宋、衞、中山之衆

案：此與賈子、漢書、文選皆不言齊、楚兩國，當是脱耳。

遁逃而不敢進

附案：當作「逡遁」，説在紀。管子戒篇「蹵然逡循」，司馬相如傳上林賦「逡巡避席」，文選東都賦「逡巡降階」，漢書趙飛燕傳「逡巡固讓」，四條紀中未及。

吞二周

案：此非始皇也，説在紀。

而轉攻秦

附案：「而」字當在「轉」下。

外戚世家第十九

太史公曰：秦以前尚略矣，

附案：「太史公曰」四字當與上連寫，不提行。

呂娥姁爲高祖正后

案：本紀標目既編高后之年，外戚裁篇難缺娥姁之事，撮敍大略，體例宜然，但何以不及其父呂公封臨泗侯乎？

天誘其統

附案：徐廣云「一作『衷』」，是，史公用左氏語。

長丞已下吏奉守冢

附案：漢書「吏」作「使」是，此脱其旁耳。

於是召復魏氏及尊賞賜

案：「及尊」二字衍，漢書無。

而代王王后生四男

案：景紀作「三男」，疑「四」字非，觀後「十四男」誤「十三男」，可見。

竇皇后親蚤卒，葬觀津，

附案：索隱引摯虞注決録云「竇太后父少遭秦亂，隱身漁釣，墜泉而死。景帝立，太后遣使者填父所墜淵，起大墳于觀津城南，人間號爲竇氏青山。」唐書世系表及竇建德傳言后親名充，水經濁漳水注稱竇少翁，蓋是其字，舊本誤作「少消」。而舊唐書建德傳作「竇青」，寰宇記引隋圖經亦作「青」，則因人名山。言「充」者非也。

竇長君

案：少君書名而長君不書名，何也？索隱引決録名建。

乃厚賜田宅金錢，封公昆弟，家于長安。

案：索隱謂「公亦祖也」，以公昆弟爲同祖昆弟，此解似非。方氏補正曰「『封公』二字疑衍」。或曰田宅金錢皆封公家所有以予之，賜修成君亦曰公田百頃也。

因欲奇兩女

附案：漢書「奇」作「倚」。

又有曩者所夢日符

案：漢書「有」作「耳」，是也，師古曰「耳常聽聞而記之」。

大行奏事畢

案：景帝中六年始改典客爲大行，此時未也。漢書「畢」作「文」。

景帝十三男，一男爲帝，十二男皆爲王。

案：「十三男」當作「十四男」，「十二男」當作「十三男」。

次爲林慮公主

附案：漢志河内郡有隆慮縣，因避東漢殤帝諱改名林慮。高祖功臣侯表及惠景侯表皆作「隆慮」，而此獨作「林慮」，蓋後人妄改之。

以元朔四年崩

案：「四年」當作「三年」。

武帝初卽位

附案：篇内五稱武帝，皆後人妄改，史公本文必曰「今上」、曰「上」。

於是廢陳皇后

附案：索隱曰「皇后廢居長門宫，司馬相如爲作頌以奏，皇后復親幸。作頌信有之，復幸恐非實也。」明張伯起譚輅曰「陳后買賦一事，千古以爲美談。予謂此事所必無，以武帝之明察，能讀子虚而稱美，則非不知文者，倘讀長門獨不能辨其非后筆耶？究所從來，死有餘罪矣，相如何利百金取酒，而冒爲之哉。當是相如知后失寵，擬作此賦，一時好事者添爲此説耳。」日知録十九曰「陳皇后復幸本無其事，長門賦乃從人託名之作，相如以元狩五年卒，安得言孝武皇帝哉。復幸之云，正如馬融長笛賦所謂『屈平適樂國，介推還受禄也。』」下文求子二語，乃追敍前事。

爲昌邑王

案：李夫人之子髆以天漢四年六月封昌邑王，漢表、傳並書之，其封在李夫人卒後，非史所及載，則此句似後人增入者。但漢外戚傳述李夫人病篤之言曰「願以王及兄弟爲託」，武帝亦云「一見我屬託王及兄弟」，豈先虚號爲王，年幼畜于宫中，至天漢四年始封昌邑耶？

號協律

案：此下疑脱「都尉」二字，續律歷志云「武帝正樂，置協律之官」。

兄弟皆坐姦，族。是時其長兄廣利爲貳師將軍，伐大宛，不及誅，還，而上既夷李氏，後憐其家，乃封爲海西侯。

案：佞幸傳亦云延年與中人亂，誅，但延年先已坐法腐刑，不得言與中人亂，豈釋氏所謂「半釋迦」耶？抑如欒巴之陽氣復通耶？然徐廣於佞幸傳曰一云坐弟季與中人亂漢外戚、佞幸二傳亦曰「延年坐其弟季亂後宮族」，則此爲誤也。又廣利以伐大宛功侯，非武帝憐李氏而封之。至余有丁謂廣利封時，李氏未誅，以此文爲非，史詮遂謂此文乃褚生所增，皆謬以後之族廣利妻子與族延年兄弟併爲一時一事耳。

褚先生曰

附案：此所續爲褚生極筆，非他蕪陋可比。惟言武帝年七十生昭帝，昭帝立時年五歲是誤耳。然贊武帝譴死鉤弋爲賢聖，雖立言之體，究非人情。宋朱翌猗覺寮雜記云「不問有罪無罪，一切殺之，此與桀、紂何異？乃以爲聖何哉」？滹南集君事實辨曰「母子天倫也，立其子必殺其母，是母乃子之賊，而子乃母之累。生子皆譴死，後宮誰敢舉子者，非不仁抑亦不智。末流至元魏以此爲定制，椒庭憂恐，皆祈祝不願生冢嫡，有輒相勸爲自安計，讀之令人慘然。武帝此舉，可爲法哉！而帝自以爲明，史臣又從而贊譽之，何其怪也」。

楚元王世家第二十

高祖之同母少弟也

附案：徐廣曰「一作『父』」。索隱曰「漢書作『同父』。言同父，以明異母也」。趙太常云「言同母以別于異母則可，言同父以明異母不可。夫父而何異同之見哉」。

乃以弟交爲楚王，都彭城。卽位二十三年卒，

案：漢傳元王好書多藝，與魯穆生、白生、申公俱受詩浮丘伯，世有元王詩。諸子多賢，天子尊寵元王子比皇子。當與河間獻王並號賢藩，而史公概不之及，僅敍在位年數，不亦疏乎？又高帝初封交爲文信君，此亦失書。

子夷王郢立

案：夷王名郢客，說見諸侯王表。又漢傳言元王太子辟非先卒，故以郢客嗣，此亦缺。

壬戊立二十年，冬，坐爲薄太后服私姦，削東海郡。

案：戊二十年夏四月薄太后崩，則「冬」字誤也。又攷楚所王者薛、東海、彭城三郡，此云削東海，漢傳云削東海、薛郡，未知孰是。或謂漢書高紀以碭、薛、郯三郡封交，而元王傳作薛、東海、彭城，紀傳不同。疑交封四郡，曰不然，高紀誤也。郯卽東海郡，碭爲梁國，地理志甚明，時以封彭越，楚王安得有之。

春，戊與吳王合謀反，

案：「春」上缺年，或曰明年，或曰二十一年。

楚王戊自殺

附案：漢五行志引劉向云「戊與吳王謀反，兵敗走丹徒，爲越人所斬，墮死于水。」是戊與濞同死越也，劉奉世以向爲誤。

子襄王經立（金陵本作「襄王注」。）

案：襄王名注，疑「經」誤。

襄王立十四年卒，

案：「十四」，一作「十二」，說在諸侯王表。

王純立

案：此下二十七字後人妄續，當削之。而其所續又與漢書異，漢書言純子延壽嗣位，以謀反爲後母父趙長年所告自殺，此言純爲中人告王反，謬矣。

其父高祖中子名友

案：高祖八男，趙王友行居六。

大臣誅諸呂呂禄等，乃立幽王子遂爲趙王。

案：遂乃文帝所立，豈大臣立之乎？此與呂后紀同誤。

以爲文王

案：「以」當作「是」。

相距七月

案：史、漢景紀、絳侯、梁孝王世家、周勃、文三王傳，七國以正月反，三月滅，此及高五王傳作「七月」，誤。酈商、吴濞傳作「十月」，更誤。趙雖後下，不能相距如是之久也。

荆燕王世家第二十一

荆王劉賈者，諸劉，不知其何屬。

錢唐張孝廉雲璈曰：「漢書賈傳及楚元王傳言賈爲高帝從父兄，諸侯王表作『從父弟』，雖兄弟小異，然可補史缺。」

王淮東五十二城

案：漢書高紀作「五十三城」。

燕王劉澤者，諸劉遠屬也。

張孝廉曰：「功臣表亦云與高祖疏屬劉氏，索隱引楚漢春秋稱爲『宗家』，則似疏遠矣。然漢表言澤爲帝從昆弟，本傳言高祖從祖昆弟，孟堅當必有所見，可補史缺。而方望溪補正謂禮小功爲遠兄弟，記曰絶族無移服，親者屬也，族未絶故曰屬。古書無一字氾設。據方氏解，則從祖兄弟正是疏屬。」

太后欲立呂産爲呂王，王代。大臣請立呂産爲呂王。

案：是時爲高后七年，乃劉澤王琅邪，呂禄王趙之時也。趙王友幽死，呂后令代王徙王趙，代王不從，遂封呂禄爲趙王，則知呂后初意欲以代王禄也。此文當作「太后欲立呂禄爲王，王代」，「呂」字衍。「大臣請立呂祿爲趙王」，「呂」字訛。兩「呂産」皆當作「呂祿」。下文田生説張卿曰「呂産王也」，亦誤以「祿」爲「産」。蓋産已于六年爲呂王，不待是時議立。且呂之初王乃呂台，非呂産。呂本王濟南，非王代。通鑑考異及劉攽于漢書高后紀，俱不知此文之誤而爲之説。

今營陵侯澤，諸劉，

案：「劉」下缺「長」字，漢書有。

乃引兵與齊王合謀西

案：集解及師古注、司馬氏通鑑，並從史、漢呂后紀、齊王傳以此言合謀爲誤，是也。索隱引劉氏謂「燕、齊兩史各言其主立功之迹，太史公聞疑傳疑，遂各記之」。

齊悼惠王世家第二十二

食七十城

附案：漢書高紀「封肥七十三縣」，荆燕吴傳作「七十二城」，高五王傳作「七十餘城」，即史高紀、吴濞傳亦云「七十餘城」。此與曹相國世家及漢書參傳言「七十城」者，舉大數耳。

哀王元年，孝惠帝崩，

附案：高五王傳以哀王立于孝惠六年，誤。

呂太后稱制，天下事皆決于高后

案：篇中曰呂太后，曰高后，曰太后，錯雜似兩人，皆當作「太后」。

酈侯

附案：徐廣作「鄜」，是，說在呂后紀。

其明年，趙王友入朝，

案：「明年」誤，傳改「是歲」。

非有漢虎符驗也

附案：文帝紀二年九月初爲銅虎符，而據此文則呂后時已有虎符矣，胡三省曾疑之，大事記云「虎符用銅，始於文帝」，當是也。

西馳見齊王

附案：史詮曰「西馳」當作「迺馳」，是也，傳寫譌脱耳。

悼惠王於齊

案：「於」字乃「王」字之誤，呂后紀可證。

擅廢高帝所立

案：呂后紀及高五王傳作「擅廢帝更立」是也，此誤。

固恃大臣諸將

案：吕后紀、五王傳「諸将」乃「諸侯」之誤。又五王傳「恃」作「待」，並通。

太子側立

案：「側」當作「則」。

後二年，孝文帝盡封齊悼惠王子罷軍等七人，

案：「後二年」誤，五王傳作「明年」是也。「七人」乃「十人」，此與惠景侯表作「九人」同誤，漢紀、傳亦誤仍爲「七人」。

三國兵共圍齊

案：上明言膠西、膠東、菑川、濟南發兵應吴、楚，欲與齊，而齊城守不聽。則圍齊之兵固四國也，乃此以下歷言三國，豈非脱誤。張晏護其説，以三國爲膠西、菑川、濟南，不知膠東王是時何在哉？吴濞傳始亦言四國攻臨菑，末復言三國圍齊不能下，以三國爲膠西、膠東、菑川，則是時濟南王又安在耶？漢書襲史原文，故同其誤。

齊孝王懼，乃飲藥自殺。

案：吴濞傳云齊王悔約自殺，在吴舉兵未敗之先，與漢書枚乘傳言「齊王殺身以滅其迹」正合。枚叔當時人，且諫書不應虚説，則此敍孝王自殺事在亂平之後，誤也。劉攽、劉奉世反疑諫書非真，殊不然矣。

續齊後

附案：漢書鄒陽傳云「齊王自殺，不得立嗣。」劉奉世曰「蓋嘗有爲此議者耳。」

子次景立

附案：「景」乃「昌」之譌。

急乃爲宦者

附案：徐廣「急」一作「及」，五王傳作「及爲宦者」，則似「急」與「及」音近致譌，「乃」與「及」形近誤添也。而孫侍御云「急乃爲宦者，言徐甲貧窘無聊，乃自刑而爲宦者耳，非有譌字，五王傳非」。

不得聞於天子

案：「不」字衍。

子建延立

案：年表及漢表、傳皆作「延」，此誤增「建」字。

頃王二十八年卒

附案：「八」字乃「六」字之譌脱。

是爲惠王

附案：此下四十八字後人所續，當删之，且所説孝王景之年與漢書不合。

後十二年

附案：「十二」乃「十三」之譌刻。

志堅守，不與諸侯合謀，

案：濟北王志因其郎中令劫守不得發兵耳，見吴濞傳，此言非實。

以勒侯

附案：「勒」乃「朸」之譌文，五王傳作「扐」。

以武城侯

案：當作「南城」，説在惠景侯表。

志以齊悼惠王子

史詮曰「『亦』作『以』，非也」。

是爲頃王

附案：此下四十四字後人妄續，且年數謚法多誤也。

以昌平侯

案：當作「平昌」，此作「昌平」誤，史、漢侯表、列傳、世家及水經注二十六可證。正義誤以上谷昌平言之。

蕭相國世家第二十三

何獨先入收秦丞相御史律令圖書藏之

案：漢書高紀言何收秦丞相府圖籍文書，則知漢書誤脱「御史律令」，而此誤脱「文書」。此所謂圖書卽圖籍也，方回續古今考云「何收丞相御史圖籍文書，博士官所職，不遑收取，致爲項羽所焚，而後天下無副本。圖謂繪畫山川形勢、器物制度、族姓原委、星辰度數，籍謂官吏版簿、户口生齒、百凡之數，律與令則前王後王之刑法，文書則二帝三王以來政事議論見于孔子之所刪定著作。戰國以來，百家迭興，大率龐駁不純，去非取是，在乎擇耳」。據此，則漢初諸書自有正本，未盡燬于秦、楚之火也，而後儒紛然者何哉？

何進言韓信

案：此處漢書有蕭何勸漢王王漢中一節，似不可缺。

今諸君徒能得走獸耳

案：漢書作「走得獸」，刊誤補遺曰「走得獸者，謂其追而殺之」。得走獸則乖本旨矣。

悉封何父子兄弟十餘人

案：漢書作「父母」，是。

漢十二年秋

附案：「十二」乃「十一」之譌文。

因民之疾奉法順流與之更始

附案：此以「疾」字爲句，而漢書「奉」作「秦」，班馬異同本史亦作「秦」，則「奉」爲譌字，當以「法」字句絶。

與閎夭、散宜生等爭烈矣

考要曰：「蕭何開國之元臣，保全名位，少之者概以秦之刀筆吏，譽之者謂與閎夭、散宜生爭烈，皆非確論。宋儒陳氏以何有相國之器，而擬以狐偃、趙衰，得之矣。」又有説在李斯傳。

曹相國世家第二十四

平陽侯曹參者

案：博物志參字敬伯。班彪譏史公云「蕭、曹、陳平、董仲舒並時之人，不記其字」。又史記考異曰「蕭、曹皆以相國終，故目録皆云相國，與陳丞相、張丞相一例。篇首參不稱相國而稱侯，此義例之疏也」。

司馬尼（金陵本作「司馬𡰥」。）

附案：「尼」乃「𡰥」之譌，説在高紀。

參將兵守景陵二十日

案：漢傳作「二十三日」。

王武反於黄

案：漢傳作「外黄」。攷史、漢樊噲傳云「破王武于外黄」，漢灌嬰傳云「王武反，擊破之，攻下外黄」，則此缺「外」字。乃陳留之縣也，徐廣以魏郡内黄言之，非。

柱天侯

附案：史記攷異曰「小司馬本作『天柱侯』，故引廬江灊縣之天柱以實之。」

高祖三年

案：「三」當作「二」，漢傳及水經注六可證。

東攻魏將軍孫遬

附案：水經注引漢書作「魏將孫林遬」，與今本異。索隱本作「鄗孫遬」又别。

擊魏王於曲陽，追至武垣

案：正義引括地志以定州曲陽爲説，余有丁云「此必魏自有曲陽，定州之曲陽時屬趙」。兩解並非，蓋曲陽乃陽曲之誤，太原陽曲縣也。又考武垣，正義以爲涿郡之縣，漢傳作「東垣」，則爲真定，恐皆誤。徐廣謂河東垣縣，是已。「武」字「東」字衍，涿之武垣亦單稱垣，説在惠景侯表。故此誤以垣爲武垣耳。陽曲抵垣不甚遠，是以追及之。

還定濟北郡

附案：師古云「時未有濟北郡，史追書之。」攷漢書高紀六年稱東陽郡、鄣郡、吴郡、郯郡、膠東、膠西、臨淄、濟北、博陽、城陽郡，楚元王傳稱東海、彭城郡，史、漢高祖功臣表及灌嬰傳亦稱吳郡，黥布傳稱廬江、衡山、豫章郡，皆秦郡所無者，豈俱追書乎？楚、漢之間，諸王各自立郡，漢初仍其故名呼之耳。漢書考異曰「膠東、濟北，項羽所立國名，與齊號爲三齊。臨淄卽齊都，博陽卽濟北王都，曹參傳『濟北郡』，蓋田榮併三齊之後以濟北爲郡，師古以爲史追書之，非也。」

虜其將軍周蘭

案：灌嬰傳嬰虜周蘭。

得故齊王田廣相田光

案：田儋、灌嬰傳皆言嬰得光。

食邑平陽萬六百三十户

案：史、漢表是「萬六百户」，此誤多三十户。表據侯籍，可信也。

參功：凡下二國，縣一百二十二，得王二人，相三人，將軍六人，大莫敖、郡守、司馬、侯、御史各一人。

案：曹參、周勃兩世家及樊酈、灌靳傳俱總言戰功，而通前計之，其數多不合，何也？

以齊獄市爲寄，慎勿擾也。

附案：梁溪漫志云「孟子『莊嶽之間』注『齊街里名』。左傳襄公二十八年『反陳于嶽』注『里名』。『嶽』字合從獄音，蓋謂獄市乃齊闤闠之地，姦人所容，故當勿擾之。」此說頗新而非也。嶽、獄二字，未見通用。猗覺寮雜記曰「獄、市二事，獄如教唆詞訟資給盜賊，市如用私斗秤欺謾變易之類，皆姦人圖利之所，若窮治盡，則事必枝蔓，此等無所容必爲亂，非省事之術也」。

出入三年，卒，

案：「三年」乃「四年」之誤，參自惠二年爲相國，至五年卒也。

顜若畫一

附案：「顜」當作「斠」，說文曰「平斗斛也」，與月令「角斗甬」之角同。漢書作「講」，文穎曰「或作『較』」，通鑑作「較」。宋書武帝紀封宋公策云「較若畫一」，較亦有角音，而索隱謂又作「覯」。

民以寧一

附案：上言「畫一」，則此不得言「寧一」。漢傳作「壹」，荀紀作「謐」。

平陽侯窋，高后時爲御史大夫。孝文帝立，免爲侯。

案：名臣、百官兩表皆于高后八年書御史大夫張蒼，則文帝未立，窋已免官明矣。攷窋以高后四年爲御史大夫，八年免，史、漢呂后紀八年九月今本作「八月」，誤。稱窋行御史大夫事，後九月代邸羣臣上議卽曰御史大夫張蒼不列窋名，是窋之免官必在八月以後，特大臣誅諸呂之際，變起倉卒，窋尚守故官，蒼之繼窋，當在九月，其蒞官在後九月耳。此以窋免于文帝立後，劉攽又言呂后紀誤，俱非。

子時代侯

附案：侯名多異，說在功臣表。

時尚平陽公主

案：當作「陽信公主」。

征和二年中

附案：此下十二字後人妄增，當删。

留侯世家第二十五

留侯張良者

案：下有子房之稱，何以此不書良字，班史補之矣。

大父開地

附案：荀子臣道篇以韓之張去疾爲篡臣，楊注謂去疾張良之祖，恐不然。索隱云「王符、皇甫謐並以良爲韓之公族，秦索賊急，乃改姓名。而韓先有張去疾及張譴，恐非良之先代」。

相韓昭侯、宣惠王、襄哀王。父平相釐王、悼惠王。

案：昭侯諡昭釐，兩字諡也，宣惠王諡宣，一字諡也，説在六國表。至襄之爲襄哀，桓惠之爲悼惠，則未知孰是。

未宦事韓

附案：宋祁曰「『宦』疑是『嘗』字」。

良夜未半往

案：漢傳無「未」字，是。

故遂從之，不去見景駒。

案：漢書無「見景駒」三字，乃班氏改正史記之失也。班于高紀言沛公道得張良，遂與俱見景駒，是補史缺。蓋良亦見駒，但自此決意從沛公耳。

遂北至藍田

附案：「遂」乃「逐」字之譌。

樊噲諫沛公出舍

附案：徐廣載別本噲諫辭一段，當改入之，此諫與排闥數言，同出於忠讜，史氏所宜書，疑是後人從漢傳妄裁之也。

漢王之國，良送至褒中，遣良歸韓。良因說漢王，

案：漢書高紀云「張良辭歸韓，漢王送至褒中」，則此所言非也。漢書亦仍世家之誤，故紀、傳駮。

陛下誠能復立六國後世　誰爲陛下畫此計者

案：天子稱陛下自秦始也，然是時漢王未卽天子位而酈食其、張良凡稱陛下者十五，非也。

其不可八矣

滹南集辨惑曰：「張良八難，古今以爲美談。竊疑此論甚疏，夫桀紂已滅，然後湯武封其後，而云『度能制桀之死命』，『得紂之頭』，豈封于未滅之前耶？且湯、武所以封之者，重絶人之世耳，非以計其利害也，奈何以項籍之命爲比哉？酈生所以説帝者，特欲係衆人之心，庶幾叛楚而附漢耳，非使封諸項氏也，奈何以湯、武之事勢相較哉？學史曰「良爲帝籌而欲其爲湯、武何耶？」湯、武雖殊時，事理何異，制死命與得其頭，何以分列爲兩節。表商容之閭，釋箕子之拘，封比干之墓，此本三事而並之者，以其一體也。至于倒置干戈，歸馬牧牛，獨非一體乎，而復析之爲三，何哉？班氏頗見其非，乃並湯、武爲一，而但云『度能制其死命』，豈以死命字不屬桀、紂而屬其後歟？然終與項籍事不類也。既以湯、武爲一事，故又分楚唯無彊以下爲第八節。蓋二書已自參差矣，八難之目，安知無誤耶？」

其秋，漢王追楚至陽夏南，

案：事在五年十月，此云四年之秋，誤。

漢六年正月，封功臣。

案：侯表及漢書高紀封功臣在十二月，非正月也。

六年，上已封大功臣二十餘人，

史詮曰：「重出『六年』二字，漢書削之是。」

上在雒陽南宮，從復道望見諸將往往相與坐沙中語。上曰「此何語？」留侯曰：陛下不知乎？此謀反耳。」

邵氏疑問曰：「謀反何事明語沙中，上云何語，良云謀反，豈諸將不軌之情先之良與？未足信也。」明李維禎史記評曰：「沙中之人，怏怏不平，見于詞色，未必謀反，但留侯爲弭亂計，故權辭以對耳。」評林明茅坤曰：「沙中偶語，未必謀反也，謀反乃族滅事，豈野而謀者，子房特假此恐喝高帝。及急封雍齒，則羣疑定矣。」史通暗惑篇曰：「羣小聚謀，俟問方對。若高祖不問，竟欲無言耶？且諸將圖亂，密言臺上，猶懼覺知，羣議沙中，何無避忌，然則複道之望，坐沙而語，是敷演妄益耳。」

於是高帝卽日駕，西都關中。

附案：高紀、名臣表、劉敬傳皆以都關中在五年，此在六年，誤。第是日之入都關中，乃居櫟陽宮，至七年始徙居長安，蓋櫟陽、長安，俱關中也，漢書高紀改入都關中爲都長安，誤甚。不但長安宮闕未興，而其時盧綰尚爲長安侯，建都云乎哉。

呂后乃使建成侯呂澤劫留侯

案：史詮謂誤以釋之爲澤，是也。蓋建成侯名釋之，周呂侯名澤，此文之誤，因澤、釋字通，而又脫「之」字耳。通鑑考異云「『澤』當是『釋之』」，史詮所本。下「呂澤」同誤。

顧上有不能致者，天下有四人。

案：叔孫通傳亦有留侯招客從太子語，班氏于王貢兩龔鮑傳序稱爲「近古之逸民」。蜀志虞翻傳言「鄭大里黄公絜已暴秦，濟惠帝難」。通鑑考異曰「高祖剛猛伉厲，非畏搢紳譏議者也，但以大臣皆不肯從，恐身從趙王獨立，故不爲耳。若決意欲廢太子立如意不顧義理，以留侯之久故親信，猶云非口舌所能爭？豈山林四叟片言遽能柅其事哉。借使四叟實能柅其事，不過汚高祖數寸之刃耳，何至悲歌云羽翮已成，繒繳安施乎？若四叟實能制高祖使不敢廢太子，是留侯爲子立黨以制其父也，留侯豈爲此哉！此特辨士欲夸大四叟之事，故云然，亦猶蘇秦約六國從秦兵不敢闚函谷十五年，魯仲連折新垣衍秦將聞之卻軍五十里耳。凡此之類，皆非事實，司馬遷好奇多愛而採之，今皆不取」。讀史漫録曰「通鑑不載四皓事，極有識見。蓋子房調護太子，自有方略，不假此也。如請以太子爲將監國中兵，此子房之略，其計深矣。」史記疑問曰「四老者既無令名于天下分爭之日，又無經濟於孝惠爲帝之年，逃匿山中而辨士可請，不爲漢臣而呂后可要，急請閒泣，唯知柔媚之乞憐，延頸欲死，勦襲游談之浮説，即有是人，品奚足重，蓋盡屬子虚者矣。」十六國春秋前涼張重華謂索綏曰「四皓既安太子，死于長安，有四皓冢，不還山也」。任昉文章緣起有惠帝四皓碑，而無能子商隱説云「四人懼禍，來賓太子，復隱商山」。所言各異，恐不足據。小倉山房集有書留侯傳後一篇，云「史遷好奇，於留侯傳曰滄海君，曰力士，曰黄石公，曰赤松子，曰四皓，皆不著姓名，成其虚誕飄忽之文而已。温公作通鑑删之，宜哉」。余謂四皓之事，更有可疑者，四人或聚隱一處，亦未可知，然史但言逃匿山中，不詳何山。王貢等傳序云「商雒深山」，後書鄭康成傳云「南山」，四八目仍之，云「上洛商山」，水經丹水注云「隱上洛西南楚山」。夫商、楚在關中，寧有避秦謝漢而反居近地乎？是説未可信。且爲太子賓客，安得不先見帝，學史曾論之。四人雖自晦氏族，第侍宴時各言姓名，必有真敷奏，乃對以號，又自稱曰公，曰先生，草野倨侮，必無此理，卮林嘗辨之。東坡和陶貧士詩「産、禄彼何人？能致綺與園。古來避世士，死灰或餘烟。末路益可羞，朱墨手自研。」蓋譏之也。前賢疑四皓輔太子非實，又或疑四皓爲贋，皆非無見。南齊書徐伯珍弟兄四人居九巖山，白首相對，時呼爲四皓。卽有其人，殆亦徐伯珍流與？抱朴子至理篇引孔安國祕記言「四皓皆仙人，良師之」，尤妄説耳。獨怪讀史管見以子房實有招四皓事，合于春秋首止之盟，易納約自牖之義，異乎所聞矣。或謂四皓曰「臣聞母愛者子抱」，索隱云出韓子。韓非與四皓並世，已引其言爲臣聞，亦僞託之驗。曰：此不足以折之，韓子備内篇是引古語也。

漢十二年，上從擊破布軍歸，疾益甚，愈欲易太子。

案：周昌相趙，而趙堯乃爲御史大夫。徐廣據百官表謂堯爲御史大夫在十年，則太子位已定，安得十二年尚欲易太子乎？通鑑書于十年，復攷其異，是也。

東園公、角里先生、綺里季、夏黄公。

附案：索隱引陳留志、崔、周世譜、四八目載園公等姓名及字，師古王貢等傳注云「四皓無姓名可稱，蓋隱居之人，匿迹遠害，不自標顯，祕其氏族，故史傳無得而詳。後代皇甫謐、圈稱之徒及諸地理書説，競爲四人施安姓氏，自相錯互，語又不經，今並棄略，一無取焉。」顔注是也。又有以「園」爲「圈」者，東觀餘論據漢世石刻作「圈」，以「園」是册牘傳寫之差。匡謬正俗辨之曰「圈稱陳留風俗傳自序云「圈公之後」，四皓有園公非圈公。又有以「綺里季夏」爲一人，「黄公」爲一人者，見周密齊東野語。而後書康成傳孔融卽稱夏黄公，周密歷引諸書以證「綺里季夏」之非。又有以「角里」之「角」當作兩點下「用」者，見宋史儒林傳，而「甪」無其字，路史發揮四皓辨已言其誤矣。湖本及他本皆訛「用」字，非也。

呂后真而主矣

案：此語可疑，高帝豈預知有呂氏稱制之事乎？御覽百四十七引此文云「呂后子真貳主矣。」

出奇計馬邑下

附案：徐廣曰「一云『出奇計下馬邑』」，與漢傳合。續古今攷謂是「出奇計于馬邑之下」，以「下馬邑」爲非，似不然。

後八年卒

案：漢傳「八」作「六」。考表良以高帝六年封，卒于呂后二年，在位十六年，則當是「九年」，史漢俱誤。

坐不敬國除

案：史、漢表「坐殺楚內史」，非「不敬」也，此與漢傳誤。

陳丞相世家第二十六

高帝用陳平奇計，使單于閼氏，圍以得開。高帝既出，其計祕，世莫得聞。

案：韓王信、夏侯嬰、匈奴等傳，則漢之所以動閼氏解圍者，止于重賂而已，烏有所謂奇祕之計哉。

史公造爲此言，遂使桓譚、集解引新論。應劭漢書高紀注。意測以美女動之，不惟鄙陋可羞，亦誣陳平甚矣。

傳教孝惠

史詮曰「當作『皇帝』」。

孝惠帝六年，相國曹參卒。

案：參以孝惠五年八月卒，此與漢書參傳誤作「六年」。

陵亦自聚黨數千人，居南陽，不肯從沛公。及漢王之還攻項籍，陵乃以兵屬漢。陵卒從漢王定天下。以善雍齒，雍齒高帝之仇，而陵本無意從高帝，以故晚封，爲安國侯。

案：王陵歸漢甚早，非攻籍時始從，而又何不肯從高帝之有。其封同在六年，未嘗以其善仇晚封。所説皆非，已辨見功臣表中。

賜平金千斤

案：史漢孝文紀皆作「二千斤」。

子簡侯恢代侯

附案：史、漢表「恢」皆作「悝」，史詮曰古字通用。

子何代侯，二十三年，

附案：何爲侯二十三年，傳寫譌也。

絳侯世家第二十七

攻張

附案：漢傳敍地名多異，如「蒙」之爲「蘭」，「甄城」之爲「鄿城」，「張」之爲「壽張」，恐非。光武改東郡壽良縣爲壽張。而史不言壽良者，方輿紀要云山東壽張縣南有張城也。

號安武侯

附案：一本作「武安」是。

沛公拜勃爲虎賁令

案：徐廣作「句盾令」，而漢作「襄賁令」。賁音肥，東海縣名。

擊盜巴軍

附案：盜巴，漢傳作「益已」，如淳曰「章邯將」。漢書評林云「二字筆畫相似，未辨孰是」。

攻曲逆

案：「曲逆」誤也，漢書作「曲遇」是。音齵顒。曲遇在中牟，故下文云「還守敖倉」。若曲逆屬中山，不相值也。

因東定楚地泗川、東海郡。

案：「川」當作「水」，説在高紀。凌氏云「一本作『水』」，未見。

賜與潁陽侯共食鍾離

案：「陽」乃「陰」字之譌，謂灌嬰也，然預稱侯非。

食絳八千一百八十户

案：户口此多八十，説在表。漢傳「一百」，有本作「二百」譌。

乘馬絺

案：乘馬姓，絺名也。漢傳名降。

丞相箕肆、將勳

附案：漢傳「肆」作「肄」，古通。下文「高肆」作「高肄」可見。至「勳」之作「博」，索隱以爲漢書字誤。徐廣謂「箕」一作「萁」。「勳」一作「專」，一作「轉」。亦誤也。

得豨丞相程縱、將軍陳武

案：酈商傳以爲商得程縱，何也？又此陳武乃陳豨將，别是一人，非棘蒲侯。

勃以相國代樊噲將，擊下薊，得綰大將抵、丞相偃、守陘、太尉弱、御史大夫施，句屠渾都。

案：高紀言勃與噲偕將兵擊盧綰，蓋一先一後，同有破綰之功，故並舉之，其實勃代噲將者也。而此有二誤，時勃爲太尉，噲爲相國，陳丞相世家、樊噲傳可據，此誤以相國爲勃矣。噲傳云「破綰丞相抵薊南」，此誤以抵爲綰將，當是得綰丞相抵、大將偃耳。又渾都即上谷軍都縣，而施乃綰御史大夫名，師古謂姓施屠名渾都，殊非。

定上谷十一縣（金陵本作「十二縣」。）

附案：一本作「十二縣」是，與漢傳合。

遼西、遼東二十九縣

附案：漢傳無「遼西」，非，遼東止十八縣也。

每召諸生説士

案：漢傳「士」作「事」。

居月餘，人或説勃曰：

案：文紀、百官表勃爲右丞相在孝文元年十月，其免相在八月，則首尾凡十一月，安得言「月餘」哉，漢傳作「居十一月」，是。

歲餘，丞相平卒。

案：勃以元年八月免相，平以二年十月薨，中間止隔一月，安得言「歲餘」哉，當是「月餘」之誤。

勃之益封受賜，盡以予薄昭。

劉辰翁曰「封不可予」。漢傳缺「受賜」二字。

持國秉

附案：野客叢書依蔡澤傳，疑「秉」下脱「政」字，恐非。秉卽柄也。

乃以宗正劉禮爲將軍

案：禮是時似未爲宗正，說見文紀。

祝茲侯徐厲

案：當作「松茲侯徐悼」，非「祝」非「厲」也，亦說在文紀中。

東擊吴、楚，因自請上曰：楚兵剽輕，

案：吴王傳剽輕諸語出鄧都尉，此云亞夫自請于上。漢書兩傳亦仍史異，師古以爲未知孰是，索隱謂問鄧都尉得其實。又漢傳有趙涉遮說亞夫霸上事，此不載何也？

其後匈奴王徐盧等五人降

案：「五人」乃「七人」之誤，說在景紀。此人姓唯徐名盧，似脫「唯」字，說在惠景侯表。

此不足君所乎？

附案：一本「此」下有「非」字，漢傳亦有。

子建德代侯，十三年，爲太子太傅。坐酎金不善，元鼎五年，有罪，國除。

案：史、漢表皆云「以酎金免」，漢傳云「爲太子太傅，坐酎金免官。後有罪，國除」，與此各不同。徐廣謂此辭句有顛倒，是也。日知録二十七曰：「當云『元鼎五年，坐酎金不善，國除』，衍『有罪』二字。」余謂當云「爲太子太傅，有罪免，十三年元鼎五年坐酎金不善，國除」，應增「免」字。

雖伊尹、周公何以加哉

案：以伊、周比絳侯不倫，説在李斯傳。

梁孝王世家第二十八

於是孝王築東苑，方三百餘里。

附案：御覽百五十九引史曰「梁孝王築東苑三百里，是曰兔園」，今無「兔園」句。

乃與羊勝、公孫詭之屬

案：文三王傳「屬」下有「謀」字，是。

謚曰孝王

附案：曹操發孝王冢，掠其珍寶，見陳琳檄。

是爲平王

附案：王襄卒于天漢四年，史不得稱謚，必褚生妄易也。亦説見表。依上文「是爲代王」之例當作「是爲梁王」。

梁平王襄

附案：此下凡稱王襄之謚皆衍。又此句當與上文連接，各本誤提行寫。

李太后亦私與食宫長及郎中尹霸等士通亂（宫，金陵本作「官」。）

附案：此句傳寫有誤，當云「與食官長及郎中尹霸、士通等亂。」「宮」乃「官」之譌，尹霸士通二人姓名，正義非。

乃削梁八城　梁餘尚有十城

案：文三王傳云「削梁王五縣，奪王太后湯沐成陽邑，梁餘尚有八城」，與史異。

襄立三十九年卒

附案：此下十九字删，褚生妄增也。三十九年亦誤。

坐射殺其中尉

案：中尉疑中傅之誤，說在諸侯王表。

地入于漢爲郡

附案：濟川爲郡，史、漢不著其所在，水經注七引應劭曰「濟川今陳留濟陽縣」。則陳留郡卽濟川國，與吕后時濟川國異。

褚先生曰

附案：褚生續語可删，且桐葉封應，與晉世家異，褚本於韓詩外傳，非也，辨見水經滍水注及漢地理志潁川父城注。燒梁反辭，與田叔傳不合，恐皆非事實。惟所言漢諸侯王朝見期法，可補漢、史之缺。

五宗世家第二十九

閼于

案：史、漢紀表傳俱云臨江哀王閼，無「于」字，乃此兩書臨江之名皆作「閼于」，蓋誤也。

好儒學

陳大令曰：「漢代賢王，河間稱首，修學好古，表章六經。且毛公治詩，貫公傳左氏，獻王皆以爲博士，並當時不立于學官者。其後毛詩獨存，左氏盛行，實自獻王發之。史俱不言，何疏略也。古稱宗藩之賢曰間、平，謂河間王及後漢東平憲王蒼。」

子剛王基代立

案：「基」一作「堪」，説見表。

子頃王授代立

附案：「頃王」二字衍，説見表。

四年，坐侵廟壖垣爲宮，

案：「三年」誤作「四年」，説見表。

建又盡與其姊弟姦

案：景十三王傳「建與其女弟徵臣姦」，則「姊弟」乃「女弟」之誤，「盡」字衍。

王服所犯

案：王建罪狀詳十三王傳，此甚略。

從一門出游

案：漢傳「游」作「入」。

與其女

案：「女」下缺「弟」字。

勝爲人樂酒好內，有子枝屬百二十餘人。

汪繩祖曰：「十三王傳載靖王聞樂對，詞旨悲壯，小司馬稱爲『漢之英藩』，則非徒酒好內也。蓋以漢法嚴吏深刻，託以自晦，有信陵君、陳丞相之智識，史略之何歟？又百二十餘人，或并其孫數之非，必皆其子耳，而漢書無『枝屬』二字。」

用皇子爲長沙王，以其母微，無寵，故王卑濕貧國。

附案：注應劭曰「景帝後二年，諸王來朝，有詔更前稱壽歌舞，定王但張袖小舉手。左右笑其拙，上怪問之，對曰『臣國小地狹，不足迴旋』。帝以武陵、零陵、桂陽屬焉。」御覽五百七十四誤以劭說爲史本文。經史問答云「是妄言也，武陵、桂陽並未嘗屬長沙，而零陵至武帝始置郡，安得如劭所言。」

立二十七年卒，子康王庸立。二十八年卒，

案：二王年數及王庸之謚，史、漢不同，説在表。

齊有幸臣桑距

附案：漢傳「桑」作「乘」，未知孰譌。

於是上問寄

附案：「問」字乃「聞」之譌。

子慶爲王

案：慶爲哀王之子，而哀王弟名慶，不宜與叔父同名，其誤明矣，當依年表漢書作「通平」爲是。徐廣云一作「建」，亦非。

用常山憲王子爲泗水王。十一年卒，子哀王安世立。十一年卒，

案：上「十一年」衍「一」字，下「十一年」衍「十」字。安世父十年卒，安世一年卒也。俱説在表。

三王世家第三十

大司馬臣去病

附案：史缺三王世家，褚生從長老好故事者，取廷議封策補之，論亦僞託。而其誤處如元狩六年俞侯欒賁爲太常，而曰「太常臣充」。索隱云趙充，未知所出。公孫賀爲太僕，不爲御史大夫，是時張湯爲

御史大夫用事，無因有賀以參之，而曰「太僕臣賀行御史大夫事」。（按此以「行御史大夫事」連上爲句而爲說。）五等之爵，成周定制，而曰「春秋三等」，從殷制合伯、子、男爲一。左傳昭四年鄭子産獻伯、子、男之禮六，謂禮儀從同。昭十三年子産曰「鄭伯男也」，周語富辰曰「鄭伯南男」，疏引王肅云「連男言之足句辭耳」。韋昭云「鄭在男服」。其餘月日亦駁，殆半由好事者傳録之誤歟？又自序傳稱「三子之王，文辭可觀」，以三策爲武帝自製，故漢書武紀特書「初作誥」也。乃以褚所補者與武五子傳校之，字句之閒，多有同異，豈史臣秉筆敢于竄易耶？抑褚生所編不盡依原本耶？至其疏解，不但有失史裁，辭亦蕪淺，與五子傳戾，不足論已。

史記志疑卷二十七

伯夷列傳第一

余以所聞由、光義至高

附案：許由、卞隨、務光之事，出於戰國諸子，後人妄述，造飾多端，史公蓋亦疑其説耳。

睹軼詩可異焉。其傳曰：

案：史所載，俱非也。孟子謂夷、齊至周在文王爲西伯之年，安得言歸於文王卒後，其不可信一已。説見周紀。書序謂武王伐紂嗣位已十一年，即周紀亦有九年祭畢之語，畢乃文王墓地，安得言父死不葬，其不可信二已。龜策傳言「文王攻紂病死，載尸而行，太子發代將，戰於牧野」，尤妄。禮大傳謂武王克商，然後追王三世，安得言徂征之始，便號文王，其不可信三已。東伐之時，伯夷歸周已久，且與太公同處岐、豐，未有不知其事者，何以不沮於帷帳定計之初，而徒諫於干戈既出之日，其不可信四已。曰左右欲兵之，曰太公扶去之，武王之師不應無紀律若是。萬或緩不及救，則彼殺比干，此殺夷、齊，不真若以暴易暴乎？其不可信五已。正義數首陽有五，前賢定夷、齊所隱爲蒲坂之首陽，見困學紀聞七。空山無食，采薇其常耳，獨不思山亦周之山，薇亦周之薇，而但恥周之粟，於義爲不全，其不可信六已。天問云

「驚女采薇鹿何祐」，必指夷、齊，王逸注恐非也。劉峻辨命論「夷叔斃淑媛之言」，注引古史考謂「野有婦人，難夷、齊采薇曰：子義不食周粟，此亦周之草木也。於是餓死」。路史後紀四引類林云「夷、齊棄薇不食，白鹿乳之。」論語稱「餓于首陽之下」，未嘗稱餓死，孔子餓陳、蔡，靈輒餓翳桑，詎必皆至于死，且安知不於逃國之時餓首陽耶？其不可信七已。馬總意林引論衡言二子奪國，餓死首陽，其説雖妄，然亦可證其非恥周之故。至韓子和氏篇言武王讓以天下弗受，餓死。外儲説左言伯夷以將軍禮葬首陽，則誕也。卽云恥食周粟，亦止于不食稍禄，非絶粒也。戰國燕策蘇秦曰「伯夷不肯爲武王之臣，不受封侯」。蘇秦傳有。漢書王貢兩龔鮑傳序曰「武王遷九鼎于洛邑，伯夷、叔齊薄之，不食其禄」。豈果不食而死歟？其不可信八已。卽云不食餓死，而歌非二子作也，詩遭秦火，軼詩甚多，烏識采薇爲二子絶命之辭？況歌言西山，奈何以首陽當之。設唐風之采苓爲軼詩，則詩中明著首陽，將指爲夷、齊所作歟？夫同一燕燕，詩小序以爲莊姜送妾，列女傳以爲定姜送婦。同一黍離，韓詩以爲尹吉甫子伯奇弟伯封作，見曹植集令禽惡鳥論及御覽四百六十九。齊魯詩以爲衞宣公子壽閔其兄伋而作。見新序節士及容齋四筆。白虎通諫諍篇以相鼠爲妻諫夫之詩，烈女傳以芣苢蔡女作，行露申女作，柏舟齊女作，大車息夫人作，趙岐孟子注以鴟鴞爲刺邠君，以小弁爲伯奇之詩，列子仲尼篇以「立我蒸民，莫匪耳極，不識不知，順帝之則」，爲堯時童謡。呂氏春秋愼人篇以北山「普天之下」四語爲舜作之詩，求人篇以鄭風「子惠思我」四語爲子産所作之詩，文選李少卿與蘇武詩注引琴操以騶虞爲邵國之女所作，水經注五以新臺爲齊姜所賦，困學紀聞三謂近世以關雎爲畢公作，又引袁孝政釋劉子以青蠅爲刺魏武公，宋張載正蒙樂器篇以唐棣爲文王之詩。岐頭別見，莫辨所由，則史公偶得一詩，而漫屬之夷、齊，毋乃類是，其不可信九已。孔子稱夷、齊無怨，而詩歎命衰，怨似不免，且其意雖不滿於殪殷，而易暴之言甚戇，必不以加武王，其不可信十已。先儒多有議及者，詞義繁蕪，不能盡録，余故總攬而爲此辨。藝文類聚三十七載魏糜元弔夷齊文咎二子餓死背周爲非，不爲無見。

附驥尾而行益顯

案：日知録二十一曰「本是附夫子耳，避上文雷同，改作『驥尾』，使後人爲之，豈不爲人譏笑。」余攷樊酈滕灌傳論亦有「附驥之尾」句，謂高祖也。

管晏列傳第二

管仲夷吾者，潁上人也。

案：説苑尊賢云「管仲故成陰之狗盜也」。成陰卽高密，與潁上異。又夷吾謚敬仲，似當書之。

桓公實怒少姬南襲蔡，管仲因而伐楚，責包茅不入貢於周室。桓公實北征山戎，而管仲因而令燕修召公之政。於柯之會，桓公欲背曹沫之約，管仲因而信之。

古史曰：「此三説皆非也。桓公二十九年會諸侯於陽穀，爲鄭謀楚，是歲有蕩舟之事，故明年伐楚因侵蔡。蔡在楚北，故春秋先書侵蔡，其實本爲伐楚動也。樗里傳載西周策及韓子外儲説左並言桓公伐蔡而號曰「誅楚」，藉名興師，史本此。山戎病燕，故桓公爲燕伐之，非不義也，亦何待令燕修召公之政而後可哉！

曹沫事出戰國雜說，辨在刺客傳。公羊不推本末而信之，太史公又以爲然，皆不可信。」

後百餘年而有晏子焉

仁和孫侍講效曾曰：「齊世家管仲卒於齊桓公四十一年，爲魯僖十五年。而晏子於魯襄十七年始嗣其父桓子爲大夫，見左傳乃齊靈公二十六年也。則管、晏相去九十年，史公謂後百餘年者誤矣。」

越石父賢，在縲紲中。

附案：晏子春秋雜篇載此事，謂石父爲中牟之僕，不言在縲紲，故正義云「與此文小異」。但下文曰「其書不論，論其軼事」，則贖石父不在晏子春秋中，乃後人集録而異其詞也。呂子觀世、新序節士七亦載此事。

老子韓非列傳第三

老子者，楚苦縣厲鄉曲仁里人也。

案：四書釋地又續曰「苦縣屬陳，老子生長時，地尚楚未有。陳滅於楚惠王，在春秋獲麟後三年，孔子已卒，況老聃乎？史冠楚於苦縣上，以老子爲楚人者非也」。余因攷葛洪神仙傳謂「楚苦縣人」，隸釋邊韶老子銘謂「楚相縣人。春秋之後，相縣虛荒，今屬苦，在賴鄉之東，渦水處其陽」，並仍史誤。而晉皇甫謐高士傳云「陳人」。陸氏經典序録云「陳國苦縣厲鄉人」。唐段成式酉陽雜俎玉格篇云「老君生于陳國苦縣賴鄉渦水之陽九井西李下」。廣宏明集唐釋法琳十喻篇引高士傳言「楚之相人」，訛也。固未嘗誤。禮曾子問疏引史作「陳國苦縣」，豈據別本乎？

姓李氏

附案：索隱本及後書桓帝紀注引史，三字並在「名耳字耼」之下，今本譌在上也。

名耳字伯陽，謚曰耼（金陵本作「名耳字聃」。）

附案：老子是號，生卽皓然，故號「老子」。見三國葛孝先道德經序。耳其名，神仙傳名重耳。耼其字，呂覽不二、重言兩篇作「老耽」。非字伯陽。字而曰謚者，讀若王褒賦「謚爲洞簫」之「謚」，非謚法也。說在孟嘗君傳蓋伯陽父乃周幽王大夫，見國語，不得以老子當之。又墨子所染、呂氏春秋當染並稱「舜染於許由、伯陽」，則別一人，并非幽王時之伯陽父，乃高誘注呂於當染篇以伯陽爲老子，舜師之，呂本味篇「堯、舜得伯陽續耳也」。而於重言篇以老耽爲論三川竭之伯陽，孔子師之，周紀集解引唐固亦云「伯陽甫，老子也」。豈不謬哉！但索隱本作「名耳字耼」，無「伯陽謚曰」四字，與後書桓紀延熹八年注引史合，并引許慎，云「耼，耳漫也。故名耳，字耼。有本『字伯陽』，非正。」老子號伯陽父，此傳不稱，則是後人惑於神仙家之傳會，妄竄史文。隸釋老子銘、神仙傳、抱朴子雜應、唐書宗室表通志、氏族略四、路史後紀七並仍其誤耳。至路史載老子初名元祿，注謂出集真録。酉陽玉格言老子具三十六號，七十二名，又有九名，俱屬荒怪，儒者所不道。鄭注曾子問云「老耼古壽考者之號」，老子銘云「耼然老旄之貌」，並非。

老子曰

案：老子答孔子問禮之言，與孔子世家異。「驕氣多欲，態色淫志」，亦非所以語孔子，當依世家爲近實。

吾今日見老子，其猶龍邪！

案：老子之言非至言也，安得遽歎其猶龍哉！此本莊子天運篇，然莊子多寓言，而據爲實録可乎？前賢辨其妄矣。

莫知其所終

案：莊子養生主曰「老聃死秦失弔之」，則老子非長生神變莫知其所終者。自有此言，而道家遂有化胡成佛之説。釋道宣廣宏明集辨惑篇序云「李叟生於厲鄉，死於槐里，莊生可爲實録，秦佚誠非妄論」。又道宣跋孫盛老子疑問反訊篇後云「老子遁於西裔，行及秦壤，死於扶風，葬於槐里」。水經注十九言「就水出南山就谷，北逕大陵西，世謂之老子陵」。路史後紀七注「鄠縣柳谷水西有老子墓。」

或曰：老萊子亦楚人也，著書十五篇，

案：老萊子與老聃判然二人，弟子傳序分列言之，而此忽疑爲一人。路史因附會其詞，云「老子邑於苦之賴，賴乃萊也，故又曰老萊子」，何其誕哉！漢藝文志老萊子十六篇。

蓋老子百有六十餘歲，（索隱本「有」字在「六十」下。）**或言二百餘歲，**

案：得道之士恆多壽，固不足異。攷廣宏明集卷一有姜斌者，言「老子生當周定王三年乙卯之歲，定二年乃丁巳，若乙卯是元年也。九月十四子時，至敬王元年庚辰，（敬之元是壬午，庚辰乃前二歲景王廿四年也。）年八十五花胡」。當是八十六。十三卷法琳十喻篇言「老聃生桓王丁卯之歲，桓之六年。終景王壬午之年」。景無壬午，蓋敬王元年也。元僧智常佛祖統載卷三書老子卒於己卯年，乃景王二十三年。姜言八十餘歲，不過中壽。法琳所稱則百九十六歲，豈如漢文帝得魏文侯樂人竇公之比歟？然不可信也。史公妄疑太史儋爲老子，儋見秦獻公在烈王二年，逆推至定王三年，凡二百三十一年，故曰二百餘歲。而史以孔子年十七問禮，在景王十年，順數至烈王二年，凡百六十二年，故曰百六十餘歲，何足據哉！路史後紀復牽合伯陽父、老子、太史儋爲一人，計幽王二年伯陽父論三川竭，至烈王二年儋見秦獻公，凡四百七年，故後紀曰壽四百有四十。注又云二百七十。於是仍謬襲怪，有謂老子生於莊王十年恆星不見之歲者，有謂生於昭王二十四年者，並見路史發揮恆星篇。有謂生於宣王四十二年平王時爲太史者，見路史後紀七注。有謂在周三百餘年文王、武王時爲史者，見神仙傳。有謂生於殷王陽甲之世者。見列仙傳、高士傳及路史發揮注。而高誘注呂氏春秋又以老子爲舜師。葛孝先道德經序云「老子生乎太無之先，經歷天地終始，不可稱載，下爲國師，代代不休」。陸氏莊子五地篇音義引通變經云「老子開闢以來一千二百變」。宋張君房雲笈七籤引開天經云「老子生於未有天地之先，嗣後歷代下降爲師。」妖幻不經，此周甄鸞所以有笑道論也。論見廣宏明集九。又論中引道德經序云「老子以上皇元年丁卯下爲周師，無極元年癸丑去周度關」。天帝亦有年號乎？尤爲可笑。

自孔子死之後百二十九年，而史記周太史儋見秦獻公，

案：孔子卒於敬王四十一年，至烈王二年乃百有六年，此誤。徐廣說有訛脫。

合七十歲而霸王者出焉（金陵本「合」作「離」。）

附案：此語四見似當以七十歲爲定，說在周紀。

或曰儋卽老子，或曰非也，世莫知其然否。

案：史公既疑老萊子卽老子，又疑太史儋卽老子，史以傳信，奈何恍惚以惑後世哉！傳中載其國邑、鄉里、姓名號、官守、出處以及其子孫，則非異類矣，而曰「莫知所終」，曰「莫知然否」，將所謂子孫者，聃耶？萊耶？儋耶？

老子之子名宗，宗爲魏將，封於段干。

案：老子卒於敬王初年，而其子仕魏，最少亦百餘歲，宗復如是長老乎？唐表以宗爲聃之後，較史爲實。又神仙傳引史「段干」無「干」字，蓋脫失耳。唐表謂「宗字尊祖，封於叚，爲干木大夫」，則妄也。

宗子注，注子宮，宮玄孫假，

附案：神仙傳引史「宮」作「言」，「假」作「瑕」。

李耳無爲自化，清靜自正。

附案：杭太史疏證引南昌萬承蒼云「此二句是叙傳中語，誤入於此」。注謂史公引昔人所評，非也。

周嘗爲蒙漆園吏

案：釋文作「梁漆園吏」，蓋以蒙屬梁國，據後爲説也。而瀋丘劄記與石企齋書曰「漆園有云在曹縣，在曹州者，二曹皆春秋之曹國，宋景公滅曹於魯哀公八年，地故爲宋有，莊周亦宋之官。竊以史記蒙漆園吏，『蒙』當作『宋』。注以漆園本屬蒙邑，不知一在歸德，一在兖州，相距頗遠也」。高誘呂子必已注云「宋之蒙人。」

子獨不見郊祭之犧牛乎

附案：正義據莊子秋水篇假神龜以辭楚聘事，謂與此傳異。殊不知犧牛之喻，史公是用列禦寇篇，特語有詳略耳。

十五年。終申子之身，國治兵彊，無侵韓者。

附案：索隱謂「王劭據紀年『昭侯之世，兵寇屢交』，異乎此言」。攷申子相韓，起周顯王十八年，至三十二年，此十五年中，紀年書交兵者三，顯王二十四年魏敗韓馬陵，二十六年魏敗鄭梁赫，三十一年秦伐鄭，敗秦酸水。鄭即韓也。然馬陵之役，當顯王卽位前一年，在申子爲相前十八年，紀年誤書，則安知梁赫、酸水二役其年不誤，不得妄據以駁史公。

著書二篇

案：漢志申子六篇，故集解引劉向别録云「今備，過太史公所記」也。

說難曰

附案：此所載說難，以韓子校之，煩省不同，叙次亦異，蓋史公删易與傳寫譌倒皆有之，今但舉其誤者辨焉。

又非吾辯之難

案：「難」字衍。

貴人有過端，而說者明言善議以推其惡者，則身危。

附案：此條當在後文「貴人得計」一條上，以類從也，傳寫錯耳。

彼顯有所出事，迺自以爲也故，說者與知焉，則身危。

附案：此條當在前文「語及其所匿之事」一條下。又韓子「也」作「他」，「故」字絕句，此譌「也」字。

方氏補正曰「當作『他』，如晉欲伐陸渾之戎而假於祭洛也」。

知盡之難也

附案：徐廣云「知，一作『得』。難，一作『辭』。」是也，韓子作「得盡之辭」。

伊尹爲庖，百里奚爲虜，皆所由干其上也。故此二子者，皆聖人也。

案：庖、虜之妄，說在殷、秦二紀。而稱百里奚爲聖人，亦太過。

則非能仕之所設也

案：韓子作「能士之所恥」，是也。

非終爲韓不爲秦

附案：漢書藝文志攷證引沙隨程氏曰「非書有存韓篇，故李斯言『非終爲韓不爲秦』。後人誤以范雎書厠其間，乃有舉韓之論，通鑑謂『非欲覆宗國』，則非也」。

司馬穰苴列傳第四

齊景公時，晉伐阿、甄，而燕侵河上，齊師敗績。景公患之，晏嬰乃薦田穰苴，

案：戰國策稱湣王殺穰苴，蘇軾志林據以爲信，大事記、古史、習學記言、齊策吴注並從之。蓋穰苴之事不見於春秋，況景公之時，心欲争晉霸而不能，力欲拒吴侮而不足，穰苴文武之略何在？且「晉伐阿、甄，燕侵河上」，其地皆景公時所無，左傳亦不載，固可疑也。然吴起傳李克曰「起用兵，司馬穰苴不能過。」晏子春秋雜上、説苑正諫云「景公飲酒移於穰苴之家」，似又非湣王時人。疑以傳疑，未敢遽定。秦策蘇子又言「田單、司馬爲齊威、宣將」，與國策諸書合。

既見穰苴，尊爲大司馬。田氏日以益於齊

案：此語不可信，齊亦恐無大司馬之官。讀史漫録云「晏子憂田氏之强，欲景公以禮制之，而反薦穰苴使之用事，其不爲失計耶」！

至常曾孫和，因自立爲齊威王

附案：此乃傳寫譌倒，當云「至常曾孫和自立，因爲齊威王」。因是威王名，索隱知此文之誤，而所説則非也。

孫子吳起列傳第五

孫子武者，齊人也。

附案：吳越春秋闔閭內傳以武爲吳人，漢書人表稱吳孫武，藝文志曰吳孫子。攷唐表孫氏世系陳無宇之子書「伐莒有功，賜姓孫。生憑字起宗。生武字長卿，奔吳。子明食采富春，爲富春人。」長卿之字惟見此。

子之十三篇

案：漢志孫子八十二篇，正義引七録云孫子兵法三卷。十三篇爲上卷，又有中下二卷。此言十三篇，何歟？困學紀聞十曰「杜牧注孫子，序云『孫武著書數十萬言，魏武削其繁剩，筆其精切，凡十三篇，因注解之。』攷史本傳非筆削爲十三篇也，豈專指其上卷乎？」通考二百二十一引葉水心曰「疑昔所謂篇者，特章次之比」。

可試以婦人乎

通考引葉氏曰「試以婦人，奇險不足信」。

於是闔廬知孫子能用兵，卒以爲將。

案：吳世家、伍胥傳並有將軍孫武語，然孫子之事，與穰苴媲美，而皆不見於左傳，何耶？通考引葉氏辨孫子乃春秋末處士所爲，言得用於吴者，其徒夸大之説也。又胡應麟九流緒論曰「武灼灼吴、楚間，丘明不應盡没其實。蓋戰國策士以武聖於譚兵，恥以空言令天下，爲説文之耳」。

孫武既死，後百餘歲有孫臏。

案：武死不知何時，若以吴入郢至齊敗魏馬陵計之，則百六十六年矣。蕭山來氏集之樵書云「腓刑曰臏，則是斬龐涓之孫子無名，不過指其刑黥兩足而名之。傳其事不傳其名，何哉」？

臏亦孫武之後世子孫也

附案：唐表云武生明，明生臏。蓋明雖食采富春，未久仍反齊，故史云「臏生阿、鄄之間」，漢志亦稱曰「齊孫子」也。至吕覽不二注云孫臏楚人，恐非。

後十五年

附案：索隱本作「後十三歲」，是已，各本皆譌。威王二十六年戰桂陵，宣王二年戰馬陵，相去正十三年，小司馬引紀年謂無十三歲，非也。

齊軍既已過而西矣

附案：徐氏測議曰「已過而西者，謂龐涓歸救，欲邀齊師之未至，而今已過，故涓視利疾趨也」。四書釋地又續曰「句不可解，曾案輿圖思之，恍悟相承傳寫之譌。原本應是『齊軍既已退而東矣』，退而東者，誘敵之計。通鑑亦知過而西之不可通也，削此句」。錢宫詹曰「閻氏因上文已云直抵大梁，而馬陵在大梁東，故臆造此説，然非也。齊揚言走大梁，非真抵大梁，及龐涓棄韓而歸，齊軍始入魏地。齊在魏東，過而西者，過齊境而西也。齊軍初到，未知虛實，故爲減竈之計以誤之。若以抵大梁而退，則入魏地不止三日，毋庸施此計矣」。

乃自剄

案：齊策言「禽」，此言「自剄」，恐皆非實。年表、世家俱云「殺龐涓」，蓋弩射殺之也。

遂殺其妻，以明不與齊也，魯卒以爲將。

附案：韓子外儲説右上有吴起令妻織組因幅狹出妻事，此言殺妻求將，蓋兩事也，爲起妻者，不亦難乎！

以事魯君，魯君疑之，

評林董份曰「魯人惡之者，必惡之於君也，不宜用『魯君』字」。義門讀書記曰二「魯」字衍。

起貪而好色

案：文侯以起廉平，使守西河，又公叔之僕稱起節廉，則不可謂貪。殺妻辭主，亦不可謂好色。索隱引王劭謂此言相反，良是，豈前貪後廉，變其舊迹，而輕棄故人，懼近禁臠，又漁色者之常態歟？小司馬以貪名解之，殊迂曲。

起對曰：在德不在險。

案：舟中之對，史與國策異，豈别有所本乎？

昔三苗氏左洞庭，右彭蠡，德義不修，禹滅之。

案：禹未嘗滅三苗，尚書及諸子皆無其説，豈誤以竄遷分北遏絶之事爲禹耶？國策作「禹放逐之」。魏策「左右」二字互易，五帝紀注有解。

大河經其南

附案：湖本「大」譌「太」。

卽封吴起爲西河守

案：爲西河守不可言封，且起於文侯時已守西河矣，何俟武侯封之耶？「卽封」二字衍。

魏置相，相田文，吴起不悦，

案：此本呂覽執一篇，而言各不同，未曉所以。

公叔爲相

附案：公叔卽魏公叔痤，索隱以爲韓之公族，妄也。但魏策有痤戰勝澮北，辭賞田以讓起後一篇，吴師道曰「痤以計疑起於武侯，起去之楚。澮北之戰乃歸功於起之餘教，而使其嗣受賞，何其前後之戾耶？」余謂讓功必非公叔痤，國策誤耳。

君因先與武侯言

案：此及下三稱武侯，誤。史詮謂俱當作「魏侯」。

北并陳、蔡

案：陳滅於楚惠王十一年，蔡滅於惠王四十二年，何待悼王始并之，此與蔡澤傳同妄，而實誤仍秦策也。

諸侯患楚之彊，故楚之貴戚盡欲害吴起。

案：諸侯患楚彊，何以楚貴戚欲害起？叙事欠明，當參蔡澤傳及吕氏春秋貴卒、淮南道應觀之。

吴起走之王尸而伏之。擊起之徒，因射刺吴起，并中悼王。

案：吕氏春秋言「起拔矢而走，伏尸插矢」，謂拔人所射之矢，插王尸也，與此小異。

伍子胥列傳第六

其先曰伍舉，以直諫事楚莊王。

案：伍參之子是舉，伍舉之子是奢。事莊王者參，事靈王者舉，安得伍舉諫莊王，其誤已説在楚世家中。疑此處「莊」乃「靈」之錯文。

使伍奢爲太傅，費無忌爲少傅。

案：太傅、少傅與左傳異，説在楚世家。

伍胥遂亡。聞太子建之在宋，往從之。

案：子胥亡楚至吴而已，乃此言其歷宋、鄭、晉而與太子俱，不知何據？

鄭定公與子産誅殺太子建

案：鄭殺建不知何時，而子産卒於定之八年，即建奔鄭之歲，恐未是子産誅之。餘説在表。

吴王僚方用事公子光爲將

附案：此作一句讀，湖本誤以「用事」爲句。或曰衍「事」字。

五年而楚平王卒

案：「五年」乃「三年」之誤，自吴滅巢至是時三年也。若自子胥奔吴數之，則七年矣。

楚誅其大臣郤宛、伯州犂

案：「伯州犂」三字衍。郤宛見殺在魯昭公二十七年，州犂爲楚靈王所殺，遠在昭元年也。吴越春秋闔閭内傳謂郤宛即州犂，蓋緣此致誤。而楚世家稱「郤宛之宗姓伯氏子嚭」，徐廣本潛夫論志氏姓，謂「伯州犂之子郤宛，郤宛之子伯嚭」。宛亦姓伯，又别氏郤」，恐不足據。定四年傳云「楚殺郤宛，伯氏之族出，伯州犂之孫嚭爲吴太宰。」伯氏乃郤宛之黨，非同族也。吕氏春秋當染注、越語注以嚭爲伯州犂子，與經、史異。

遂以其兵降楚，楚封之於舒。

案：降楚封舒皆非，説在吴世家。

六年，楚昭王使公子囊瓦將兵伐吴。

案：事在七年，説見表。集解曰「左傳楚公子貞字子囊，其孫名瓦字子常，此言公子，又兼稱囊瓦，誤。」史詮曰「『公子』當作『公孫』。稱囊瓦者，孫以祖父字爲氏也。」史詮本於徐天祜吴越春秋闔閭内傳注。

乃掘楚平王墓，出其尸，鞭之三百。

案：此事左氏、公羊所不載，其見於穀梁定四年傳者，但言「撻平王之墓」。撻墓與鞭尸迥異，而范注引鄭嗣云「鞭其君之尸」。法言重黎篇云「鞭尸藉館」，論衡定賢云「鞭笞平王尸」，索隱述贊云「鞭尸雪恥」，吴越春秋闔閭内傳又從而甚之曰「出其尸，左足踐腹，右手抉目。」凡此俱本於史吴世家及此傳，何其妄也。伍參、伍舉、伍奢及嗚三世顯於楚，死即葬焉，子胥復仇，至出王尸以辱之，獨不慮先人一坏土，楚人尤而效之耶！設令昭王反國，收先王之遺骸，葬以衣冠，然後盡發伍氏之壟而汙豬之，子胥將奚以自立於天下乎？夫鄭人爲君討賊，不過斲子家之棺而已，齊懿公掘邴歜之父刖之，衞出公掘褚師定子之墓，皆特書以著其暴，是知發冢戮尸，春秋以前僅見之事，而謂子胥行之平王哉！攷吕覽首時、淮南泰族、賈子耳痺、説苑奉使、有掘冢語亦非。漢書五行志下下、越絶平王内傳、吴内傳、外傳並稱鞭墳笞墓，則鞭尸之妄審矣。史於年表、楚世家、季布傳亦止謂鞭墓，而吴世家、子胥傳忽變爲鞭尸之説，何歟？後世如王莽發定陶恭王母及丁姬故冢；慕容儁發石季龍墓，剖棺出尸，棄於漳水，姚萇掘符堅尸鞭撻無數；王頒發陳武帝陵焚骨取灰，投水飲之，大柢皆快意私讎，虐及枯骨，未必非斯言開之。至陶宗儀輟耕録言楊璉真珈取宋諸帝骸與牛馬同瘗，乃滔髡肆毒，不可道也，然則鞭墓可乎？亦曰子胥之所以爲子胥而已矣。公羊注疏引春秋説文云「墮平王之墓，鞭平王尸，血流至踝。」攷平王至是卒已十一年，冢中枯骨，尚流血乎？尤妄也。

六月，敗吳兵於稷。

案：「六月」上缺書「十年」二字。

後二歲，闔廬使太子夫差將兵伐楚，取番。

案：「二歲」當作「一歲」，「夫差」當作「終纍」。取番之誤，說見表。

孔子相魯

案：相魯誤也，說在孔子世家。

後五年，伐越。越王句踐迎擊，敗吳於姑蘇。

案：「五年」當作「四年」。姑蘇，正義謂檇李之誤，是也，說在吳世家。

敗越於夫湫

附案：吳、越兩世家作「夫椒」，此作「湫」，蓋古通用。索隱云「湫音椒」，是也。左傳襄二十六「椒鳴」，楚語作「湫鳴」。昭四年「椒舉」，楚語作「湫舉」。昭三年「子服椒」，襄二十三稱孟椒。昭十三作「子服湫」，並音椒。

其後五年，而吳王聞齊景公死，而大臣争寵，新君弱，乃興師北伐齊。

案：此傳敍吳伐齊事之誤，說在吳世家。蓋「其後五年」當作「其後九年」，即左傳哀十年鄎之役，然非因景公死故也。

大敗齊師於艾陵，遂滅鄒、魯之君以歸。（「滅」，金陵本作「威」。）

案：「滅」字，一本作「威」。此二句疑在下文「吴王既誅子胥，遂伐齊」之下。孫侍御曰「吴世家敗齊艾陵後有爲鄒伐魯至與魯盟而去事，則『滅』字疑『盟』字之誤」。鍾山札記云「遂滅鄒爲句，鄒卽邾也。魯其君，虜鄒君也。魯、虜古通用，白虎通王者不臣章引韓詩内傳云『魯臣者亡』。」據札記本文「之」字當作「其」，似曲。

其後四年

案：「四年」當作「一年」。

越王勾踐用子貢之謀，乃率其衆以助吴。

案：子貢無説越事，説在弟子傳。

乃屬其子於齊鮑牧

案：屬於鮑氏也，若鮑牧則已見殺四年矣。

王卒伐之而有大功

附案：此蓋指夫差十一年伐齊師鄎之役，齊弑悼公赴師，故以爲大功，而諱其海上之敗，非指戰艾陵也。

吴人憐之，爲立祠於江上，因命曰胥山。

案：集解張晏曰「胥山在太湖邊，去江不遠百里，故云江上。」晏説本於晉張勃吴録，見水經注四十卷。而正義曰「吴地記云『胥山，太湖邊胥湖東岸山，西臨胥湖，山有古丞、胥二王廟。』案其廟不於子胥事，太史誤矣。」張注又非。日知錄三十一曰「史記吳王既殺子胥，吳人爲立祠於江上，號胥山。水經注沔水。引虞氏曰『松江北去吳國五十里。江側有丞、胥二山，山各有廟，魯哀公十三年越使二大夫疇無餘、謳陽等伐吳，吳人敗之，獲二大夫，大夫死故立廟於山上，號丞胥二王。胥山上今有壇石，長老云胥神所治也』。一以爲子胥，一以爲越大夫。今蘇州城之西南門曰胥門，陸廣微吳地記云本伍子胥宅，因名，非也。趙樞生曰『吳越春秋吳王夫差將與齊戰，道出胥門，因過姑胥之臺，則子胥未死已名爲胥門。』愚考左傳哀公十一年艾陵之戰，胥門巢將上軍，蓋居此門而以爲氏者，如東門遂、桐門右師之類，則是門之名，又必在夫差以前矣。姑胥山不可知其所始，字亦爲『姑蘇』，古胥、蘇二字多通用。」顧氏此辨，與正義相發。

吳王既誅伍子胥，遂伐齊。

案：此以胥死在戰艾陵前，與内外傳、吕子知化及吳、越二世家異，蓋誤也。吳越春秋夫差内傳十二、十三兩年所書岐出。

齊鮑氏殺其君悼公而立陽生。吳王欲討其賊，不勝而去。

案：二十二字疑當在前「益疎子胥之謀」句上，與「敗艾陵威鄒、魯」二句互易，庶於左傳情事相協。此及吳世家敘伐齊事，多倒亂失實。而悼公卽陽生，此又誤説，當是殺其君悼公而立壬也。至弑悼公非出鮑氏，已辨在十二侯表中。

其後二年

案：「二年」當作「一年」，戰艾陵之明年也。

殺王夫差而誅太宰嚭

案：殺夫差與誅伯嚭，說在吳世家。

楚惠王欲召勝歸楚，葉公諫　惠王不聽

案：召勝者子西，不聽諫者亦子西，而以爲惠王，誤矣。

白公歸楚三年而吳誅子胥

案：白公歸楚不知何年，而年表及楚世家妄謂在敬王三十三年，已辨在表。即如其說，則此當作「歸楚四年」，蓋吳誅子胥在敬王三十六年，吳夫差十二年也。

歸楚五年，請伐鄭，

案：晉伐鄭在魯哀十五年，敬王之四十年。即依史說，乃白公歸楚八年，非五年也。吳世家亦辨之。

子西聞之笑曰：「勝如卵耳，何能爲也。」

滹南集辨惑曰「左傳子西曰『勝如卵，余翼而長之』，蓋時其有恩也。而史則是忽其脆弱而已，不亦異乎？」

其後四歲

案：「四」當作「一」，晉伐鄭之明年，白公作亂也。

石乞從者屈固

案：哀十六傳負王者乃圉公陽，世家言惠王從者屈固，此傳以爲石乞從者屈固。徐廣曰「一作『惠王從者』。」索隱曰「此本爲得」。蓋「屈」乃「薳」之譌，薳固卽箴尹固，見哀十八傳。然薳固，圉公陽是兩人，史誤也，必因左傳「圉公陽穴宮負王」與「石乞尹門」連文，而又有葉公遇箴尹固事，遂致斯舛耳。

史記志疑卷二十八

仲尼弟子列傳第七

孔子曰受業身通者七十有七人

案：弟子之數，有作七十人者，孟子云「七十子」，吕氏春秋遇合篇「達徒七十人」，淮南子泰族及要略訓俱言七十，漢書藝文志序楚元王傳所稱「七十子喪而大義乖」是已。有作七十二人者，孔子世家、文翁禮殿圖、後書蔡邕傳鴻都畫像、水經注八、漢魯峻冢壁像、魏書李平傳學堂圖皆七十二人，顔氏家訓誡兵篇所稱「仲尼門徒升堂者七十二」是已。有作七十七人者，此傳及漢地理志是已。孔子家語七十二弟子解實七十七人，今本脱顔何，止七十六，其數無定，難以臆斷。漢藝文志有孔子徒人圖法二卷，集解載鄭康成孔子弟子目録，隋、唐志云一卷，此二書久亡，漢書人表既疏略不備，而鴻都像李平圖俱失傳，魯峻石壁僅覩隸續殘碑，文翁圖在顯晦之間，不盡可憑，世儒據以攷弟子者惟史記、家語。而古文家語已不得見，今家語并非王肅舊本，則史記又較家語爲確，史公從孔安國受學，親身安國撰集之古文家語，故曰「弟子籍出孔氏古文者近是」。但轉相傳寫，未免顛倒訛脱，謹補而辨之如左。雖然弟子之數豈止七十七人而已哉，家語與史記異者，家語有琴牢、陳亢，以當史記秦冉、公伯僚。又叔仲會傳内有孔璇，又别有惠叔蘭。夫陳亢㒓子貢于仲尼，故朱注「或曰亢，子貢弟子」，但康成注論語以爲孔子弟子，西河集有答柴陛升論子貢弟子書，辨之甚明。至衞人琴牢字子開，一字張，莊子則陽篇又稱子牢，事見論語、孟子、左傳。趙岐以孟子琴張爲子張，非。惠叔蘭與子游善，子游使之受學于孔子，卽檀弓之司寇惠子。朱氏彝尊孔子弟子考以荀子法行篇之南郭惠子卽叔蘭，誤也。孔璇與叔仲會年相比，執筆迭侍孔子。此四人爲孔子之徒，顯有明文矣。索隱引文翁圖有蘧伯玉、林放。索隱又謂文翁圖有申根、申棠，困學紀聞七曰今所傳禮殿圖無申根，蓋索隱之誤也。夫伯玉乃孔子所嚴事，不當在弟子列，先儒已多言其謬。若林放者，夫子大其問禮之本，與善樊遲問崇德語氣相同。孔子于弟子呼名，「泰山不如林放」，指其名而稱之。皇侃論語義疏序言放在弟子之數，唐、宋俱有封爵，孔農部闕里文獻考言「乾隆己卯泰安崇禮鄉之放城集，掘地得古碑，字畫磨滅，隱隱見『林放』及『唐大和二年』數字，著放之字曰子丘。」鎮洋畢尚書沅關中金石記言「開寶八年韓從順蒼頡廟碑在白水，其陰列弟子姓名，余見碑陰拓本，字畫完善分明，共七十四人，亦云放字子丘。其十哲另列居首，與孔氏考合。千年已上之物，尤可憑信也。」碑較史記無曹卹、任不齊、后處、公首夏、公堅定、顏祖、鄡單、罕父黑、榮旂、原亢、樂欬、廉潔十二人，有孟孫、申根、琴牢、林放、陳亢、伯玉、子產七人，又複出樊遲、琴張二人。子產爲孔子嚴事，非弟子也。其他異同見後。又碑有孟孫字子嗣一人，必孟懿子何忌，其字子嗣可以補遺。何忌奉父僖子之命，偕其弟説説非南宫适也，説見後。並事孔子，明載左傳、論語、孔叢，皆有問答。再魯峻石壁殘象，與史同者十四人，又有子景伯卽子服何，有子象卽縣亶。夫伯僚之愬，叔孫之毁，景伯必以告，當屬弟子，朱氏弟子考引唐劉懷玉孔聖真宗録，以景伯在七十子之間。而魯壁別有左子慮、襄子孺、襄子魚、公子虛、顏子思、駟子□、字缺，洪氏疑卽壤駟赤，非。亞子、亞字未詳。荀子八人，未知所出，史亦缺焉。論語有闕黨、互鄉二童子，孟武伯問仁問孝，往來聖門，疑父子俱師孔子。孟子有牧皮，與曾晳、牢張號爲狂士，孔子之所與者，尤不應遺之。禮雜記有孺悲，哀公使學士喪禮于孔子。朱氏考云「始雖辭疾，終授以禮，非拒之門牆外也。」仲弟履繩楬櫫録曰「孺悲學士喪禮于孔子，要非碌碌者，特非入室之賢耳。自論語有不見孺悲之事，朱子以爲得罪聖人，邢昺以爲聖人疾惡，遂使孺子蒙嗚鼓之譏。善乎賈洛州士相見禮疏云『孺悲欲見孔子，不由紹介，故辭以疾。』始知夫子惡其不循禮，非不屑之教誨也。先儒之論，厚誣賢者已。」文選四十四注引論語撰考讖曰「孺悲欲見，鄉黨慕義」，賈殆本此。射義有公罔之裘、序點鄭注「序又作『徐』」。從孔子射矍相之圃，家語載子路曰「由與二三子之爲司馬何如」，則其爲弟子無疑。廣韻注「公罔之裘，孔子弟子」。左丘明受經孔子，漢、晉以來諸儒均以爲孔子弟子。詳朱氏考。史孔子世家有顏濁鄒，呂覽尊師及淮南氾論有顏涿聚，並受業孔子。濁鄒卽衛讎由，與涿聚是二人，説見世家中。又氾論訓「季襄立節抗行，不入洿君之朝，不食亂世之食，遂餓而死。」高誘注「季襄魯人，孔子弟子。」或謂卽公晳哀季次，恐非，季次乃齊人也。晏子春秋外篇有孔子門人盆成造，稱爲孝子順弟。盆成造依盧學士校晏子春秋，據宋本檀弓上疏所引改，今本並譌「适」字。朱氏考不知其譌，遂合孟子書中盆成括爲一人，謬矣。而孔鮒詰墨作「盈成匡」，恐以形近致誤。又云「其父爲孔子門人」，亦異。又有孔子之徒鞠語，明于禮樂，審于服喪。莊子德充符有常季，郭注「孔子弟子」。朱氏考謂樂記賓牟賈在弟子之列，又謂文翁禮殿圖有廉瑀。陶宏景真誥言壺公施存，齊人，孔子弟子，三千之數。朱氏引章續書品爲素王紀瑞製麒麟書之申姓名缺失一人，事本近誕，又安知非弟子中之姓申者乎？似不足據。墨子非儒下篇以陽貨佛肸爲孔子弟子，孔鮒詰墨已辨其妄。皇侃論語義疏序猶謂陽貨在弟子之數，謬矣。凡兹羣賢，未必盡在三千之數，若以此陳亢、琴牢、牧皮、林放、仲孫何忌、仲孫說、孟武伯、㲋子服何、孺悲、左丘明、公罔之裘、序點、賓牟賈、顏濁鄒、顏涿聚、盆成造、鞠語、季襄、惠叔蘭、常季、孔璇、闕黨互鄉二童子、廉瑀、左子慮、襄子孺、襄子魚、公子虛、騶子□、顏子思、亞子、荀子三十二人，增入七十七弟子，通計一百九人。乃所傳異詞，既無定數，而唐、宋封爵，頗多漏舛，唐封八十三人，較史多蘧瑗、申棖、琴牢、琴張、白水碑二琴亦重出。林放、陳亢，通考曰「弟子贈典見禮樂志及會要，並七十七，姓名與史記同，獨通典增入蘧瑗六人。」宋從祀止去琴牢，封八十二人，古史益以琴牢、陳亢爲七十九人，詎可爲典要哉。今因考七十七弟子，而附紀其不著録者以備參證云。

於衞，蘧伯玉，

附案：經史問答四曰「伯玉年齒固有可疑者，獻公之出，當襄公十四年，又八年孔子始生，伯玉必名德已重，然後孫甯思引以共事，蓋最少亦三十矣。歷襄、昭、定至哀公元年，當作「二年」。孔子至衞主于其家，上距孫甯逐君之歲六十有六年，當作「六十七」。伯玉當在九齡已外，而史魚猶以尸諫而引之，南子聞其車聲而識之。伯玉卽如此長年，必不如此固位，竊意近闕再出，不知何人之事，而誤屬之伯玉，以是時伯玉未必從政也。左氏以九十餘歲老人尚見于策者，一爲吳季子，一爲齊鮑文子，皆可疑，而伯玉尤甚。」

於魯，孟公綽，

張孝廉曰：「以公綽爲孔子所嚴事，恐未然。又呂氏春秋當染篇云孔子學于孟蘇夔靖叔，未詳其人，史何以不及？」

數稱臧文仲、柳下惠

案：孔子屢貶文仲，何嘗稱之，不當與柳下惠並舉。

顏回者

案：弟子先後之次，當依論語或以齒爲序，如子路、曾晳、冉有、公西華侍坐是也。或以德爲序，如顏淵、季路侍是也。史殊錯雜，與家語又不同，惟德行四賢無改耳。

少孔子三十歲　回年二十九，髮盡白，蚤死。

案：史不書回死之年，索隱及文選辨命論注引家語並作「三十二」，則今家語作「三十一」，誤也。但回少孔子三十歲，回死之時，孔子年六十二，當魯哀五年，而哀六年方有陳、蔡之厄，回何以死乎？又孔子二十生伯魚，三十一回生，伯魚五十而卒，則顏子亦當四十。而論語言伯魚先顏淵死，伯魚五十，孔子年六十九，是回先伯魚死矣。王肅以論語爲設事之詞，甚謬。朱子云「以人情言，之不應如此」。王本許慎說「朱子本康成」，見曲禮疏。四書釋地又續曰「回少孔子三十歲，三十下脫『七』字。蓋生于魯昭公二十八年丁亥，卒于哀公十二年戊午，方合三十二歲之數，是年伯魚亦卒在前。」此本薛應旂甲子會紀，頗爲明確，列子力命篇「壽四八」可證。俗本譌「十八」。時孔子六十九歲，「有棺無槨」之言正指見在事也。而毛氏奇齡論語稽求篇以家語作三十一回死爲是，謂「二」字譌。又以少三十歲是「四十」之誤，謂回死與子路同時。經史問答從其説，竊所未安。皇王大紀書回死于哀公十一年，亦差一歲。至若後書郎顗傳「顔子十八天下歸仁」，淮南精神訓注「顔回十八而卒」，疑亦「四八」之訛。歐陽公删正黄庭經序言「顔子年不及三十」，均不足據。御覽三百六十六引史「髮盡白」下有「齒早落」三字，但後書順帝紀陽嘉元年注及鄧禹傳注俱引史文與今本同也。

閔損字子騫少孔子十五歲。

案：弟子目録云魯人，此缺，家語有之。今家語作「少五十歲」，乃傳刻之譌，索隱所引家語可證。

如有復我者

案：此閔子辭費宰一時拒使者之言，非實事也，疑此句上脱「故曰」二字。

冉耕字伯牛

案：白水碑作「百牛」，古字通。鄭云魯人，此缺。年無攷。朱氏考云「聖門志闕里廣志稱伯牛少孔子七歲，不審何據？」

冉雍字仲弓

案：鄭云魯人。索隱引家語云「伯牛之宗族，少孔子二十九歲」，此失書。荀子非相注以子弓爲仲弓。

在邦無怨

史詮曰「避諱『邦』當作『國』」。

冉求字子有

案：鄭云魯人。左傳一稱有子。

季康子問孔子曰：「冉求仁乎？」復問「子路仁乎？」孔子對曰：「如求。」

翟教授曰：「問由、求者孟武伯也，而由、求兩傳皆誤作『季康子』。又孔子答仲由可使治千乘之賦，冉求可爲宰，事各不同，仲由傳依論語載之，而此乃曰『求可使治賦』，曰『如求』，何也？」

問同而答異

附案：史詮云宋本無此五字。

仲由字子路，卞人也。

附案：論語一字季路，左傳一稱季子。

季康子問：「仲由仁乎？」

案：孟武伯誤爲「季康子」。

初，衞靈公有寵姬曰南子。

案：南子是夫人，非寵姬也。且稱妾爲姬，亦非當時語。

蕢聵乃與孔悝作亂

索隱曰：「左傳蒯聵入孔悝家，悝母伯姬劫悝於厠，彊與之盟而立蒯聵，非悝本心自作亂也。」

謂子路曰：出公去矣，

史詮曰：「『出公』當作『衞君』。」

有使者入城，城門開，子路隨而入。

翟教授曰：「左傳哀十五年云『有使者出乃入』，此言使者入，不合。且門乃孔悝家之門，非城門也。」

子路曰：「君焉用孔悝，請得而殺之。」

測議孚遠曰：「此語與傳異。」子龍曰：「季子救悝而來，豈應出此語，固知左氏爲當矣。」

壺黶

案：衞世家作「盂黶」，與左傳同，此作「壺」，人表作「狐黶」。御覽仇讎部同人表，而戟部作「于」字，目部又作「狐黯」。通志氏族略三作「盂黶」「壺黯」，盂氏、壺氏。文選辨命論注作「孟厭」。蓋「于」乃「盂」之省，「壺」、「狐」古通，「盂」、「壺」音近，遂通作「狐」。「盂」則「孟」之譌，通志不足信也。

宰予字子我

案：鄭云魯人。年無攷。論語、孟子亦稱宰我。

與田常作亂，以夷其族，孔子恥之。

案：史公斯語厚誣先賢，孔穎達本之作檀弓疏，云「宰我請喪親一期，終助陳恒之亂」。信如所言，是孔子之門有叛臣，何當日請討陳恒時不聞鳴鼓之攻，而天下之通祀者猶容叛臣于其間哉！且既附陳恒，尚誰得而殺之也？索隱曰「左傳闞止字子我，爲陳恒所殺。字與宰予相涉，因誤」。兩蘇氏志林、古史、孔平仲談苑、容齋續筆、困學紀聞十一引楊龜山說、孫奕示兒編諸書，俱依索隱。容齋又謂孟子載三子論聖人賢于堯、舜等語，是夫子没後所談，宰我不死于田常可見。閻氏四書釋地又續謂「妙得虚會，余攷韓子難言曰『宓子賤、西門豹不鬭而死人手，未詳宰予不免於田常，皆仁賢忠良有道術之士，不幸遇悖亂闇惑之主而死』。呂覽慎勢曰『諸御鞅諫簡公云「陳常與宰予甚相憎，臣恐其相攻，願君去一人。」居無幾何，陳常果攻宰予于庭』。淮南人間、説苑正諫並同呂覽。鹽鐵論殊路、頌賢及説苑指武，稱宰我將攻田常，簡公漏其謀，以柔弱見殺。故宏明集宗炳答何衡陽難釋白黑論云『由醢予族，賜滅其鬚』，論衡龍虚云「子貢滅鬚爲婦人，人不知其狀。」事未詳，御覽髭部是子羔事。則不得謂宰我不死于田常，而其死爲叛討賊，方憫宰我之忠而獲禍，陷胸決脰於凶殘之手，孔子何恥焉？況李斯上秦二世書，與諸子所稱合，史公明載斯傳，宰我之不助亂明甚，而此傳胡爲自相乖阻耶？」經史問答辨之曰「宰我爲簡公死，非爲陳恒死，不過才未足以定亂耳，其死較子路似反過之。史記誤。而索隱以爲闞止之譌，則春秋同時同名之人往往有之，晉有二士匄，齊有二賈舉，並同姓矣，何必舒州之難死者不可有二子我乎？但當知宰我之所以死不必恥，則不必諱，若以賢子堯、舜之語必在身後，則是野人之言也」。陳、闞不可並，而云與田常亂，雖闞，子我亦不受也。

端木賜，衛人，字子貢。

附案：索隱本引史「木」作「沐」，疑古字借用。經、史及諸子中多作「子贛」。左傳稱衛賜。錢宫詹曰「古人名字必相應，説文『贛，賜也。貢，獻功也』。則端木子之字當爲子贛無疑」。

田常欲作亂於齊

案：子貢説齊、晉、吴、越一節，家語屈節、越絶陳恒傳、吴越春秋、夫差内傳並載之，昔賢歷辨其謬。古史曰「齊之伐魯，本于悼公之怒季姬，而非陳恒。吴之伐齊，本怒悼公之反覆，而非子貢。吴、齊之戰，陳乞猶在，而恒未任事。所記皆非，蓋戰國説客設爲子貢之辭以自託于孔氏，而太史公信之耳。」通鑑外紀曰「齊、魯交兵數矣，一不被伐安能存哉？田氏弱齊，一當吴兵安能亂哉？吴不備越而亡，勝齊安能破哉？四卿擅權，晉以衰弱，修兵休卒安能彊哉？越從吴伐齊，滅吴乃强，此安能霸哉？十年之中，魯、齊、晉未嘗有變，吴、越不爲是而存亡，遷之言華而少實哉」。日知録二十六曰「子石少孔子五十三歲，當伐魯之年，僅十三四歲耳，此言稍未合，以伐魯在哀八年則十二歲，若在哀十一年則十五歲也。而曰請行，豈甘羅、外黄舍人兒之比乎？」方氏補正曰「春秋時郡小于縣，定二年傳上大夫受縣，下大夫受郡是也。此曰發九郡兵，則爲後人所設之詞明矣。」余謂可駁者不止此，陳氏憚高、國、鮑、晏，何以欲移兵伐魯？子貢使齊在哀十五年魯與齊平之後，爲成叛故，何得强相牽引。伍子胥死于戰艾陵後，是時尚未賜屬鏤，何云子胥以諫死？越絶無此句。左傳吴獲國書等五人，何云獲七將軍？黄池之會距戰艾陵二年，何言吴王不歸以兵臨晉？會盟争長，吴先于晉，何云晉敗吴師？會黄池歸與越平，在哀十三年，越滅吴在哀二十二年，何云會黄池歸與越戰不勝見殺？越滅吴稱霸，在孔子卒後七年，何云子貢之出孔子使之？五國之事會，與子貢無干，何云子貢存魯亂齊破吴彊晉霸越？自哀八年齊伐魯至二十二年吴滅越，首尾十五歲，何云十年？傾人之邦，以存宗國，何以爲孔子？縱横捭闔，不顧義理，何以爲子貢？家語增孔子語尤謬。卽其所言，了無一實，而津津道之。子胥傳亦有句踐用子貢之謀，率衆助吳等語，范史荀彧傳論云「以衛賜之賢，一説而斃兩國」，同妄。豈不誕哉！墨子非儒下篇謂「孔子怒晏子沮尼谿之封于景公，適齊欲伐魯，乃遣子貢之齊勸田常伐吳，教高、鮑毋得害田常之亂，遂勸越伐吳，三年之内齊、吳破國」。其爲六國時之妄談可見，孔鮒詰墨辨之矣。或曰弟子傳皆短簡不繁，獨子貢傳榛蕪不休，疑是後人闌入，非史本文也。

子貢好廢舉

孫侍講曰：「子貢列言語之科，故造爲歷説齊、晉、吳、越事，直似儀、秦一流人。又因論語有貨殖之言，故謂其好廢舉轉貨，並列之貨殖傳，云子贛『廢著鬻財，最爲饒益』。班漢仍史，是以爲陶朱、猗頓一流人。子貢聞性道傳一貫與顔、曾比，奈何以此誣之。史通雜説篇、困學紀聞七並糾之矣。」

常相魯、衛

案：此事無攷，與稱孔子相魯同，蓋子貢仕于魯、衛也。

言偃，吳人，字子游。少孔子四十五歲。

案：偃，説文作「㫃」，旌旗之游也。觀其字子游，則名當爲「㫃」，今作「偃」者，豈改篆爲隸時，始因聲借用歟？家語作「魯人」，索隱曰「吳人是也」。檀弓稱叔氏。四十五歲似當依家語作「三十五」爲是，古人「三」、「四」兩字皆積畫爲之，最易譌誤。

卜商字子夏。少孔子四十四歲。

案：鄭云温國人。家語云「衛人」，温元屬衛也。從陳、蔡時，子夏年十九，即能以文學著，奇矣。其後年百餘歲，爲諸侯師，弟子中之早著而最壽者，惟卜子而已。

子夏居西河教授

案：後書徐防傳注引史云「子夏居西河，教弟子三百人」，與今本異。索隱曰「子夏文學著于四科，序詩，傳易。又孔子以春秋屬商。傳禮，著在禮志。此並不論，空記論語小事，亦其疎也。」

其子死，哭之失明。

案：哭子失明，史仍檀弓之妄記。說穀梁者，遂謂子夏匿聖人之論，故喪明。見成五年疏。夫卜子年百餘歲，爲魏文侯師，失明之人，何以爲師乎？故論衡禍虛云「子夏喪明，曾子責以罪，熟考論之，虛妄言也。」遂志齋集辨檀弓云「孔子門人曾子最少，曾子之父與師、商友，名而數之，非曾子事，傳之者過也。其辭倨而慢，曾子之言愨而謹」。

顓孫師，陳人，

附案：鄭注檀弓「申祥」云「太史公傳子張姓顓孫，今曰申祥，周、秦之聲，二者相近，未聞孰是。」正義云「謂今不知顓是，不知申是也。」余攷此乃氏而非姓，父氏顓孫，子氏申，父子別氏，古人多有之，不足爲異。鄭云陽城人，縣固屬陳。左傳陳公子完與顓孫奔齊。顓孫自齊來奔，子張蓋其後，故呂氏春秋尊師篇又云「子張魯之鄙家」也。

子張問干禄

附案：趙太常佑詩細曰「蓋問詩『干禄』之義，見旱麓、假樂。問即是學」。

他日從在陳蔡間，困，問行。

案：孔子厄陳、蔡年六十三，子張少孔子四十八歲，則是時子張才十五歲，恐未必從行也。又滹南集辨惑曰「子張問行，孔子語以忠信篤敬，此平居所講明，史謂因陳、蔡之困而發，何所據耶？」

曾參，南武城人，字子輿。

案：戰國秦策載兩曾參事，西京雜記述之，云「昔魯有兩曾參，南曾參殺人見捕，人以告北曾參母」。則曾子爲北武城人歟？南武城爲魯邊邑，在今費縣西南。魯之北有東武城，故云北武城也。又白水碑子輿作「子與」，宋本家語亦作「與」。而曾子之名，論語、檀弓釋文云所金反；一七南反。或「輿」或「與」，疑莫能定。然似當讀若驂，今多依説文讀若森，見「森」字注。蓋古通讀耳。孝經釋文作「曑」，所林反，與「參」字又音同義別。

孔子以爲能通孝道，故授之業。作孝經。

案：史公蓋以孝經爲孔子作，故漢藝文志云「孝經者，孔子爲曾子陳孝道也」。公羊卷首疏引孝經説云「孔子曰春秋屬商，孝經屬參」。孝經序疏謂「前賢以爲曾參集録，尋繹再三，將未爲得。」引鉤命決云「孔子曰『吾志在春秋，行在孝經』，斯則孔子之志行」。又引劉炫説「孔子自作孝經，假曾子之言以爲對揚之體，非曾子實有問也」。鄭六藝論孔子作孝經以總會之，所言皆與史不殊，而困學紀聞七載胡致堂、晁氏、馮氏説曰「首章云『仲尼居』，則非孔子所著矣，當是曾子門弟子類而成書，疑成于子思之手。」「志在春秋」二語，亦見何休公羊序。

澹臺滅明　少孔子三十九歲

案：家語云「少四十九歲」，與史異。

狀貌甚惡

附案：家語子路初見與弟子解二篇，本韓子顯學，謂子羽有君子之容，故索隱以爲史與家語相反。余以留侯世家論證之，似史爲近。

既已受業，退而修行

案：論語滅明未事孔子而已修行，此非也。

吾以言取人，失之宰予；以貌取人，失之子羽。

案：孔子斯言，大戴禮五帝德、韓子顯學、論衡骨相皆有之，史公取入留侯世家論及此傳，王肅取入家語子路初見及弟子解。滹南集論語辨惑曰「此好事者因論語而附會之耳。夫子一時忿怒之辭，非謂平居一信人言遂信其行也。天下之人，行不副言者多，使隨聽而遽信之，所失豈特宰予耶！至于以貌取人，雖愚夫知其不可，而謂聖人爲之乎？夫子好惡必察，毁譽必試，賜之辨，師之堂堂，曾不足以欺之，顔子之愚，猶必退省其私，何獨於宰予、子羽而鹵莽如是。」孫侍御曰「家語無『吾』字，蓋泛論取人之道不在言貌，史公增一『吾』字失之矣」。

宓不齊，字子賤。少孔子四十九歲。

附案：集解孔安國曰「魯人」。顔氏家訓書證篇曰「張揖云『宓，今伏羲氏也』」。孟康漢書古文注亦云『宓，今伏』。而皇甫謐云『伏羲，或謂之宓羲』，諸經、史、緯、候無『宓羲』之號。『虙』字從『虍』音呼，『宓』字從『宀』音緜，下俱爲『必』，末世傳寫，遂誤以『虙』爲『宓』，而帝王世紀因誤更立名耳。孔子弟子虙子賤，卽虙羲之後，俗字亦爲『宓』，或復加『山』。今兗州永昌郡城東門有子賤碑，漢世所立，云濟南伏生卽子賤之後，是知『虙』之與『伏』，古來通字，誤以爲『宓』，較可知矣。」據顔所辨，則子賤之姓久誤爲「密」，故淮南泰族、家語弟子解並作「密」字。但攷史籍中「伏」字多有作「宓」者，如漢書律歷志、藝文志作「宓戲」，百官表、人表作「宓羲」，揚雄傳作「宓犧」，而藝文志宓子卽子賤，師古皆音伏。又韓子難言、呂氏春秋具備、察賢並作「宓子賤」，蓋古借「宓」爲「虙」之省文，不定是誤。因宓本音密，遂轉誤爲密，蜀志秦宓，後書方術董扶傳作「密」。晉書李密，華陽國志作「宓」。今俗直讀子賤之姓作密音，豈不謬乎！路史國名紀一云「虙不齊，傳誤作『密』，黄帝後自有『密』。」禮月令、明堂位宓戲，釋文曰「宓音密」。路史後紀曰「伏羲之後有宓氏。」通志氏族略曰「伏亦作『宓』。宓氏，伏羲之後。後轉爲密，異文者其後之人以別族也。」皆非。又攷戰國趙策，馮忌稱服子，淮南齊俗作「宓子」，道藏本是「宓」字，俗本譌「密」。又知「宓」與「服」亦通，益可證宓之當讀伏音也。子賤，淮南道應稱季子，文選潘尼贈河陽詩稱虙生。至其年數，索隱引家語作「少孔子四十九歲」，與史同。今所傳毛本家語無「九」字，索隱引史作「三十」，並誤。又各本史記改索隱原文曰「家語『少孔子三十歲』，此云『四十九』，不同」妄也。（金陵本索隱作「少孔子四十九歲」。）

此國有賢不齊者五人

附案：此言與家語辨政無異，說苑政理亦言之，而索隱以爲與家語不同，何也？

原憲字子思

案：檀弓稱仲憲，論語稱原思。家語云宋人，鄭云魯，人當以鄭爲信。又家語云「少孔子三十六歲。」

公冶長，齊人，字子長。

案：釋文引家語「長字子張」，又引范甯云「名芝字子長」。皇侃疏亦引范「名芝。」索隱引家語名萇字子長，又引范甯云「字子芝」，所說不同。今本家語同史記，白水碑云「字子之」，關中金石記曰「以『芝』爲名，非也。古『芝』與『之』同字。」又家語本論語孔注作魯人，未知孰是。年無攷。後書靈帝紀、董皇后紀靈帝父名萇，而河間王開傳作「長」。晉志范陽國長鄉縣，魏志作「萇鄉」。蓋萇、長古通。錢宮詹大昕潛研堂金石文跋尾卷二有魏敬史君碑陰題名以長社爲萇社。

南宮括，字子容，

附案：論語作「适」，又稱南容。檀弓作「南宮縚」，家語作「南宮韜」，蓋南容有二名。括與适，縚與韜，字之通也，自世本誤以南宮縚爲仲孫說，于是孔安國注論語，康成注禮記，陸德明釋文，小司馬索隱，朱子集註並因其誤。朱子本世族譜以敬叔爲懿子兄，亦非。毛氏四書賸言曰「昭十一年傳泉邱女先生懿子，後生敬叔，且嫡長以嗣爵襲氏，次得更之，敬更氏南宮者也。且兄伯而弟叔，敬叔叔也」。又集有答柴陛升書，云「南宮敬叔不是懿子之兄也」。說本魯語韋注，是。朱氏彝尊經義考載明夏洪基孔門弟子傳略辨南宮括、縚字子容是一人，孟僖子之子仲孫說、閱古通。襄二十五年「不說」，詩作「閱」。南宫敬叔是一人。確鑿可從，四書賸言曰「朱注南容居南宫，亦非。敬叔居南宫，若容則祇是舊姓，如南宫毛南宫長萬類也」。又答柴書云「南容乃是南宫适，即南宫縚，不是仲孫閱、南宫敬叔。」不然，天下豈有一人而數名者乎？朱氏又據漢書人表列南容于上下等，列南宫敬叔於中上，明其非一人。師古以敬叔爲适，誤。兼引宋馮繼先春秋名號歸一圖仲孫閱即南宫敬叔，而不及括、縚爲證。固未可混而爲一，且敬叔乃公族，與家語及王肅論語注稱容爲魯人者大别矣。其年無考。集解孔安國曰「容，魯人。」

公哲哀，字季次，

案：索隱引家語作「公晳剋」，一本作「克」，而今家語作「公析哀」，蓋公晳氏也，古哲、晳通寫，而析與晳通。左傳「蛾析」、「鄧析」，釋文作「蛾晳」、「鄧晳」，鹽鐵論疾貪作「鄧晳」，隸釋樊敏碑「晳爲韓、魏」，俱可互證。「剋」即「克」字，疑「哀」之譌文。家語「季次」作「季沉」，以游俠傳徵之，則「季沉」誤已。家語云「齊人」。年無考。

曾蒧字晳

案：「蒧」即「點」字。家語云字子晳，此脫「子」字。白水碑作「子哲」，蓋哲、晳皆古省文通借。但曾點之字，當從「析」下「白」，相承誤從「日」耳。年無考。

顏無繇字路

案：家語少「無」字，「繇」作「由」，字之通也。而索隱引家語字路，與史同，今本皆作「季路」。魯峻壁、白水碑並稱子路，疑誤加之。家語云「少孔子六歲」。

商瞿，魯人，

附案：楊慎丹鉛録云「世本、石室圖作「商瞿上」。宋景文公成都先賢贊以爲蜀人。路史及輿地紀瞿上城在雙流，此説殊不足信。今雙流縣東有商瞿祠、墓，疑出後人附會，蓋孔門弟子無自蜀來者，且其時蜀道亦未通。師古儒林傳注云「商瞿，姓也」，誤以爲複姓。

孔子傳易于瞿，瞿傳楚人馯臂子弘，弘傳江東人矯子庸疵，疵傳燕人周子家豎，豎傳淳于人光子乘羽，羽傳齊人田子莊何，

案：漢儒林傳「瞿受易孔子，以授魯橋庇子庸，子庸授江東馯臂子弓，子弓授燕周醜子家，子家授東武孫虞子乘，子乘授齊田何子莊」，（一本作「裝」，譌。）不但里居姓名不同，傳授亦互異，疑史公誤，故陸氏釋文、孔氏周易正義論並從漢書爲説。

何元朔中以治易爲漢中大夫

案：史、漢儒林傳皆作「元光」，此「朔」字誤。至漢傳作「大中大夫」，則誤增「大」字也。

高柴字子羔。少孔子三十歲。

案：檀弓上疏引史作「子皐」。左哀十七稱季羔。檀弓兩稱子皐，一稱季子皐。論語釋文引家語作「子高」。（今家語作「子羔」。）魯峻壁作「夫子高」，「夫」乃「季」字之剥落也。蓋羔、皐古通用，已見檀弓下疏，而皐與高又通，故禮運「皐某復」，家語問禮篇作「高」。左哀二十一「魯人之皐」，呂氏春秋知化注引作「高」。惠氏補注曰「高、皋通，見釋名」。左通曰「高其氏，故檀弓稱高子皋，家語以高與羔、皋同音通用，遂譌爲『子高』，不可依據，蓋字與氏不應同也」。檀弓上下疏兩引史云「鄭人」，今本無。鄭云「魏人」。家語云「齊人，高氏之别族。」路史後紀四注云「高傒裔孫恭仲柴」，未知「恭仲」所本。家語作「少孔子四十歲」，與史異。檀弓下注云「或氏季」，恐非，季亦其字也。

子羔長不盈五尺

案：家語作「六尺」。盈字失避諱。

爲費郈宰

案：「郈」字衍。

漆彫開字子開

案：漆雕氏之名字多有不同，漢藝文志及人表作「名啓」，家語作「字子若」，白水碑作「字子修」。藝文志考證云「名啓，字子開。史避景帝諱也」。論語注以開爲名。閻氏四書釋地三續亦云「上『開』本『啓』字，避景帝諱。蓋自安國注論語『開名』，流俗本家語『開字子若』者失之」。然則子若、子修皆誤耳。家語云「少孔子十一歲」。鄭云魯人，而家語謂蔡人。宋楊簡先聖大訓以「開」爲「憑」，尤非。

公伯僚字子周

案：「僚」，論語作「寮」，而索隱謂亦作「遼」，古通用字，見隸釋楊君石門頌及楊統碑。惟索隱引史作「繚」，與今本異，豈又以音同借用歟？其年無考。然僚有愬子路一事，先儒之依史者祇馬融一人，其注論語云「魯人，弟子也。」朱氏考力主其説，謂「未可以一眚掩生平」。而索隱引古史考云「非弟子之流」，後賢皆韙之，廣韻注亦但稱魯大夫，不言是弟子。困學紀聞七曰「公伯寮非孔子弟子，乃季氏之黨，致堂胡氏之説當矣。」家語不列其名氏，蓋自史記失之，至明嘉靖時始罷其配食，見明史禮志。然則史公所見弟子籍，詎有竄入耶？朱氏考謂文翁圖有。

司馬耕字子牛

案：孔安國注論語云「宋人」。輟耕録載張孟兼弟子章句作「司馬黎耕」，孔注作「司馬犂」，蓋子牛有二名。年無攷。

樊須字子遲。少孔子三十六歲

案：鄭云齊人，家語云魯人，未知孰是。又家語作「少孔子四十六歲」，恐誤。索隱引史作「字遲」，疑亦脱「子」字。而白水碑分樊須、樊遲爲二人，謂須字子達，遲字子緩，單文孤證，未知何據？關中金石記以爲非是。王孝廉曰「以論語學稼章證之，則作兩人者其誤顯然」。

有若少孔子十三歲

案：家語云「魯人，字子有」。索隱曰「家語『少孔子三十三歲』，此傳『四十二歲』」。據檀弓上疏「二」字乃「三」之訛。而今史作「十三」，家語作「三十六」，雖有舛誤，何不同若是？觀弟子欲立爲師一事，有若之年與孔子當不甚遠，十三歲是。

孔子既没，弟子思慕，有若狀似孔子，弟子相與共立爲師，案：史通鑒識云「遷稱宣尼既殂，門人推奉有若，其言鄙甚」。又暗惑云「退老西河，取疑夫子，猶使投杖謝愆，何肯公然自欺，詐相承奉？此兒童所爲，得自委巷」。余謂弟子師有若，尚或情事所有，李維楨史通評曰「羣弟子慕師之切，故見其似者而悚然以慕，如孔北海見虎賁中郎將，便與蔡邕對面一般」。斯評頗近理，然所謂似者，非狀似也。困學紀聞七曰「此太史公采雜説之謬，孟子『有若似聖人』，朱子云『蓋其言行氣象有似之者』，如檀弓有若言似夫子之類，豈貌之似哉」！容齋隨筆曰「門人所傳者道也，豈應以狀貌之似而師之乎」？日知録十四曰「孟子不曰有若似孔子，而曰有若似聖人，史乃云有若狀似孔子，謬甚」。

他日，弟子進問曰：「昔夫子當行，使弟子持雨具，

案：問雨具事，此云弟子，而家語作「巫馬施」，論衡明雩作「子路」，皆因事屬無稽，故言各不同耳。

有若默然無以應，弟子起曰：「有子避之，此非子之座也！」

案：賢如有若，必不僭居師座，弟子亦必不因不答所問卽令避座。古史曰「月宿畢而雨不應，商瞿四十而生五子，此卜祝之事，鄙儒所以謂孔子聖人者，戰國雜説類此多矣。」困學紀聞十一云「宋景文公曰此鄒、魯間野人語耳。觀孟子書，則始嘗謀之後，弗克舉，安有撤座之論。」容齋隨筆曰「此兩事近于星歷卜祝之學，何足以爲聖人。而孔子言之，有若不能知，何所加損，而弟子遽以是斥退之乎？孟子稱子夏、子游、子張以有若似聖人，欲以所事孔子事之，曾子不可，未嘗深詆也。論語記有子之

言爲第二章，在曾子前，檀弓載子游曰：『有子之言似夫子』，其爲門弟子所敬久矣，太史公之書，于是爲失」。

公西赤字子華

案：鄭云「魯人」。

巫馬施字子旗

案：家語作「字子期」，此作「旗」者，説文「施，旗也」，故齊欒施字子旗。而期與旗古通，左昭十三令尹子旗，楚語下作「子期」。定四傳「子期」，呂覽高義注作「子旗」。戰國秦策「中期推琴」，史魏世家作「中旗」。皆其驗也。又鄭以施爲魯人，家語云陳人。

梁鱣字叔魚。少孔子二十九歲。

案：集解「鱣，一作『鯉』。」魯峻壁、白水碑作「字子魚」。又家語云「少孔子三十九歲」。均疑莫能定也。家語云齊人。元伊世珍瑯嬛記引賈子説林云「鱣母秦氏，大雨中見火光自天降，中躍一物，赤色，形若鱣，飛入室中卽不見，是夜生鱣，故名。」

顏幸字子柳。少孔子四十六歲。

案：索隱曰「家語字柳。禮記有顏柳，或此人」。但考毛本家語作「顏幸字子柳」，宋本作「辛」，宋史禮志亦作「辛」。白水碑作「幸」。疑「幸」字誤。至宋潛説友咸淳臨安志作「韋」，恐亦以形近致譌。而唐志、通典、通考俱作「顏柳」，蓋從檀弓、人表誤以字爲名也。若白水碑云「字子爐」，恐非，字書無

「爐」字。又索隱引家語云「少孔子三十六歲」，而今本家語與史同，未知誰是。鄭云「魯人」。

冉孺字子魯

案：集解云「魯，一作『曾』」。攷索隱引家語字子魯，魯人。作「冉儒」，而今所見家語作「孺」，字子魚。唐志、通考、真宗詔並作「儒」。白水碑作「冉儒字子曾」。疑「孺」爲「儒」之譌，而「魚」與「曾」爲「魯」之訛也。

曹邺字子循

案：史與家語不著曹子何地人，朱氏弟子攷、闕里文獻攷據宋封上蔡侯定爲蔡人，未知確否？

伯虔字子析

案：索隱引史作「子折」，又曰家語作「伯處」，字子哲。正義引家語作「子哲」。攷今家語伯虔字揩，與索隱、正義所説又别。古史作「子折」。白水碑作「子哲」。余謂伯子實名虔，宜字子折，析其變文也，古木旁與手旁通用，文選謝惠連西陵遇風詩「今宿浙江湄」，注謂「即浙江。」哲、晢二字因與折同音通借，白水碑書十哲爲「十折」。「處」與「揩」乃譌耳。朱氏考云「史記、家語不著何地人，咸淳臨安志云魯人。宋思陵贊曰『有虔子析，全魯之彦』，當必有所本」。紹興二十六年高宗御製七十二子贊，並書，今石刻存。

公孫龍字子石

案：索隱曰「家語或作『寵』，又云『礱』。案字子石則『礱』或非謬」。攷寵、龍古通，而各處無作「礱」者，疑相承譌脱，抑省文通借。白水碑作「公孫龍石」矣。鄭云楚人，家語作「衞人」，唐、宋封爵從鄭氏。至索隱、正義以趙人談堅白者當之，則誤甚。趙公孫龍在平原君門，與子思玄孫孔穿同時，安得以爲孔子弟子。蓋自以公孫龔爲公孫龍，致有李代桃僵之説耳。

自子石已右三十五人，顯有年名及受業聞見於書傳。其四十二人，無年及不見書傳者紀于左。

案：三十五人中無年者十二人，不見書傳者五人。而四十二人中有年及見書傳者，若顔驕、公良儒、秦商、申棖、叔仲會五人，史公疎也。

冉季字子産

案：索隱引家語云子産，今本與史同。唐志作「冉季産」，闕里文獻考云「或作『子達』。」鄭云「魯人」。

公祖句兹字子之

案：家語無「句」字。白水碑作「公祖句，字兹之」。朱氏考及闕里考俱云「魯人」。

秦祖字子南

案：索隱本無「子」字。鄭云「秦人」。

漆雕哆字子斂

案：唐志作「漆雕斂」。魯峻壁作「求子斂」。洪氏曰「『求』字是『桼』字之省文」。鄭云「魯人」。

顔高字子驕

案：顏子之名字，索隱引家語名産。通典字子精。孔子世家、漢書人表及今家語並作「顏刻」。包咸論語注及莊子秋水釋文並作「剋」。論語釋文又云「或作『亥』」。蓋「剋」、「刻」古通，亥卽「刻」字脱其半。名産字子精，或顏名字有二，亦未可知，而此所書名高，似誤。左傳定八年陽州之役，有「顏高弓六鈞，傳觀之」。顏氏家訓誡兵云「春秋之世，顏高、顏鳴、顏羽之徒，皆一鬬夫耳」。顏氏爲魯望族，不應同族同名，一時有二高。自史誤以「刻」爲「高」，王厚齋遂謂陽州之顏高卽弟子顏驕。故困學紀聞六云「古者文武同方，冉有用矛，樊遲爲右，有若與微虎之宵攻，則顏高以挽强名，無足怪」。此説殊謬。家語謂少孔子五十歲，是生于定九年，其非定八年斃陽州之顏高明甚。而經史問答六謂「陽州是別一顏高」，亦非也。又史正義云「孔子在衞，南子招夫子爲次乘，顏高爲御」。蓋本于家語，而改「刻」爲「高」耳。然家語少五十歲之言，亦不可信。孔子過匡在定十四年，倘少五十，其時纔六齡，安能爲師御車乎？又攷孔子世家顏刻爲御，在過匡時，若爲南子次乘，則未嘗及刻，王肅妄以刻之爲御過匡，撮合於在衞爲次乘之僕，張守節誤據之。

漆雕徒父

案：索隱引家語字固，今家語名從字子文。白水碑作「漆雕期」，宋高宗贊作「字子期」，闕里考云「或字子有，或作『子友』」，未審孰是。蓋魯人也。

「壤駟赤字子徒」

案：索隱本無「子」字，而引家語作「子徒」，則今家語作「穰與「壤」同。駟赤字子從」者誤也。鄭云「秦人」。廣韻壤駟複姓。

商澤

案：索隱本作「石高澤」，引家語字季，集解引家語作「子季」，而各處無作「石高澤」者。今家語作字「子秀」，莫定孰是。朱氏考云「魯人」。

石作蜀字子明

案：石作複姓，見廣韻及通志，闕里考謂古本家語作「石之蜀」，非也。索隱本無「子」字，又云家語同，而今本並作「子明」。今家語訛「石」爲「右」。未詳何地人。

任不齊字選

案：家語作「子選」。鄭云「楚人」。

公良孺字子正

案：索隱云家語作「良儒」，鄒誕本作「公襄儒」。蓋「孺」乃「儒」之譌。「公襄」爲「公良」之譌，公良複姓。今家語與史同。鄭云「陳人」。

后處字子里

案：索隱本及家語無「子」字。今家語作「石處」，朱氏考以「石」爲誤。鄭云「齊人」。宋本家語及張孟兼作「里之」。

秦冉字開

案：通考真宗詔作「秦甯」，白水碑作「秦寮」，疑莫能定。又通典作「子開」。未詳何地人。

公夏首字乘

案：索隱謂家語同，而今家語作「公夏守字子乘」。疑「首」字誤，乃唐、宋志並作「首」。通典作「守」，通考於唐之封作「守」，宋之封作「首」，豈古以音同借用耶？鄭云「魯人」。

奚容箴字子晳

案：索隱謂家語同，今家語作「奚箴字子楷」。攷奚容複姓，今家語脫「容」字，「箴」乃「葴」之譌，即「點」字。宋史咸淳詔作「奚容點」，是已。而所以譌爲「箴」者，因「葴」通作「黬」，音緘。遂省借用之。說文言「古人名黬字晳」，可證。古史亦云字晳。「楷」字之誤，猶伯子折之譌「揩」也。奚容子與曾子父同名字。正義云「衛人」，闕里考云「魯人」。

公堅定字子中

案：索隱引史記、家語作「公肩定字中」，通典引史亦作「肩」。與今本別，蓋「堅」字誤已。今家語作「公賓字子仲」，通志作「公齊定」，並誤，公肩複姓也。鄭云「魯人」，集解「或曰晉人」，闕里考「或曰衛人」。余謂禮記魯有公肩假，鄭注是。

顏祖字襄

案：家語作「顏相字子襄」，未知孰是。正義曰「魯人」。

鄡單字子家

案：徐廣曰「一云『鄡單』」，蓋「鄡」字誤。以邑爲氏，疑是晉人。家語所謂「縣亶字子象」者，「縣」爲「鄡」之譌，卽「鄡」字。單、亶古通。索隱引家語作「懸豐」，廣韻注作「懸亶父」，並非。而「家」乃「象」之僞，魯峻壁作「子象」也。困學紀聞七謂唐、宋封爵皆不及，因疑檀弓之縣子爲亶，大謬。縣子自名瑣，豈可混而一之。唐贈單鍋鞮伯，宋贈聊城侯，何云未及，緣不知鄡單之卽縣亶故耳。何孟春遂欲請贈縣亶爵號列諸從祀，説在餘冬敍録，而朱氏考依廣韻注以縣亶父次爲孔子門人，皆未細覈也。

句井疆

案：句子之名，廣韻、通志無「井」字，闕里考謂字子界，或云闕里舊志字子野，山東志字子孟，恐皆不可信。鄭云「衞人」。

罕父黑字子索

案：索隱引家語作「罕父黑字索」，而今家語作「宰父黑字子索」。「罕」乃「宰」之譌，廣韻「父」字注作「宰父」也。明瞿九思孔廟禮樂考曰「宰父出魯郡，爲複姓。通志、萬姓譜皆無『罕父氏』，古人多以官爲氏，宰父卽宰氏、右宰氏之類，史記誤」。

秦商字子丕

案：商卽左傳秦堇父之子丕茲也。釋文云「一本作『泰不茲』」。泰、秦字相似而譌，丕與不同。索隱引家語作「丕慈」，正義引作「丕茲」，而今家語作「不慈」，古亦通用。春秋僖四年五年公孫茲，二十三年宋公茲父，公羊俱作「慈」可證。史記誤倒其文，而譌「茲」爲「子」耳。鄭云「楚人」，家語云「魯人」，言魯者是。又家語云「少孔子四歲」，朱氏考曰「高郵夏氏弟子記略及闕里廣志皆云商少孔子四十歲。然秦子父堇父，偪陽之役與叔梁紇俱以力聞，宜與孔子生年相近，今據家語舊聞暨史記索隱、蘇氏古史正之」。

申黨字周

案：申子之名，史作「黨」，索隱本作「堂」，引家語作「繚」，而今家語作「續」，論語釋文、邢疏引史作「棠」，引鄭康成注及家語作「續」，困學紀聞七引家語作「績」，朱氏考引禮殿圖作「儻」，與「黨」同。而實即論語之申棖也。攷古庚、陽合韻，棖從長得聲，故棖、棠、堂三字通用。詩鄭風「俟我乎堂」，箋云「堂當爲『棖』」。隸續王政碑「申棠之欲」，文選魯靈光殿賦注「棠，或作『棖』」，與棠、堂字形亦近。左定五傳堂谿氏，吳越春秋二、劉晝新論慎言、廣韻注並作「棠」。昭二十傳棠君尚，廣韻注引風俗通作「堂」。他若史、漢表陳嬰封堂邑侯，列女傳作「棠」。漢書王子表堂鄉侯恢，乃郡國志即墨之棠鄉。後書鄧晨小子棠，水經沔水注作「堂」。隸釋、魯峻碑「棠棠忠惠」，洪氏云「堂作『棠』」，他碑亦有之。隸辨云嚴訢碑「棠棠容顡」，均足爲驗。而「黨」、「儻」兩字乃傳寫之譌。困學紀聞以「黨」爲傳寫誤。蓋申子有棖、續二名，「續」通作「績」，左昭元年「遠績禹功」，文選三國名臣序及五等論注俱引作「遠續」，穀梁成五傳「伯尊無績」，釋文「本或作『續』」。晉書天文志「馬續」作「馬績」，隸釋李翕郙閣頌以「厥績」爲「厥續」，可以取證。而「繚」、「績」兩字，亦傳寫譌耳。盧學士文弨論語釋文考證云「說文以『賡』爲古『續』字，是『續』即『賡』，與『棖』聲相近」。此又一說，亦通。又論語釋文、邢疏及索隱皆引家語「字周」，則今家語作「子周」是妄增爲雙字。白水碑、咸淳臨安志作「子續」，則因名續而誤也。自申子名字相傳參錯，白水碑、唐宋封爵遂列申棠、申棖爲二人，何異白水碑之分樊遲、樊須，琴牢、琴張。唐追封亦二琴並列也。而朱氏主二人之説，以爲有舉莫廢，不知鄭注以申棖爲申續，必非無據，是以陸德明、王應麟以及何孟春、夏洪基皆從之，尚何疑哉！閻氏尚書疏證八曰「程篁墩名敏政，明宏治初元上疏議孔子廟廷祀典。以申棖卽申黨，宜存棖去黨以合論語，遽伯玉改祀于鄉，最爲論之持平，無庸更議」。嘉靖九年始除祀。論語注包曰「魯人」。

顏之僕字叔

案：家語及白水碑作「子叔」。鄭云「魯人」。

榮旂字子祺

案：索隱本直作「榮子祺」，引家語云「榮祁字子顏」。今家語作「榮祁字子祺」，蓋「旂」爲「祁」之誤，而「祺」之爲「顏」，或亦傳寫譌耳。闕里考引家語作「榮祁」。古史作「榮析」，通典、通考作「子期」，真宗詔作「榮期」。唐志作「榮子旗」，並誤。朱氏考云「魯人」。

縣成字子祺

案：通志氏族略三引風俗通作「縣成父」。索隱引家語作「子謀」，今家語作「子橫」。魯峻壁作「子期」、白水碑作「子旗」。似「謀」字是也。鄭云「魯人」。

左人郢字行

案：索隱謂家語與史同，則今家語作「左郢字子行」，誤也。廣韻注通志言「左人複姓，出魯郡」，故鄭云「魯人」。魯峻壁作「左子行」，誤。

燕伋字思

案：索隱本作「字恩」，謂家語同，而今家語字子思。蓋「恩」爲譌寫，此又缺「子」字也，白水碑是「子思」。闕里考曰「魯人」。

鄭國字子徒

案：索隱引家語云「字徒」，則今本作「子從」誤，猶壤駟子徒之譌「子從」也。當作「子徒」，非單字。惟家語以鄭國爲薛邦，索隱云「作『國』者避高祖諱，『薛』『鄭』字誤」。夫改「邦」作「國」，禮所宜然，而鄭、薛二姓，莫知誰誤，索隱殊欠分明。以白水碑及古史證之，似「薛」爲誤。白水碑作「鄭虎從」，又未識何據。而瞿九思曰「史易『邦』爲『國』，又以薛、國音近不便讀，復展轉更易，遂至移『邦』字右旁于姓，而易『薛』爲『鄭』」。則又似「鄭」爲誤，俟考。至朱氏依張孟兼章句以爲兩人，恐難信。朱云「魯人」。

秦非字子之

案：鄭云「魯人」。

施之常字子恆

案：「恆」何以不諱？唐志、通典無「之」字。白水碑作「施常思」，豈又單字思乎？朱氏考云「魯人」。

顏噲字子聲

案：白水碑作「會」。鄭云「魯人」。

步叔乘字子車

案：白水碑作「款乘字子季」，未知何據。但諸書並從史作步叔氏，誤也，廣韻注作「少叔氏」，有太叔、仲叔，卽有少叔，朱氏辨之矣。鄭云「齊人」。

原亢籍

案：文當云「字籍」，史脱之。索隱引家語與史同，而今家語作「原抗字子籍」。朱氏考引家語作「伉」，正義「亢」又作「亢」，仁勇反，並誤也。原子必原思之族，當是魯人。

樂欬字子聲

案：索隱云家語同。而通典作「樂顔」，朱氏疑卽左傳定十二年之樂頎，豈三名皆誤歟？再考。正義曰「魯人」。

廉絜字庸

案：索隱本作「子庸」。今家語作「子曹」，譌也。鄭云「衛人」。

叔仲會字子期

案：白水碑稱款仲會，與少叔乘之稱款乘同，不得其解。魯峻壁作「字子其」，古通用，隸續武梁畫象以樊於期爲「於其」，可證。鄭云「晉人」，家語魯人，據其孺子時執筆侍孔子，則魯人爲信也。又索隱引家語云「少孔子五十四歲」，而今本作「少四十」，未知孰是。

顔何字冉

案：顔氏家訓誡兵篇稱「仲尼門徒七十二，顔氏居八」，蓋據史傳言之也。此外有顔濁鄒、顔涿聚，又有顔子思，則不止八顔矣。索隱謂史記與家語皆七十七人，而今家語止七十六，細校少顔何一人。然索隱于顔何下引家語云「字稱」，方悟是今本之缺，而又以知顔何字稱不字冉，史記傳寫脱其半，白水碑亦誤作「冉」也。鄭云「魯人」。

狄黑字哲

案：家語「字哲之，衞人」。白水碑「狄」作「爐」，音義未詳。宋史志咸淳詔「黑」作「墨」，不但其字之單雙不同，卽姓名亦異，疑莫能明也。

邽巽字子斂

案：索隱本作「邦巽」，又云「家語『巽』作『選』」，字子斂。文翁圖作『國選』，蓋避漢諱改。劉氏作『邽巽』，音圭，所見各異。因考今家語與今史傳同。白水碑作「邽巽字子欽」，通典、通考、宋史志並作「邽巽」。疑「欽」爲「斂」之譌，「選」爲「巽」之譌，「邦」及「國」爲「邽」之譌。蓋「巽」與「斂」字義協也，後人傳寫以「邽」與「邦」字相近而易「邽」爲「邦」，又或取「邦」與「國」義相當而轉「邦」爲「國」，均未可知。索隱不足全信，瞿九思反欲更「邽巽」爲「邦選」，未免一孔之見。鄭云「魯人」。

孔忠

案：索隱引家語云「忠字子蔑，孔子兄之子也」。古史作「孔弗」，通考作「孔患」，並誤。

公西輿如字子上

案：索隱謂史與家語同，而今家語作「公西與」，白水碑同。唐志、通典作「與如」，通考作「舉如」，古史作「公西輿」，當以「輿如」爲定。古與、輿二字每以形近而誤，如汝南縣平輿，王翦傳譌「平與」。左傳襄二年正輿子，十年伯輿，三十一展輿，釋文又作「與」。成十一伯與，昭十四庚與，釋文亦作「輿」也。朱氏考云「齊人」，闕里考云「魯人」，以公西華證之，則魯人是。曾子之字亦不同。

公西葴字子上

案：「葴」乃「蒧」之譌，宋史志咸淳詔作「點」也。索隱、通考誤作「箴」，毛本家語誤作「減」，唐志誤作「藏」。家語字子尚，與「上」同，詩「上愼旃哉」可證。鄭云「魯人」。

鈞之未覩厥容貌　余以弟子名姓文字悉取論語弟子問

滹南集辨惑曰：「論人者亦據其行事而已，豈必容貌之覩。且遷所引雜説鄙事，有不足信矣，又豈皆論語之所載也。」

史記志疑卷二十九

商君列傳第八

事魏相公叔座

附案：索隱座音在戈反。魏策及呂氏春秋長見作「痤」，蓋古通用。春秋襄二十六年宋世子痤，穀梁作「座」。魏策、魏世家范痤，漢書人表作「座」，六國表赧王三年楚景座，韓世家徐廣作「痤」。隸釋孟郁修堯廟碑跋云「广之類多從『疒』也」。

爲中庶子

案：國策及呂子長見篇皆云「御庶子」。

吾說公以帝道　吾說公以王道

滹南集辨惑曰「皇降而帝，帝降而王，名號之異耳。堯、舜揖讓，湯、武征誅，世變之殊耳。若夫其道則未嘗不一。而商鞅乃謂初以帝道，再以王道，魏徵亦云行帝道而帝，行王道而王。鄭厚又云王道備而帝德銷，皆淺陋之見也」。

且夫有高人之行者，固見非於世；有獨知之慮者，必見敖於民。

附案：索隱本引商君書謂「非」作「負」，「敖」作「驁」，各本史記中索隱作「訾」，非。而今本商子作「必見非於世因見毁於民」，與索隱所引不同。攷後漢書馮衍傳引此文云「有高人之行，負非于世；有獨見之慮，見贅于人」。李賢注曰「語見史記商君傳。贅，獨惡也。史記『贅』作『疑』。」又與今本史記不同。新序善謀作見「警」。

以衞鞅爲左庶長

案：紀以鞅爲左庶長在變法後，當孝公五年。此在變法前，則是孝公三年矣，恐非。

各以卒受上爵（金陵本作「各以率受上爵」。）

附案：史詮曰「湖本『率』音律。作『卒』，誤」。

將兵圍魏安邑，降之。

案：「安邑」字誤，當作「固陽」，説在秦紀。

作爲築冀闕宫庭於咸陽

董份曰「既云作爲，又云築，何也？恐有衍字。」王孝廉曰「疑是築冀闕，作爲宫庭於咸陽。」

天子致胙於孝公

案：據紀、表，「胙」當作「伯」。

乃使使割河西之地獻於秦以和

案：魏惠王獻河西在後，説在始皇紀論中。

商君相秦十年

案：十年誤，鞅以孝公元年入秦，三年變法，五年爲左庶長，十年爲大良造，二十二年封商君，二十四年孝公卒，鞅死。則十年以何者爲始？索隱引秦策作「十八年」，亦不合。今本國策脱「十」字。疑當作「二十年」，自爲左庶長數之也。

夫五羖大夫，荆之鄙人也。

案：孟子曰「百里奚虞人」，非荆人。正義謂宛人，亦非。

自粥於秦客

案：自粥之妄，已説在秦紀。

相秦六七年，而東伐鄭，三置晉國之君，一救荆國之禍。

案：奚之爲相，未知的在秦穆何年，然以伐鄭、楚三置晉君言之，則首尾已二十年，何云六七年也。救謂救晉。

持矛而操闟戟者

附案：徐廣云「一作『㝈』」。屈盧之勁矛，干將之雄戟」。與文選吴都賦注引史同，蓋異本也。

去之魏，魏人怨其欺公子卬而破魏師，弗受。

附案：吕氏春秋無義篇云「秦惠王疑公孫鞅，欲加罪，鞅以其私屬與母歸魏，襄庛不受」，襄庛，今本作「庛」，古广、疒多通。竹書顯王二十五年有穰庛，疑即此人。竹書一本作「庛」，一本作「疵」，恐皆譌，別有説在十二侯表莊王八年及建元侯表順梁侯下。曰以君之反公子卬也。」注「惠王殺鞅車裂之，何得以其私屬與母歸魏，而不見受乎？公子卬家何不取而殺之。」推此言之，復歸魏妄矣。孫侍御曰「合呂子、史記觀之，蓋實有走魏事。呂氏去商君時尤近，似非妄也」。

蘇秦列傳第九

出游數歲，大困而歸，兄弟嫂妹妻妾竊皆笑之。

案：國策此語在説秦王之後，史置于説秦王前，誤也。

求説周顯王

案：周室微弱，何可爲藉，策亦無秦説周事，恐妄。

西有漢中，南有巴、蜀，

案：國策「西有巴、蜀、漢中之利，南有巫山、黔中之限」，此殆非也，而是時諸郡未屬秦，不知蘇子何以稱焉。

趙肅侯令其弟成爲相，號奉陽君

案：公子成封安平君，明載趙世家，成並不封奉陽。奉陽君是李兑，李兑之前趙先有奉陽君，失其姓名。國策吴注辨之頗詳。自史公誤以成爲奉陽君，則成逮事惠文，蘇秦當肅侯之世，安得言奉陽君捐館舍乎？且蘇秦死，張儀説武靈王，武靈亦云「先王之時，奉陽君蔽欺先王」，又安得言奉陽君死蘇秦乃説肅侯乎？古史覺其説之不通，故敍蘇秦説趙一節削去捐館之語，大事記從之，而不知奉陽之非公子成也。李兑亦非卒于肅侯時，其所謂奉陽君，吴注以爲别一人，甚確。號同人異，非可强合。六國時封號多重，如蘇秦封武安侯，後又有李牧，是其類也。荀子臣道篇注引後語、國策，辨公子成非奉陽君，較古史爲有識，而不知蘇秦所值者别一奉陽君耳。

車六百乘，騎六千匹，粟支數年。

案：國策作「車七百乘，支粟二年」。而「二」字譌，索隱引作「十年」。

請别白黑

案：趙策曰「請屏左右白言」。

封侯貴戚，湯、武之所以放弑而争也。

吴師道曰「此非所以言湯、武，蓋游士之辭」。

據衛取淇、卷（金陵本無「淇」字。）

案：策無「卷」字，疑衍。

趙地方二千餘里

案：策作「三千里」。

臣聞堯無三夫之分，舜無咫尺之地，以有天下；禹無百人之聚，以王諸侯。

路史後紀十一注曰「堯發于諸侯，而蘇秦云『堯無三夫之分，舜無咫尺之地，禹無百人之聚』。淮南子曰『堯無百夫之郭，舜無植錐之地，（淮南氾論「百夫」作「百户」，「植」作「置」。）禹無十人之衆』。作文者之常蔽。」吴注趙策曰「此説士無據之詞。且舜本帝後，有國于虞，其側微特在下爾。禹乃崇伯鯀子，亦有國土者。枚乘書『舜無立錐之地，禹無十户之聚』，李善注引韓子，皆此類。」見韓子安危篇。

湯、武之士不過三千

案：下文「武王卒三千人」，並非，説在周紀。

前有樓闕軒轅

日知録二十七曰：「當作『軒縣』，周禮小胥『正樂縣之位，王宫縣，諸侯軒縣』，注謂闕其南面。」

魏塞其道，趙涉河博關，（金陵本作「趙涉河漳博關」。）

案：國策云「魏塞午道，趙涉河、漳、博關」，此有脱誤。

齊涉清河

案：策作「渤海」。

取魏之雕陰

案：秦、魏雕陰之戰，在蘇子約從後五年，當秦惠王之八年，此敍于約從前，甚誤。

於是説韓宣惠王（金陵本無「惠」字。）

案：「惠」字衍，説見表。此篇韓策置于昭侯時，是也。鮑注云「合在昭侯二十五年，宣之元年從已解矣」。

合膊

附案：此韓寶劍名，策作「合伯」，故徐云一作「伯」。索隱引春秋後語作「合相」，疑「相」乃「柏」之譌，柏、伯古通。

寧爲雞口，無爲牛後。

附案：顔氏家訓書證謂當作「雞尸牛從」，引延篤國策注云「尸，雞中主。從，牛子。」索隱及宋羅願爾雅翼釋「豵」，沈括筆談並言之，然非也。餘冬敍録云「口後韻叶，如『寧爲秋霜，毋爲檻羊』之類，古語自如此。」

新都

案：魏策無此二字，是也。

周書曰「緜緜不絶，蔓蔓奈何？毫氂不伐，將用斧柯。」

附案：此見周書和寤解，武王之言也。而姜子守土、賈子審微、説苑敬慎、家語觀周皆與策、史小異。是爲金人之銘，路史後紀據金匱謂黄帝所作也。

郇陽

索隱曰：「當是『新陽』，聲近字變耳。汝南有新陽。徐云『順陽』，蓋疎。」

患至其後憂之

案：策作「而後」，是。

擬於王者

附案：索隱本作「疑」。

秦兵不敢窺函谷關十五年

案：蘇子初說燕從約，至齊、魏伐趙而從約解，首尾止三年耳，安得十五年不窺函谷哉！通鑑考異及古史謂說客浮語，誇大蘇秦而云耳。張儀、范睢傳亦有此語，並妄也。秦策蘇子言「齊宣王攻函谷，秦十年遠迹。」又言「秦昭王解兵不出，二十九年不相攻」，其妄正類。

不肯爲武王臣，不受封侯，而餓死首陽山下。

案：伯夷餓死辨在夷傳。

說湣王厚葬以明孝，

案：張儀傳說楚王曰「蘇秦陰與燕王謀，伐破齊而分其地，乃詳有罪出走入齊，齊王因受而相之。居二年而覺，齊王大怒，車裂蘇秦于市」。游說之言，雖未可盡信，然徐廣謂蘇秦爲齊客卿在燕易王之十年時，而儀傳云居二年秦死，則其死在易王末年，當齊宣王二十二年，周顯王四十八年，張儀于周慎靚王四年說魏，有恃蘇秦之餘謀不可成語，則知秦死久矣。而大事記反據此以爲秦死于慎靚四年，殊非，蓋誤後四年也。安得有說湣王厚葬之事乎？

蘇秦且死

案：秦死齊宣王時，史誤減宣十年以加湣王，故以爲死湣王時耳。孜策有云「蘇秦死而齊宣王復用蘇代」，史公取入燕世家，此秦不死湣王時之的據，而加減宣、湣年數之誤，亦因可證矣。

蘇秦之弟曰代，代弟蘇厲。

案：史論言兄弟三人，蓋稱其顯名者耳。索隱引譙周及典略，以爲兄弟五人，更有蘇辟、蘇鵠，秦最少。據秦策蘇秦有嫂而呼爲季子，上文一則曰兄弟嫂妹，一則曰昆弟妻嫂，似秦居第四。乃燕策及史又以代、厲爲秦弟，何也？

代乃求見燕王，欲襲故事，

案：此誤仍燕策以爲代說子噲耳。代爲燕間齊以報讎，非子噲時明甚。且其言曰「齊舉五千乘之大宋，包十二諸侯」。又曰「彼德燕而輕亡宋」。夫齊之滅宋在齊湣二十八年，當燕昭二十六年。而「包十二諸侯」，即田完世家所書「泗上諸侯鄒、魯之君皆稱臣」者。則代之說燕，更在齊滅宋之後，尚安得子噲耶？正義及國策吳注俱言策、史同誤。大事記云「策載蘇代說燕，誤以爲噲。使噲能有志如是，豈至覆國。論其世，考其事，皆說燕昭之辭也」。

北與燕人戰，覆三軍，得二將。

案：此齊與燕戰事無考，鮑注策云「史並不書」。

燕乃使一子質於齊

案：燕策作「燕王之弟質齊」，疑此誤也。蓋代之說燕必燕昭時事，此質子應是王噲之子，昭王之弟。

而蘇厲因燕質子而求見齊王

案：燕策此另一事，故曰「初，蘇秦弟厲因燕質子而求見齊王」，史誤連接爲一，遂若厲所因之質子即代所說之質子矣。

齊伐宋，宋急，蘇代乃遺燕昭王書

案：上文說魏事在齊滅宋後，故曰請以宋封涇陽君。而此復言宋急，何也？書中所言，是齊滅宋後，勸燕尊齊擯秦，而說秦以伐齊，非將伐宋時事，策、史俱誤矣。且上文齊說魏出蘇代，蘇代之宋在王噲策，而此齊代宋」章在昭王策，時既不同，文亦各篇，史采國策連接其下，尤爲失之。吴師道云「代爲燕間齊，勸之伐宋見于策者可考，史在田完世家。是宋未滅時代已至燕，豈至此時尚留宋而爲之說燕哉」！

夫破宋句殘楚淮北句肥大齊

附案：史詮曰「湖本句讀非也」。

我舉安邑，塞女戟，韓氏太原、卷。

索隱曰：女戟在太行山之西。韓國宜陽也。魏地不至太原，亦無别名太原者。蓋「太」衍字，「原」當爲「京」。京及卷皆屬滎陽。正義曰「劉伯莊云太原當爲太行」。

我下軹道

附案：索隱曰軹是河内縣，「道」亦衍字。徐廣引霸陵軹道亭，非魏之境，蓋誤。趙太常云「『道』字不必衍，當屬『南陽封冀』爲句」。余攷竹書「顯王十一年，魏取枳道」，則河内枳亦稱枳道也。

致藺、石

燕策吴注曰：「據文，『石』上恐有『離』字。」

至公子延

索隱曰「至當爲『質』」。

兵傷於譙石，遇敗於陽馬，

附案：譙石、陽馬，趙之地名，策作「離石馬陵」，疑誤。

高商之戰

集解曰：「此戰事不見。」

張儀列傳第十

張儀既相秦

案：儀爲相在惠王十年。是時初用于秦，非相也，此誤。

苴、蜀相攻擊

案：伐蜀在惠王後九年，此誤在前十年之前。又索隱言「巴」誤作「苴」，非。

塞斜谷之口（金陵本作「什谷」。）

附案：索隱本作「什谷」，是湖本譌「斜谷」。策作「轘轅緱氏之口」，語雖不同，其地相近，一在河南鞏縣，一在緱氏縣東南轘轅關也。通鑑地理通釋曰「郡國志『鞏縣有尋谷水』。徐廣云『什』一作『尋』，成皋鞏縣有尋口。尋、什聲近，故其名異。水經注謂之『洛汭』，郡縣志謂之『洛口』」。新序善謀亦作「什谷」。

貶蜀王更號爲侯

案：此語本國策。攷紀、表及華陽志皆云王死蜀滅，無貶號之事，當是因封公子通爲蜀侯而誤。

使公子華

案：六國表「華」作「桑」，說在表。

魏因入上郡、少梁，謝秦惠王。

案：紀、表及魏世家是年入上郡于秦，無「少梁」二字。魏之少梁已于秦孝公八年取之矣，此時尚安得少梁乎？與表言秦惠八年魏入少梁同誤。

更名少梁曰夏陽

案：秦紀更名在惠王十一年，此在十年，非。

取陜，築上郡塞。其後二年，使與齊、楚之相會齧桑。

案：紀、表及魏與田完世家齧桑之會在取陜之明年，此云後二年，誤。又但舉齊、楚而不及魏，說在紀中。

而魏襄王卒，哀王立。

案：「襄」當作「惠」，「哀」當作「襄」，已説見表。下哀王同。

齊又來敗魏於觀津

案：當作「觀澤」，説在表。

先敗韓申差軍

案：但言申差，而不言太子奐，又不及鯫，説在秦紀。

從鄭至梁二百餘里

案：策作「從鄭至梁不過百里，從陳至梁二百餘里」，此有脱誤。通鑑地理通釋曰「九域志鄭州至東京一百四十里，陳州至東京二百四十五里」。

守亭鄣者不下十萬

案：策云「守亭鄣者參列，粟糧漕庾，不下十萬」，此亦脱缺。

據卷、衍、酸棗，

附案：國策「衍」下有「燕」，正義亦有，故云「燕，滑州胙城縣」。蓋傳寫失之。

借宋之符北罵齊王

案：此語可疑，罵齊何必用符。而楚自有符，亦何必借宋符乎？

秦、齊共攻楚

附案：此仍秦策，各處不言齊共攻也。大事記曰「蓋齊怨楚而助秦耳」。

於是楚割兩城以與秦平

案：藍田之戰，各處皆無割城事，恐非實。

秦要楚欲得黔中地

案：楚世家、屈原傳言分漢中，說在世家。

秦王甚愛張儀而不欲出之

案：索隱言「『不』字當作『必』」，是也。策作「秦王欲出之」，正義解爲「秦王不欲出張儀使楚」，非。

以美人聘楚

案：策云「秦王有愛女而美，欲内之楚王」。

楚王重地尊秦

案：此乃靳尚對鄭袖語，不應稱楚王。下文張儀説懷王述漢中之戰，亦曰「楚王大怒」，蓋史公仍國策未及改之，吴師道謂後人追書，非。徐孚遠曰「當言『大王』，言『楚王』誤」。

聞蘇秦死

案：此時爲懷王十八年，秦之死已十年矣，豈儀至是始聞之乎？妄也，四字宜衍。

則從境以東

案：策作「竟陵」，此誤。

大王嘗與吳人戰，五戰而三勝，

徐孚遠曰「懷王時吳屬楚久矣，安得與吳人五戰，此言誤」。

且夫秦之所以不出兵函谷十五年以攻齊、趙者

案：斯語最不足信，下説趙王語同妄，辨在蘇秦傳。此獨言不攻齊、趙，策作「諸侯」。亦不盡然。吳師道曰「前二年、五年、六年皆有攻趙之事，而攻齊則無之，若云不攻齊，則猶可通也」。

戰於藍田

案：國策「田」下有「又卻」二字，此缺。

居二年而覺，齊王大怒，車裂蘇秦於市。

案：秦傳爲燕敝齊之計覺于死後，而秦爲人所刺，設計得賊，豈因謀齊事覺而車裂乎？吳師道謂儀借事爲說，破從親也。下說趙同。

地不過九百里

案：蘇秦傳曰「韓地方九百餘里」，策作「千里」。而此云「不過九百」，策作「不滿九百」。史仍游士之言，故不同也。

蹄間三尋

案：策作「二尋」。

今秦之與齊也

鄧以讚曰：「秦策作『趙』是。」

秦、趙戰於河、漳之上，再戰而趙再勝秦；戰於番吾之下，再戰又勝秦。

案：上文有齊與魯三戰而魯三勝事，史無所見，吴師道以爲取譬之説，或當然也。而此兩戰，史亦不書，史仍國策，疑有譌。但趙卻秦番吾實有其事，在王遷四年，豈作策者誤以後事爲前事歟？

今秦、楚嫁女娶婦

案：秦迎楚婦時，儀死五年矣，亦在後。

韓獻宜陽

案：韓策亦有效宜陽語，其實秦取宜陽之時，儀死四年矣。

趙入朝澠池，割河間以事秦。

案：國策鮑注云「據此則説趙當在齊前」。但攷後文説燕亦有斯語。而朝黽池時無割河間事，且黽池之會儀死三十年矣。蓋史載儀説列國皆本于策，多不可信。經史問答云「秦所取六國之地，韓、魏最先，次之者楚，其後及趙，然所取必其爲秦之界上。今策言張儀一出，趙以河間爲獻，燕以常山之尾五城爲獻，齊以魚鹽之地三百里爲獻，此傳皆有，見後。非不識地理之言乎？河間、常山，秦亦何從得而有之，況齊人海右魚鹽之地乎？以秦之察，豈受此愚。又累言文信侯欲取趙河間以廣其封，文信封河南當在韓、周之交，何從得通道于河間？吾不知作策者何以東西南北之不諳，而爲此謬語也」。

包兩周，遷九鼎，

案：此不過大言之耳，收取兩周非惠王，遷鼎亦無其事。

趙興兵攻燕，再圍燕都而劫大王，大王割十城以謝。

案：此事策、史皆不書。

獻恆山之尾五城

案：「恆」字何以不諱？

張儀相魏一歲

案：儀特自秦入魏耳，未必復相魏也。蓋因楚昭魚有恐儀相魏之語而誤。見魏世家。至魏策載儀走魏，魏王因張丑之言不內，與史駁，疑非此時事。

而使陳軫使於秦

案：史與魏策各異，史公或別有所本。此言軫爲楚使秦，策言爲秦使齊，疑是策誤。此言田需約楚，策言李從。此言楚王怒田需不聽約，故云犀首行燕、趙、齊三國相事，策言楚亦以事因犀首，故云四國屬事。其餘字句亦多不同，未知孰實。

韓、魏相攻，朞年不解，

案：秦策是齊、楚相伐，因楚先絶齊，故齊伐之也，而此作韓、魏，誤。吴氏注曰「秦惠十三年，韓舉、趙護與魏戰，敗績，去楚絕齊時遠甚，他不見韓、魏相攻事」。

王聞夫越人莊舄乎

案：此篇與策亦異。

卞莊子

附案：此與論語合，但秦策作「管莊子」，豈莊子爲卞邑大夫，而其姓爲管乎？索隱本作「館」，謂逆旅舍其人字莊子，疑因所見本異而謬爲之説也。

館豎子止之

案：策作「管與」。

因委之犀首以爲功。果相魏，張儀去。

大事記曰：「傳稱衍相魏，儀去，則不然。以儀傳攷之，儀慙無以歸報，留魏四歲而魏王卒，復説其嗣君，久之始去魏相秦耳。」

犀首聞張儀復相秦，害之。犀首乃謂義渠君曰：

案：儀復相秦在惠文後八年，而此篇下文有「其後五國伐秦」語，當作「六國」，説在秦紀。伐秦在惠文後七年，儀尚在魏，則犀首見義渠時儀未復相也，此誤。

大敗秦人李伯之下

附案：索隱本「人」作「入」，謂義渠破秦而收軍入于李伯之下，恐非。國策「伯」作「帛」，古通。

張儀已卒之後，犀首入相秦。嘗佩五國之相印，爲約長。

案：繼張儀而爲秦相者，樗里疾、甘茂、薛文、樓緩、魏冉，不聞公孫衍相秦之事。攷國策「秦王愛公孫衍，欲以爲相。甘茂入賀，王怒其泄而逐之」，蓋因此誤傳。至所謂相五國者，卽陳軫傳相三國事而誇大也。

樗里甘茂列傳第十一

秦惠王八年，爵樗里子右更，使將而伐曲沃。

案：秦紀屢稱庶長疾，似未嘗爲右更。「八年」當作「二十四年」，乃後元十一年，此誤也。而曲沃亦焦之誤，説在表。

莊豹

案：一作「趙莊」，説在秦紀。

智伯之伐仇猶，遺之廣車，

案：西周策云「遺之大鐘，載以廣車」，此有脱誤，韓子説林、呂覽權勳皆載其事也。策作「厹由」，呂作「夙當作「凤」。繇」，高誘注「或作『仇首』」，蓋「猶」省作「酋」，訛爲「首」也。韓作「仇由」。漢志臨淮有厹由縣。御覽三百四引呂作「仇繇」，説文擊傳「口」部引呂又作「厹猶」。

齊桓公伐蔡，號曰誅楚，其實襲蔡。

案：因蔡伐楚，戰國時之説也，辨見管仲傳。

昭王元年，樗里子將伐蒲，

案：此篇見衛策。索隱引紀年云「褚里疾圍蒲不克，而秦惠王薨」。以爲事與此合，殊妄。或謂惠王是武王之誤，則事又在武四年，非昭元年矣。

今伐蒲入於魏，衛必折而從之。

案：策作「蒲入於魏衛必折魏」，與此同一費解，疑有脱誤。索隱引策云「今蒲入於秦，衛必折而入於魏」，吴注亦言「一本作『蒲入於秦』，當是」。

故胡衍受金於蒲

案：樗里子亦得三百金而歸，見國策，史略不言樗里。

事下蔡史舉先生

案：後文亦稱下蔡，但索隱曰國策、韓子皆云上蔡也。

蜀侯輝、相壯反

案：紀、表，蜀相陳壯殺蜀侯通在秦惠更元十四年，蜀侯惲反在秦昭六年，安得合爲一事。此「輝」字誤，依本紀當作「通」。

始張儀西并巴、蜀之地

案：儀傳不書儀并蜀，秦紀稱司馬錯滅蜀。而此言儀者，攷水經注三十三，云惠王使儀、錯等滅蜀。華陽國志云「蜀王伐苴侯，苴侯奔巴，求救于秦惠文王，使儀、錯伐蜀，滅之」。是二人同往也。然則此傳失書錯，紀失書儀，李斯傳亦但言儀。

公孫奭

案：秦策作「公孫衍」。

而臣受公仲侈之怨也

附案：徐廣謂「侈」一作「馮」。田完世家韓馮，徐亦云是公孫侈，即國策韓之公仲朋也。紀年又稱韓明，馮、朋音近，侈、明、朋字近。人表又謁「公中用」。

武王竟至周而卒於周

案：秦紀、趙世家言秦武王之卒與此異，説在紀中。

不如公孫奭

附案：國策作「郝」，又作「赫」，又作「顯」，疑以音形相近而謁。大事記謂本一人，記其名者不同耳。

輟伐魏蒲阪，亡去。

案：「蒲阪」乃「皮氏」之誤，徐廣已言之矣。

及至鬼谷　則置之鬼谷

案：秦策上作「谿谷」，下則「槐谷」。吴注云「史谿谷、槐谷並作『鬼谷』，故前則徐注在陽城，後則劉伯莊云在關内雲陽，皆不明。姚引後語注槐里之谷，今京兆始平之地作鬼谷，大非」。宋姚宏注國策。

楚王問於范蜎曰

附案：徐廣作「蠉」，索隱引策作「蝝」，今楚策作「環」，皆以音形相近而異。田完世家、孟荀傳有環淵，漢書人表、藝文志並作「蜎」也。

且王前嘗用召滑於越而内行章義之難，越國亂，故楚南塞厲門而郡江東。

附案：内行章義之難，徐廣曰「一云『内句章，句昧之難』」。與策合，言納召滑于句章之地，楚雖有唐昧之難，而能得越地以滑亂之也。索隱依文釋之，非。召滑説在始皇紀。厲門，徐作「瀨湖」，亦同策，吴注曰「地未詳」。

然則王若欲置相於秦，則莫若向壽者可。

案：「向壽」，策作「公孫郝」，然秦紀不書壽、郝爲相也。

秦歸燕太子。趙攻燕，得上谷三十城。

案：此仍秦策然妄也。燕太子丹自秦逃歸，非秦歸之。秦連歲攻趙，救亡不暇，安能攻燕。始皇十九年趙滅後，代王與燕合兵軍上谷，是時爲始皇二十五年，何云得上谷三十城。策作「三十六縣」。皆非事實。

秦乃封甘羅以爲上卿

附案：甘羅十二爲丞相，此世俗妄談，乃儀禮喪服傳、疏已有甘羅十二相秦之語，豈非誤讀國策、史記乎？李匡乂資暇録、宋黄朝英靖康緗素雜記並辨相秦之謬，而不言及賈疏，獨野客叢書曾及之。困學紀聞六引李邕爲李思訓碑云「羣子贊禹，甘生相秦」。唐杜牧樊川集偶題云「甘羅昔作秦丞相」。皆不攷之故也。然其誤實不始于賈氏，北齊書彭城王浟傳「甘羅幼爲秦相，未聞能書」，則知誤已久矣。

穰侯列傳第十二

武王母號曰惠文后，先武王死。

案：秦紀「昭王二年，庶長壯與大臣諸侯公子爲逆，皆誅，及惠文后皆不得良死」，卽下文季君之亂也，此言先武王死，誤。

乃使仇液之秦

附案：仇液姓名，史、策不同，説在趙世家。

昭王十四年，魏冉舉白起

案：起于十三年已爲左庶長，將兵攻韓新城，則非十四年始舉之也。

又取楚之宛、葉

案：紀、表、韓世家皆不言葉。

復相冉，乃封魏冉於穰，復益封陶，

案：紀冉始相已封穰，再相益封陶，是也。此言復相乃封穰，與益陶同時，誤矣。穰爲韓地，昭王六年取之。陶爲宋地，取陶歲月無攷。國策多舛，不足據信。

穰侯封四歲，爲秦將攻魏。魏獻河東方四百里。拔魏之河内，取城大小六十餘。

案：「四歲」當是「三歲」之誤，若是四歲，則爲昭王十九年，何以下又云昭王十九年乎？魏納河東在秦昭十七年，魏昭六年，乃穰侯封陶之二歲也。取六十一城在秦昭十八年。原屬兩事，不得并爲一。案穰侯攻魏，紀、表不書。而取城固是白起，與穰侯無涉，或因其爲相以功歸之歟？至謂穰侯拔河内，尤誤。攷表，秦昭二十一年魏納安邑及河内，當魏昭十年。但此後二十餘年，信陵君謂魏安釐王曰「秦臨河内，河南共、汲必危」。見魏世家。則彼時河内猶屬魏，而表言納河内，殊爲虚語。秦紀云攻河内，魏獻安邑，不云並獻河内，原未嘗誤。夫言秦昭二十一年有河内者，尚非事實，而況曰秦昭十八年穰侯拔之乎？蓋與春申君傳言舉河内同誤矣。或問始皇紀六年書衛保魏河内時爲魏景湣二年，猶未失河内，何歟？曰：秦取河内，定當昭王四十四、五、六年間，而非全得河内之地也。知者，信陵之語，在秦拔魏郪丘後，拔郪丘在秦昭四十一年。且極諫安釐不可與秦伐韓。而秦連歲攻韓，在昭王四十四、五、六年，其取河内，總不出此三年中。故白起傳言秦、趙長平之役，秦王自之河内，而戰長平即昭王四十七年事，時河内已半屬于秦，而未全得其地，是以秦莊襄王二年拔波，始皇五年拔山陽，七年攻汲，皆河内縣地。凡此並魏之河内也，當始皇六年衛僅守野王片土，魏只據大梁以東數十里，更安得全有河內而保之耶？

免二歲，復相秦

案：「二」當作「四」，說在秦紀。

走芒卯，入北宅，

案：是年乃破暴鳶，走開封耳，此誤。

梁大夫須賈說穰侯

案：賈之說，當在秦昭三十四年破芒卯後，此誤在三十二年。

昔梁惠王伐趙，戰勝三梁，拔邯鄲。趙氏不割，而邯鄲復歸。

案：一拔一歸皆妄，說在表。集解、索隱以爲即南梁之役，非也。戰南梁乃趙、魏伐韓，非魏伐趙。

齊人攻衛，拔故國，殺子良。

案：國策「衛」皆作「燕」，「子良」作「子之」，未知孰是。索隱以魏策爲非，何所見乎？

戰勝暴子，割八縣。

案：秦拔魏二縣，魏與秦温，共三縣耳，八縣誤，說在秦紀。下文同。又國策「暴」作「罼」非，注云「地缺」尤非。

守梁七仞之城

附案：策作「十仞」，此譌也。下同。

乃罷梁圍

案：梁圍之罷，因獻南陽，何曾是須賈説穰侯而罷乎？鮑彪魏策注辨之曰「以秦爲天幸，而欲其無行危也，秦豈信之哉！秦行是何危之有？且其爲魏過深，適足以疑秦，豈沮于是哉！梁圍之解，將別有故，非賈力也」。

走魏將暴鳶，得魏三縣。

案：「魏將」乃「韓將」之誤。又事在秦昭三十二年，此誤敍于三十三年，説見紀。

復攻趙、韓、魏

案：是時秦救韓而伐趙、魏，何云攻韓？當衍「韓」字。

斬首十萬

案：當作「十五萬」，脱「五」字，説在紀。

欲伐齊取剛壽

案：事在昭王三十七年，此誤敍于三十六年，亦説見紀。

秦復收陶爲郡

案：秦無陶郡，當作「縣」，或「郡」下有「縣」字。

白起王翦列傳第十三

白起者郿人也。

案：趙策有公孫起，吴注云「卽白起」，豈秦之公族歟？

是歲，穰侯相秦，

案：是歲承上秦昭十三年也，而紀、表並在十五年，此誤。

拔五城

案：此所拔之五城，不知是魏是韓，說在秦紀。

明年，白起爲大良造，攻魏，拔之，取城小大六十一。明年，起與客卿錯攻垣城，拔之。後五年，白起攻趙，拔光狼城。後七年，白起攻楚，拔鄢、鄧五城。

案：上明年是昭王十五年，下明年是十六年，但起無拔魏之事。取魏城六十一在昭王十八年，與司馬錯拔垣河雍同時，而攻趙在二十七年，攻楚在二十八年。拔趙是二城，拔楚是三城，則此言拔魏，誤一。言取六十一城在十五年，誤二。言拔垣在十六年，誤三。以錯之取垣爲起共之，誤四。言拔垣而不及河雍，誤五。以左更錯爲客卿，誤六。以攻趙爲攻垣後五年，誤七。以攻楚爲攻趙後七年，誤八。書拔光狼而不書代，誤九。改拔鄢、鄧、西陵三城作鄢、鄧五城，誤十。宜書曰「明年白起爲大良造，攻魏垣拔之。後三年，起攻魏，取城大小六十一。左更錯攻垣城、河雍，拔之。後九年，白起攻趙，拔代光狼城。明年，白起攻楚，拔鄢、鄧、西陵三城」。其餘説見紀、表。

白起攻魏，拔華陽，走芒卯，而虜三晉將。

案：是役也，穰侯、白起、胡陽同帥師，不當專言起。華陽乃韓地，不可言魏，蓋破魏于華陽耳。秦攻趙、魏以救韓，與韓何干？不得言三晉將。其誤皆辨在紀中。

白起攻韓陘城，拔五城。

案：「五城」二字誤當作「拔之」，説在紀。

秦攻韓緱氏、藺

徐廣曰：「屬潁川」。索隱曰：「今其地闕」。正義曰：「檢諸地記，潁川無藺。括地志云洛州嵩縣本夏之綸國，在緱氏東南六十里。地理志綸氏屬潁川郡。案既攻緱氏、藺，二邑合相近，恐綸、藺聲相似，字隨音而轉作『藺』」。

四十八年十月，秦復定上黨郡。秦分軍爲二，

案：秦紀云分軍爲三，此只言王齕、司馬梗二軍者，不數武安君先歸之一軍也。「十月」兩字衍。説在紀。

圍邢丘

案：鮑、吴秦策注云此當作「鄄」，即韓桓惠王九年秦拔陘事。

南地入韓、魏

案：「韓」字誤，秦策作「楚」，是。

其九月

案：紀是十月。

賜之劍自裁

案：國策甘羅述武安君之死也曰「去咸陽七里，絞而殺之」，與此不同。上文言「出咸陽西門十里」。

武安君之死也以秦昭王五十年十一月。

案：紀是十二月，此誤。

李信攻平與

附案：「與」乃「輿」之譌。平輿，汝南縣名。

蒙恬攻寢

案：此前後三稱蒙恬，考六國表及蒙恬傳，是時恬未爲將，當是蒙武之誤。御覽百五十九引史云「蒙恬伐楚寢丘」。

信又攻鄢郢，破之，

案：七字衍。大事記曰「鄢郢白起取，以置南郡，是時不屬楚久矣，傳之誤也。」

秦王怛（金陵本作「怛」。）

附案：班馬字類作「怚」，音粗，各本譌。

秦二世之時，王翦及其子賁皆已死，

案：始皇二十一年，王翦曾謝病歸老，二十八年琅邪頌列名有王賁王離而無王翦，則已前死矣，何待二世時乎？

孟子荀卿列傳第十四

孟軻，鄒人也。

案：史不書孟子之字，趙岐題辭曰「字則未聞」。攷漢藝文志師古注引聖證論云「字子車」。王氏藝文志考證、困學紀聞八引傅子云「字子輿」，文選劉峻辨命論「子輿困臧倉之訴」注亦引傅子云「鄒之君子孟子輿」。唐虞世南北堂書鈔引孟軻傳、荀子非十二子篇楊注，並云「字子輿」。孔叢子雜訓云「孟子車」注「一作『子居』」。據此則魏、晉以來始傳孟子之字，故正義著之，雖未詳其所得，要非無據，可補史遺，王氏疑爲傅會，非也。古「車」、「輿」通用，如秦三良子車氏，史于秦紀、趙世家、扁鵲傳並作「子輿」可驗。惟「居」字恐以音同而譌。顏師古急就篇注「孟子字子居」。廣韻去聲「軻」字注云「孟子居貧轗軻，故名軻字子居」，疑非。御覽三百六十三引聖證論曰「子思書及孔叢子有孟子居，則是軻也，少居坎軻，故曰軻，字子居」。與師古所引異。

受業子思之門人

附案：孟子題辭曰「長師孔子之孫子思」。漢藝文志云「子思弟子」。孔叢雜訓云「孟子車請見子思，甚悦其志」。又牧民居衛篇有問答語，風俗通窮通篇云「軻受業于子思」。而史稱受業子思門人，索隱引王劭謂「人」字衍，蓋以史爲誤也。然攷伯魚先夫子歿五載，子思當不甚幼。子思八十二卒，非六十二。姑以夫子歿時年十歲計之，則卒于威烈王十八年。而赧王元年齊伐燕，孟子猶及見之，其去子思之卒九十五年，孟子壽百餘歲方與子思相接，恐孟子未必如是長年，則安得登子思之門而親爲授受哉！且孟子自云私淑諸人，更是確證，史似得其實。

游事齊宣王，宣王不能用。適梁，

案：孟子游歷，史言先齊後梁，趙岐孟子注、風俗通窮通篇並同，古史從之。然年數不合，説在六國表。當從通鑑始游梁，繼仕齊爲是。通鑑蓋據列女傳母儀篇也。孫奕示兒編曰「七篇之書，以梁惠王冠首，以齊宣王之問繼其後，則先後有序可見矣，故列傳爲難信。」朱子序説兩存之。

楚、魏用吴起

案：起用于魏文侯、楚悼王之世，不得言在孟子時。

序詩、書

附案：孟子無序詩、書之事，然七篇中言書凡二十九，援詩凡三十五，故稱序詩、書。趙岐亦曰「孟子言五經，尤長于詩、書」。

作孟子七篇

附案：漢志云十一篇，蓋並數外書性善辯、文説、孝經、爲正四篇。此稱七篇者，豈以四篇不與内書相似而削之乎？趙岐題辭亦謂孟子著書七篇，以四篇爲後世依託。但漢志兵書家又有孟子一篇，則共十二篇矣。至題辭疏引唐林慎思續孟子書及韓愈答張籍書，謂七篇非軻自著，乃弟子所記。困學紀聞八云「序説引史記以爲孟子之書自作，韓子曰軻之書非自著，謂史記近是，而滕文公首章道性善注，則曰門人不能盡記其辭。又決汝漢注曰記者之誤。吴伯豐以問朱文公，文公答曰『前説是，後兩處失之。熟讀七篇，觀其筆勢，如鎔鑄而成，非綴緝所就也』」。閻氏尚書疏證四補遺曰「孟子七篇，手所親著，所見諸侯王若梁襄、滕文、魯平不皆前死，盡繫以謚者，爲後人填補。春秋絶筆獲麟，哀公見存，焉得有謚，亦必後人欲與襄、昭定一例，改繫以謚也」。余謂孟子書當是門弟子隨時記録，孟子晚年手自改定之耳。

大並世盛衰

附案：索隱以大體解之，非。方氏補正曰「『大』當作『及』，傳寫誤也」。

伯夷餓不食周粟

案：有説在伯夷傳。

梁惠王謀欲攻趙，孟軻稱太王居邠。

案：索隱云「孟子是對滕文公語，今與孟子不同」。困學紀聞十一引葛氏曰「於孟子無所見，但有對滕文公之語」。史詮曰「『梁惠王』當作『滕文公』，『趙』當作『齊』」。蓋並以史爲誤也。攷新論隨時篇云「昔秦攻梁，惠王謂孟軻曰：先生不遠千里辱幸敝邑。今秦攻梁，先生何以禦乎？孟軻對曰：昔太王居邠，狄人攻之，事之以玉帛，不可，太王不欲傷其民，乃去邠之岐。今王奚不去梁乎？惠王不悦。似孟子實有此對，但非梁謀攻趙耳」。然恐不可爲據。

伊尹負鼎

案：負鼎説在殷紀。

終身不仕

案：淳于髠豈終身不仕者，此言失實。

故慎到著十二論，環淵著上下篇，

案：漢志慎子四十二篇，蜎子十三篇，與此異。

荀卿，趙人。

案：不書荀卿名亦疏。

年五十始來游學於齊

案：此言荀卿五十游齊，至襄王時爲老師，不言游齊在何時。攷風俗通窮通篇云「齊威、宣之時，孫卿有秀才，年十五始來游學，至襄王時孫卿最爲老師」。據此，則威王末年至襄王初年，計六十一年，荀子七十六歲。而襄王初年，國亂未定，恐不暇修列大夫之缺，則荀子三爲祭酒時，八十餘矣。若五十游齊，當襄王之世，荀子百二十餘歲，尚復適楚適趙，何其壽考乎？疑「五十」字誤。宋晁公武郡齋讀書志引劉向荀子序亦作「十五」。

荀卿乃適楚，而春申君以爲蘭陵令。春申君死而荀卿廢，因家蘭陵。

案：楚策、韓詩外傳四、劉向荀子序、風俗通窮通篇並言春申君因客之說，使人謝荀卿，遂去之趙爲上卿。春申君又因客之説，使人請于趙，荀卿謝之以書。後不得已，復爲蘭陵令。史不書其之趙，甚疏。至所謂春申死而荀卿廢者，指復爲蘭陵令時也。經史問答未檢及此，因疑荀子辭春申而去，及春申死，荀子以甘棠之舊，復游蘭陵而卒，未免臆説。

序列著數萬言而卒

案：荀子三十二篇，漢志謁「三十三」也。云數萬言，欠晰。

劇子之言

附案：劉向序作「處子」，徐廣引應劭同。索隱言姓劇，以趙有劇孟、劇辛爲證。攷漢志處子九篇，師古引史云「趙有處子」。後書酷吏李章傳「北海太守處興」，注引風俗通云「趙有辨士處子，故有處姓」。疑「劇」字傳寫之譌，趙自別有劇氏也。

楚有尸子

案：集解云「尸佼晉人」。後漢吕强傳注同，當是也。此作楚人，漢志作魯人，蓋因其逃亡在蜀，而魯後屬楚故耳。

阿之吁子焉

附案：劉向序及索隱引向別録並作「芋子」。漢志云「芋子名嬰，齊人」。師古誤以爲「芊」，故音弭，正義糾之矣。

自如孟子至于吁子

案：傳中「自如」二字兩見，説在田完世家。

蓋墨翟

王孝廉曰「『蓋』字疑，或上有脱文，或是『若』字之誤。」

或曰並孔子時，或曰在其後。

案：此謂墨翟也。墨子書開卷便言吴起之裂，親士篇。宋康染于唐鞅，佃不禮，所染篇。又與告子論仁義，公孟篇。則非並孔子時審矣。索隱引別録，據文子子夏弟子。問墨子，謂在七十子後。漢書藝文志、後書張衡傳並云在孔子後，非春秋時。所可疑者，墨子公輸篇載公輸攻宋，墨翟設守事，與戰國宋策、列子説符、吕子慎大、愛類合，而檀弓言公輸般請以機封季康子之母，康子於哀公三年見傳，至宋偃即位已有六十餘年，般何若是之壽乎？

史記志疑卷三十

孟嘗君列傳第十五

田嬰者，齊威王少子，而齊宣王庶弟也。

索隱曰：「戰國策及諸書並無此言，蓋諸田之别子，嬰非宣王弟也。」

與成侯鄒忌及田忌將而救韓伐魏

案：此指齊威王二十六年桂陵之役，是救趙非救韓也。且成侯不與田忌同將，田完世家甚明，當是田嬰與田忌將而救趙伐魏耳，此誤。

成侯賣田忌。田忌懼，襲齊之邊邑，不勝，亡走。會威王卒，宣王立，知成侯賣田忌，乃復召田忌以爲將。

案：田忌之亡，在宣王二年，不在威王時，亦無襲齊復召之事，説在田完世家。

嬰與韓昭侯、魏惠王會齊宣王東阿南

案：表及魏與田完世家會平阿南，非東阿也。索隱引紀年亦作「平阿」。而平阿之會，止魏、齊二王，無韓昭侯。此皆誤。

是歲，梁惠王卒。

案：惠王是年改元，非卒也，說在表。

齊宣王與魏襄王會徐州而相王也

案：是時無相王事，會亦不止齊、魏二國。「襄」當作「惠」，並說見表。

楚威王聞之，怒田嬰。

案：此語不可解，將謂聞田嬰相齊而怒乎？抑聞相王而怒乎？考是時齊說越令攻楚，見越世家。故威王怒而伐齊，楚世家所云「齊欺楚」也，則不必專怒嬰子。又齊策載有齊將封嬰于薛，楚懷王聞之大怒，將伐齊，公孫閈說之而罷。乃後此十四年事，則不得稱威王怒，蓋史之誤。

宣王卒，湣王即位。三年，而封田嬰於薛。（金陵本重「即位」二字。）

案：宣王後十年始卒，史誤爲湣立之年，故以封嬰在湣王世，說在表。

無貴賤一與文等

陳子龍曰：「觀馮驩有幸舍、代舍之遷，則孟嘗之待客本不等，何得云無貴賤。」

趙人聞孟嘗君賢，出觀之，皆笑曰：「始以薛公爲魁然也，今視之，乃眇小丈夫耳。」孟嘗君聞之，怒。客與俱者下，斫擊殺數百人，遂滅一縣以去。

邵氏疑問曰：「孟嘗聲聞諸侯，傾天下士，眇小一語，何至殺人滅縣乎？即曰客也，文獨不禁之乎？且以齊嘗而滅趙縣乎！」

蘇代爲西周

案：國策作「韓慶」，乃韓人而仕於周者，非蘇代也。

九年，取宛、葉以北，

案：此仍西周策之誤。時爲赧王十七年，齊與韓、魏攻秦，而齊於前三年共秦、韓、魏攻楚，於前五年與韓、魏伐楚，則言九年非也。取宛、葉亦妄。

令弊邑以君之情謂秦昭王曰　而秦出楚懷王以爲和

史詮曰：「昭、懷二謚宜删之。」

因令韓、魏賀秦

案：「魏賀」二字誤，策作「韓慶入秦」，是也。時三國伐秦，不攻已幸，尚何賀哉！

其舍人魏子爲孟嘗君收邑入

評林明唐順之曰：「魏子、馮驩，豈一事而傳聞異耶？」考證張氏曰「晏子北郭騷事亦大同小異，蓋戰國時習尚如此，則流言亦如此，舉不足信也。」

而聽親弗

案：東周策作「祝弗」，人姓名。索隱云「『祝』爲得之」。

乃遺秦相穰侯魏冉書

案：秦策作「薛公爲魏謂魏冉」，則非嫉呂禮而遺書也。但孟嘗號賢公子，豈有召虎狼之秦，返兵内嚮，屠滅宗邦哉！此必因孟嘗有奔魏事，遂搆爲此言，乃國策之妄，史公誤信之耳。

於是穰侯言於秦昭王伐齊，而呂禮亡。

案：秦紀伐齊在昭王二十二年，呂禮歸秦在昭王十九年，此言秦伐齊而呂禮亡，蓋仍遺秦相書之妄，而不自知其戾也。

後齊湣王滅宋，益驕，欲去孟嘗君。孟嘗君恐，乃如魏。魏昭王以爲相，西合於秦、趙，與燕共伐破齊。

案：孟嘗奔魏有之，故魏策載孟嘗爲魏借燕、趙兵退秦師一章。若相魏是妄也，知者，年表、世家皆不書其事，卽國策亦無明文，而魏世家取國策太子自相一節，則薛公之不相魏明甚。史、策誤在哀王時。蓋魏有田文，卽呂覽執一篇之商文，爲武侯相，見吳起傳。在孟嘗前又有魏文子相襄王，見魏策，並孟嘗時，策、史誤以「文」字爲孟嘗，遂謂其相魏耳。至齊之破乃燕昭復仇，與孟嘗何涉？如傳所說，竟似孟嘗爲之，豈不冤哉！荀子王霸篇言「齊閔、薛公，權謀日行，國不免危亡」。注云「閔王見伐，薛公使然，故同言之」。臣道篇言「孟嘗篡臣。」殆當時惡孟嘗者，造爲斯語而傳之歟？六國破齊，此不及韓、楚亦非。

文卒謚爲孟嘗君

附案：上文亦言田嬰謚靖郭君，野客叢書以稱謚爲誤。索隱於靖郭云死後號之。於孟嘗云是字、邑而非謚，何不同也？策、史稱靖郭、孟嘗者甚多，如閔王謂齊貌辯曰「子靖郭君之所聽愛」。又曰「靖郭君之于寡人一至此」。貌辯亦三稱靖郭。馮驩謂梁王曰「齊放其大臣孟嘗君」。舍人謂衞君曰「孟嘗君不知臣不肖」。又曰「足下欺孟嘗君」。此傳載馮驩亦九稱孟嘗，非皆見存之辭乎？蓋謚者號也，不作謚法解，猶之以氏爲姓，並秦、漢時人語。故李斯上二世書曰「死有賢明之謚」，老子傳曰「謚聃」，後人增之。呂不韋傳曰「謚爲帝太后」，司馬相如喻巴蜀檄曰「謚爲至愚」，他如金石録侯君碑曰「謚安國君」，文選王褒賦曰「幸得謚爲洞簫兮」，均可驗證。

初，馮驩聞孟嘗君好客，

案：國策「驩」作「煖」，所説馮事亦異。習學記言云史記蓋別有所本，其義爲勝也。然多有不合，如無家之歌，左右惡之耳，而此以爲孟嘗不悦，削去給馮老母一段，則無以見孟嘗待客之周，一也。煖矯令燒券，反齊求見，而此以爲得息錢大會，不能與息者燒券，孟嘗聞之怒而召驩，情節全乖，二也。孟嘗去相，煖説梁得復位，而此以爲説秦又説齊，三也。孟嘗復用，欲殺齊士大夫，譚拾子有趨市之喻，而此以爲客背孟嘗，驩爲客謝語，四也。其爲倣撰無疑。

形容狀貌甚辯

附案：史通點繁、雜説二篇，歷舉史記溢句冗辭，爲之删除抉發，此宋朱子文漢書辯正所由作也。但古人操筆，非若後世沾沾于文字間增減修飾，劉氏所糾，未免拘腐。其論此語云「同是一説，而敷演重出，分爲四言」。余謂「形容狀貌」疊用，誠爲語病，然前賢斯類甚多。三國志魏鄧哀王傳注引魏書云「容貌姿美」，與此正同。他如越語范蠡曰「靡王躬身」，呂子禁塞篇「凍餓饑寒」，漢書中山靖王傳「道遼路遠」，張禹傳「絲竹筦絃」，文選宋玉賦「旦爲朝雲」，不可偏舉，然詩云「昭明有融，高朗令終」，又云「自古在昔」，則已先之矣。

王召孟嘗君而復其相位

案：湣王召復孟嘗於田甲亂後，孟嘗遂歸老於薛。迨湣王又欲去孟嘗，乃如魏。馮公此計，必在召後之時，所謂復相位者，恐非其實。國策云「爲相數十年」，尤不足信。

平原君虞卿列傳第十六

趙之諸公子也

附案：魏公子傳云「趙惠文王弟」，趙策諒毅曰「平原君親寡君之母弟」。

平原君相趙惠文王及孝成王，三去相，三復位。

案：本傳不載平原三相三去之事，似平原相趙四十八年者。六國表於惠文王元年書平原爲相，孝成王元年又書平原爲相，兩書而已。攷惠文以相國印授樂毅，孝成割濟東地與齊，求田單爲將，遂留相趙，故趙世家惠文十四年有毅攻齊事，當在十五年。孝成元年有單攻燕，二年有單爲相之事，則平原之三相三去，固有徵矣。孝成二年相單，是平原復相踰年而罷。迨單去趙歸齊之後，不再書平原復位者，史略之也。

公等録録

附案：廣韻注引史作「娽」。説文「娽，隨從也」。與「因人成事」意合。

秦既解邯鄲圍，而趙王入朝，使趙郝約事於秦，割六縣而媾。

案：趙策謂「秦破趙長平歸，使人索六城於趙而講」，鮑注曰「史書此事在邯鄲圍解後」。邯鄲之圍，非秦德趙而解，趙賴魏之力耳。何事朝秦而講以六城？策以長平破，懼而賂之，是也。

王以虞卿之言告趙郝

案：新序善謀上篇與此同。國策皆以趙郝語爲樓緩，而移「新從秦來」一段在前，未知孰是。

女子爲自殺於房中者二人

案：新序同，而策作「二八」，又云「婦人爲死者十六人」，則兩言「二人」，皆「八」字之誤。然攷檀弓、家語止言「内人行哭失聲」，無自殺之事，則辨士之言或過，不足信耳。

虞卿既以魏齊之故，不重萬户侯卿相之印，與魏齊閒行，卒去趙，困於梁。魏齊已死，不得意，乃著書。

古史曰「太史公記虞卿與趙謀事，皆秦破長平後，而卿爲魏齊棄相印走梁，則前此矣。意者魏齊死，卿自梁還相趙，而太史公失不言耳。」經史問答曰「范雎傳則魏齊之亡在秦昭王四十二年，其時虞卿已相趙，棄印與俱亡，而困於大梁。虞卿傳謂其自此不得意，乃著書以消窮愁。是棄印之後，虞卿遂不復出也。乃長平之役在昭王四十七年，史公所謂『虞卿料事揣情，爲趙畫策』者，反在棄印五年之後，則虞卿嘗再相趙矣，何嘗窮愁以老。而史公序長平之策於前，序大梁之困於後，顛倒其事，竟忘年數之參錯，豈非一大怪事也！」

凡八篇

案：虞氏春秋十五篇，說見十二侯表。

然虞卿非窮愁，亦不能著書以自見於後世云。

案：虞卿嘗再相趙，則其著書非窮愁之故，史誤言之也。史通雜說篇譏太史公自序傳「不韋遷蜀，世傳呂覽」，以爲思之未審，何不云虞卿窮愁，著書八篇，劉氏亦未審思耳。

魏公子列傳第十七

是時，范睢亡魏相秦，以怨魏齊故，秦兵圍大梁，破魏華陽下軍，

案：睢相在秦昭四十二年，秦圍大梁及破魏華陽二事在昭王三十二、四兩年，其時穰侯相秦也，安得謂因睢怨魏齊而興兵乎？誤矣。

使人止晉鄙，留軍壁鄴，

案：魯仲連傳本國策云止於蕩陰，河內。不曰鄴。魏郡。

竟病酒而卒

案：唐書京兆王氏世系表信陵君無忌生閒憂，襲信陵君。閒憂子卑子逃難秦山，漢高祖召爲中涓，封蘭陵侯。通志氏族略從之。果有此事，則當附傳末。

吾過大梁之墟，求問其所謂夷門。夷門者，城之東門也。

附案：御覽百五十八引史曰「大梁城有十二門，東門曰夷門」，與今本異，豈改引之歟？

春申君列傳第十八

秦昭王使白起攻韓、魏，敗之於華陽，禽魏將芒卯。

案：華陽之役，秦攻趙、魏以救韓，非攻韓也。且帥師不止白起。說在秦紀。又策、史皆云「走芒卯」，此言禽之，亦非。

先帝文王、莊王之身，三世不忘接地於齊，

案：秦策作「文王惠文王也。武王，王之身三世」，此言莊王誤，秦無莊王，若莊襄則昭王孫也。又脫一「王」字，無下「王」字則二世非三世矣。但文、武二王，未嘗稱帝，而曰先帝者，特尊稱之耳。蓋以昭王曾爲西帝，故並呼其先爲帝。然稱帝即去之，在春申上書十年之前。

今王使盛橋

案：策作「成橋」，同，然當依始皇紀作「成蟜」。

舉河內

案：此時河內尚屬魏，秦未舉之，説在穰侯傳。

桃入邢

案：策作「桃人」，是，「入」字誤，湖本誤以「入邢」爲句。「邢」字衍，策無之。攷邢即邢丘，後十餘年秦始拔之，此時亦未入秦也。

王又割濮磨之北（金陵本作「磿」。）

案：國策此下有「屬之燕」三字，此缺。「磨」乃「磿」之譌，與「歷」通，新序善謀上篇正作「濮歷」，說在高祖功臣表。

殺智伯瑶於鑿臺之下

附案：新序「鑿」作「叢」，疑非。而續郡國志太原郡下又作「鑿壺」，檀弓「臺駘」鄭注「臺，當爲『壺』」，釋文曰「臺，音胡」。後漢書獻帝紀建安元年曹操殺侍中臺崇，注引山陽公載記「臺」作「壺」，皆字形相涉而譌。

將十世矣

案：策作「百世」固非，此與新序作「十世」亦非。高誘註策云「百，一作『累』」，是也。

鬼神孤傷

附案：策作「狐祥」，新序作「潢洋」，義並得通。

盈滿海内矣

案：「盈」字當諱。

齊魏得地葆利而詳事下吏，一年之後，爲帝未能，

附案：策作「不吏」，費解。姚注依史改爲「下吏」，言僞事秦也。吴師道謂「詳其事以下於吏，非」。而明陳正學讀書解云「『吏』字誤，疑作『更』。以『葆利而詳事』爲一句，『不更一年之後』爲一句」。亦未安。

楚使歇與太子完入質於秦

案：楚世家作「熊完」。

春申君爲楚相四年，秦破趙之長平軍四十餘萬。五年，圍邯鄲。

案：長平之戰在春申爲相之三年，救邯鄲在六年，此皆誤。

春申君相楚八年，爲楚北伐滅魯

案：魯傾公在位二十四年始滅，當楚考烈王十三年，是歲楚取魯，封魯君於莒，此言滅，誤。

楚考烈王無子

附案：史仍國策。吴注謂「此時無子也」。而索隱以此文爲誤，因數考烈之子四人，曰悍，曰猶，曰負芻，曰昌平君。攷幽王悍，卽李園妹初幸春申有身所生者。哀王猶是悍同母弟，列女傳云遺腹子，則亦園妹所生，李妹未進之前，固無有也。而昌平君之稱，考烈子，未見確據，始皇紀書昌平君先爲秦

相，繼爲荆王，蓋楚之諸公子耳。若以考烈子實之，則紀尚有昌文君，又誰人乎？惟楚王負芻莫知生於何時？世家謂猶庶兄，疑生悍之後，然烈女傳作「考烈王弟」，今不可詳矣。

於是李園乃進其女弟

附案：此事策、史及列女傳並同。而越絶書與史大異，謂其謀始終皆發於園妹女環，一異也。謂女環令園謁春申才人言之遂得幸，二異也。謂考烈既死，環使園相春申，三年然後封之吴，三異也。又説幽王徵春申爲令尹，春申以其子爲假君治吴，幽王徵假君，並殺之，四異也。恐不可信，惟女環之名可廣異聞云。

而君之仇也

案：策作「王之舅」是，此因聲近而誤，言李園爲王舅也。下文春申云「僕善李園」，則不以爲仇明矣。

語曰：「當斷不斷，反受其亂。」春申君失朱英之謂邪？

案：此論非也。古史謂「雖聽朱英，亦將不免」，固是。但英不告春申以持盈遠禍之道，而徒自任爲刺客，勸其殺園，淺矣。萬一不克，其能免棘門之慘乎？余有丁曰「歇不在於失朱英，而在於惑園妹」，諒哉！

范睢蔡澤列傳第十九

更名姓曰張禄

附案：説苑善説云齊張禄爲孟嘗君掌門，請孟嘗君爲書寄秦王，往而大遇。未必即范子，蓋別一人，范借託之。

先生待我於三亭之南

正義曰「括地志云三亭岡在汴州尉氏縣西南三十七里。案三亭岡在山部中名也，蓋『岡』字誤爲『南』」。

而伐齊綱壽

附案：綱、剛古通借，故下文蔡澤封剛成君，亦作「綱」。漢書文三王傳清河剛王義，王子侯表作「綱」。水經注十三「雁門于延水東逕罡成南，蔡澤燕人，疑即澤所邑」。然是時秦地未至燕，續志謂澤封東郡陽平縣之岡成城也。

至於陵水

附案：索隱「劉氏云『即栗水』，宜作「溧」。聲近故惑也。」策作「菱夫」，未詳。而御覽五百八十引史作「江上」。

至今閉關十五年

案：秦不出兵十五年之妄，說在蘇秦傳。

且昔齊湣王南攻楚，破軍殺將，再辟地千里，而齊尺寸之地無得焉者，豈不欲得地哉，形勢不能有也。諸侯見齊之罷弊，君臣之不和也，興兵而伐齊，大破之。士辱兵頓，皆咎其王，曰：「誰爲此計者乎？」王曰：「文子爲之。」大臣作亂，文子出走。

案：此語國策既誤，史公所增又誤。湣王二十三年伐楚有功，至四十年諸侯伐齊，敗於濟西，相越已十八年。且濟西之役，實燕欲報齊，故合秦、楚、三晉以伐之，何曾因攻楚罷敝而興兵乎？此史公仍策之誤也。齊敗濟西時，孟嘗謝相印歸老於薛，將十年矣，而曰「文子爲之」哉！當是别一人。至所謂大臣作亂，文子出走者，乃閔王三十年田甲劫王事，在敗濟西前十年，不得并爲一案，此史公增益之誤也。

拔邢丘

案：當作「鄄丘」，說在秦紀。

聞齊之有田文

附案：「田文」策作「田單」，鮑注云「史非。文去齊已十餘年，不得近舍單遠論文也。」吴注云「姚氏引後語亦作『文』，舉齊事言，不必一時。」

則利歸於陶，國弊御於諸侯。

案：依索隱則「國」字絶句，依策鮑注則「陶」字絶句。吴氏據策别篇云「利盡歸於陶，國之幣帛竭入太后之家」，疑此有缺誤，當是也，史仍策文耳。

崔杼、淖齒管齊，射王股，擢王筋，

案：索隱云「言射王股，誤也。崔杼射莊公之股，淖齒縮湣王之筋，是説二君事」。余攷策止言淖齒，史公無故扯入崔杼，古今不類，遂致此誤。

於是廢太后

大事記曰：「本紀宣太后之没書薨，書葬，初未嘗廢。魏公子無忌諫魏王親秦之辭，止曰『太后母也，而以憂死』，亦未嘗言其廢。穰侯雖免相，猶以太后之故未就國，及太后既葬之後始出之陶耳。范雎傳所載，特辨士增飾之辭，欲誇范雎之事，而不知甚昭王之惡也。」皇極經世曰罷「穰侯相國及宣太后權蓋得其實矣」。經史問答曰「太后憂死是實，未必顯有黜退之舉，觀穰侯尚得之國於陶，無甚大譴，其所謂逐者如此，則所謂廢者亦只奪其權也。是時昭王年長，而宣太后尚事事親裁，便是不善處嫌疑之際，一旦昭王置之高閣，安得不憂死，故人以爲廢」。

非大車駟馬，吾不出。（金陵本作「吾固不出」。）

附案：史詮云「吾固不出，湖本缺『固』字」。

擢賈之髮以續賈之罪，尚未足

附案：評林云「續、贖古通用。别雅云『續』當爲『贖』，或傳寫誤，或因聲借用。」方氏補正云「北音續、數相近而誤。或曰擢髮而續之，尚不足以比其罪之長也」。

范睢相秦二年，秦昭王之四十二年東伐韓少曲、高平，拔之。

案：上文方敘睢償德報怨，便當接入報魏齊仇一段，何得橫插伐韓事，徧檢紀、表、世家、列傳，亦無秦昭四十二年伐韓事。少曲雖無考，蓋與高平相近，而高平爲魏地，趙世家云「反高平于魏」是也。況睢相二年，乃秦昭四十三年，非四十二年，疑此二十三字當衍。

昭王乃遺趙王書曰：王之弟在秦

史記考異曰：「平原君爲惠文王弟，於孝成爲叔父，不當更稱弟。」

後五年

案：秦拔韓陘後四年敗趙長平，言五年誤。

昔周文王得呂尚以爲太公

案：「太公」當作「太師」。

吾持梁刺齒肥（金陵本「梁」作「粱」。）

附案：集解、索隱並言「刺齒」當作「齧」，以爲一字誤二字也。

澤流千里，世世稱之而無絶。

附案：千里之澤，何足言之。徐廣謂一本無「里」字，策云「澤流千世，稱之而毋絶」，當是也。

豈道德之符

附案：策作「豈非」，此脱「非」字。

進退盈縮

案：「盈」字當諱。

畔者九國

附案：九者極言之，説見封禪書。

夏育、太史噭叱呼駭三軍，然而身死於庸夫。

附案：太史噭，田單傳作「嬓」，田完世家作「敫」。蓋卽齊君王后之父，而秦策又作「太史啟」。索隱曰「未知誰所殺，恐非齊襄王時太史」。鮑彪云「其人未詳」。

一戰舉鄢、郢以燒夷陵，再戰南并蜀、漢。

案：並蜀、漢是張儀、司馬錯，不關白起，後二十二年起始出也。且事在秦惠更元之九年，而敍於昭王二十九年拔鄢郢之後，若以爲起之第二戰功，豈非誤乎？策作「一戰舉鄢、郢當作「郢」。再戰燒夷陵」是已。

北并陳、蔡

案：言吳起并陳、蔡，妄也，説在起傳。

而卒枝解

案：吳起以射死，此言支解，仍秦策之誤，猶韓詩外傳一及高誘呂覽執一注言起車裂也。韓子難言、問田二篇亦云是支解。

居秦十餘年

案：「十」字必「廿」字，史仍策誤，不然，蔡澤代相在昭王五十二年，至始皇五年燕太子質時凡二十四年，澤爲秦使燕，何云十餘年乎？

垂功於天下者

案：雎、澤無分寸功於秦，所謂以口舌得官耳，而云功垂天下何哉！前賢之論二子詳矣。

樂毅列傳第二十

南敗楚相唐眛於重丘，西摧三晉於觀津，遂與三晉擊秦，助趙滅中山。（金陵本作「唐昧」。）

案：「昧」當作「眛」。「重丘」當即「茈丘」。「觀津」當作「觀澤」。而齊亦未佐趙滅中山，觀澤之役是齊敗趙、魏，擊秦之兵是合六國，皆不得言三晉，並說在秦紀、六國表。又「楚相」乃「楚將」之誤。

樂毅於是并護趙、楚、韓、魏、燕之兵以伐齊

案：六國破齊，此失書秦，說在秦紀。

故鼎反乎磨室（金陵本作「磿室」。）

附案：「磨」當作「磿」，說在功臣表磿侯下。

樂間居燕三十餘年，燕王喜用其相栗腹之計，欲攻趙，

案：樂間繼封昌國，在燕惠王元年已後，則至栗腹攻趙時安得三十餘年哉，當作「二十餘年」。

禽栗腹、樂乘

案：「樂乘」當是「卿秦」之誤，趙世家云「虜秦」是也，說在燕世家。又栗腹爲趙所敗，世家及魯連傳不言其死，年表、趙世家、廉頗傳皆云被殺，此獨言禽之，亦異。

樂乘者，樂間之宗也。

附案：此八字當在後文「趙封樂乘爲武襄君」之下，錯簡也。

燕王恨不用樂間，樂間既在趙，乃遺樂間書，

案：此所載書辭與國策全異。新序雜事三與策合，而謂惠王遺樂毅書，吳師道從之，以「策前章先王舉國一節，（即上文引策惠遺毅書也。）乃後章之首錯簡也」。又曰「毅答惠書云『足下使人數之以罪』，而史載惠王讓毅，無數罪之語，故知非樂間事。新序爲是」。日知録亦稱燕王遺樂間書，即樂毅事，傳者誤以爲其子。然史、策書辭既殊，而策復有留趙不報之言。余疑燕惠遺毅，燕喜遺間，或係二事，未可混并爲一。蓋國策不載遺間書，止載遺毅書，而誤分爲兩章，史又止載前半，截去「寡人不佞」已下。其實書辭條暢婉麗，不可删也。此百餘字，當是喜遺間書，但文雖別而意則同，豈古之視草者亦襲舊詔乎？

樂間、樂乘怨燕不聽其計，二人卒留趙。

案：樂間諫王不聽，其怨燕宜也。若乘者，身爲趙將，未嘗入燕，何爲亦怨燕王乎？「樂乘」字、「二人」字衍。

襄王

案：「襄」上缺「悼」字。

樂臣公

附案：臣公四見，集解、索隱並云「一本作『巨公』」。「巨」字是，田叔傳作「巨公」，漢書作「鉅」可證，此傳譌耳。

廉頗藺相如列傳第二十一

趙惠文王十六年，廉頗爲趙將伐齊，大破之，取晉陽，

案：事在十五年，「晉陽」當作「淮北」，並說在年表及趙世家。

復攻趙，殺二萬人。秦王使使者告趙王

案：表作「三萬」。又「秦王」上疑缺「明年」二字。

居二年，廉頗復伐齊幾，拔之。

案：幾是魏邑，趙世家言「頗攻魏幾取之」，秦策亦云「秦敗閼與，反攻魏幾，廉頗救幾」，幾已屬趙，又言

魏者，因其本魏地而稱之，故頗救也。此作「齊幾」，誤。裴駰謂或屬齊，非也。先是樓昌攻幾不能取，故云復伐。又「居二年」乃「居三年」之誤。

後三年，廉頗攻魏之防陵，

案：「後三年」當作「後一年」，乃惠文王二十四年事也。「防陵」，徐廣作「房子」，索隱曰「陵」字誤。防、房古通。

趙奢者

附案：唐書世系表云「趙王子趙奢爲惠文王將，生牧，亦爲趙將」，與史異。以括爲牧，得毋誤以李牧爲趙括乎？

趙奢曰：「胥後令邯鄲。」許歷復請諫，

附案：索隱曰「『邯鄲』二字當爲『欲戰』」。通鑑胡注曰「胥語絶。許歷請刑，趙奢令其且待也。蓋謂敢諫者死邯鄲之令耳。今既進軍近閼與矣，許歷之諫，固在邯鄲之後，不當用邯鄲之令以殺之，故曰後令邯鄲」。史詮引田博士曰「意許歷是邯鄲人，故加邯鄲於其上」。三説皆未確。錢宫詹曰「『胥後令邯鄲』是五字句。趙都邯鄲，謂當待趙王之令也」。此解甚愜。後書循吏衛颯傳云「須後詔書」語意相似。

七年，秦與趙兵相距長平。

案：「七年」乃「八年」之誤。

自邯鄲圍解五年，而燕用栗腹之謀，

案：「五年」乃「七年」之誤。

其明年

案：當作「後二年」，蓋廉頗奔魏在孝成卒年，李牧攻燕在悼襄二年也。

李牧者

附案：趙策武安君名繓，子活反。則牧有二名。

莫府

附案：莫卽幕也，索隱於李廣傳云古字通用，而此言「莫」爲「幕」之誤，自相戾矣。

趙悼襄王元年

案：當作「二年」。

居二年

案：「二」當作「一」。

後七年，秦破趙，殺將扈輒於武遂城。（金陵本作「秦破殺趙將」，無「城」字。）

案：當作「後八年」。又「遂」字衍，說在始皇紀。

居三年

案：當作「居一年」。

李牧不受命，趙使人微捕得李牧，斬之。

案：牧之死，策言其北面再拜，銜劍自刺，史言其不受命捕斬之，二説迥異。通鑑主史，大事記主策。鮑、吴注並以史爲誤也。趙王寵臣郭開誣牧欲與秦反，又牧以臂短，用木接手，韓倉誣以上壽懷刃，遂賜之死。其冤甚矣，安有所謂不受命而捕斬者哉！大事記謂因廉頗不受代事而誤載，是已。史公於趙世家及馮唐傳俱言王遷信郭開誅李牧，乃此以爲不受命，豈非矛盾？蓋郭開、韓倉比共陷牧，而列女傳又謂遷母譖牧，使王誅之也。

後三月

案：策作「後五月」。

太史公曰

案：論中不及頗、牧，似疏。

田單列傳第二十二

初，悼齒之殺湣王也，（金陵本作「淖齒」。）

附案：史詮曰此節當在上文「號曰安平君」之下，今脱簡在後。「悼」當作「淖」。

聞畫邑人王蠋賢

案：說苑立節作「蓋邑人」，未知孰是。因考齊有晝邑、畫邑，判然兩地，路史國名紀七載之。畫乃後書耿弇傳所云「進軍畫中」者，弇傳注「西安在臨淄西北，畫中在西安城東南也」。「畫」爲「澅」之省文，因澅水得名。水經注二十六作「澅」，困學紀聞八引水經注作「澅」，非。風俗通窮通篇「譚子迎孟嘗君於澅」，亦「澅」之誤。史建元侯表有澅清侯，王蠋所居即此，音獲。通鑑以蠋爲晝邑人，非。若孟子所宿，是「晝」而非「畫」也，朱註或曰一說非。路史國名紀、通志氏族略引風俗通「有晝氏，齊大夫食邑於晝，後因氏焉」。廣韻云「晝邑大夫之後」。而水經注誤合爲一，引俗呼澅水爲宿留水作證，世俗謁傳，豈足據哉！毛氏經問第十辨之極明，毛曰「晝邑，趙岐云『齊西南近邑』。岐注孟子，政在齊郡，其地有晝邑城，在臨淄縣西南，相傳孟子出宿處，故鑿然注此，身歷其地，見之真故言之確。若畫邑在臨淄西北三十里，本正義所引括地志。卽戟里城，戰國燕破齊時，將封王蠋以萬家卽此地是。燕從西北至齊當是畫邑，孟子從西南至滕當是晝邑，一南一北，地勢無可混也」。四書釋地以孟子「晝」字當作「畫」，以括地志西北爲誤，非也。

魯仲連列傳第二十三

而不肯仕官任職（金陵本作「仕宦」。）

附案：湖本「宦」譌「官」。

今齊湣王已益弱　尊秦昭王爲帝

案：「湣」字衍，是時爲齊王建也。「昭」字亦衍。並史仍策之誤。

虜使其民

附案：鹽鐵論論功篇引作「虐使」。

東藩之臣因齊

案：「齊」字衍，説在六國表。或曰國君以國爲氏，當作「齊因」，趙策「田嬰齊」亦當作「齊因」，蓋「田」爲「因」之誤，而「嬰」「因」二字以音同通借，又誤重也，宜衍「嬰」字。其時齊有田嬰，豈君臣同名歟？

秦將聞之，爲却軍五十里。

通鑑考異曰「仲連所言，不過論帝秦之利害耳，使新恒衍懟怍而去則有之，秦將何預而退軍五十里乎？此游談者之誇大也」。

其後二十餘年，燕將攻下聊城，

案：「二十」，索隱本作「三十」，故曰「徐廣云年表以田單攻聊城在長平後十餘年，言『三十餘年』誤」。今本皆作「二十」然，俱非也，古史作「十餘年」是。

曹子爲魯

案：仲連遺燕將書，史與齊策字句多異，當是所見本不同。而序曹沫一段亦别，曹子之事，原屬虚妄，説在刺客傳。

燕將見魯連書，泣三日，猶豫不能自決。欲歸燕，已有隙，恐誅；欲降齊，所殺虜於齊甚衆，恐已降而後見辱。喟然歎曰：「與人刃我，寧自刃。」乃自殺。聊城亂，田單遂屠聊城。

案：國策「燕將曰『敬聞命矣』。因罷兵倒韣而去」。吳注云「史稱燕將得書自殺，單屠聊城，非事實也。連之大意在于罷兵息民，而其料事之明，勸以歸燕降齊，亦度其計之必可者，迫之於窮而置之於死，豈其心哉！夫其勸之，正將以全聊城之民，而忍坐視屠之。策得其實，史不可信」。孫侍御云「聊城齊地，田單齊將，何以反屠聊城乎」？

淮陰枚生之徒

案：枚叔奇士，何以不爲立傳？

李斯竭忠

案：以李斯自況，而稱其竭忠，鄒陽之失言也。

宋信子罕之計而囚墨翟

案：漢書陽傳及新序，三「子罕」作「子冉」，豈冉、罕音近通用乎？而此子罕必子罕之後，以字爲氏，如鄭罕氏常掌國政也。墨翟與之並世，證一。李斯上二世書，見斯傳。韓子、見二柄、外儲右下、說疑、忠孝等篇。韓詩外傳七、淮南道應、說苑君道皆言司城子罕劫君擅政，證二。而前人誤以爲樂喜。困學紀聞六謂子罕賢大夫，辨李斯諸說爲誣罔。而不知劫君之子罕並墨翟世，乃樂喜之後爲司城者。高誘注呂子名類云「春秋子罕殺宋昭公。攷宋有兩昭公，前昭公當魯文時後昭公當戰國時，皆與樂喜不同世。」諸書但言宋君，高氏以昭公實之，殊妄。況召類篇言子罕相宋平、元、景三公，孔子稱其仁節，則正是樂喜，奈何以爲殺君！或者樂喜之後當後昭公時有劫君之事歟？韓詩外傳六、賈子先醒並有昭公出亡反國事，故余有此疑。然則劫君而非殺君也。然不可以注春秋仁節之子罕也。因墨翟事無所見。左通曰「韓子內儲說下言皇喜殺宋君而奪其政，蓋皇喜亦字子罕，遂誤以爲樂喜。然皇喜無考。」

夫以孔、墨之辯

錢唐范棫曰「孔、墨並言，可謂儗不於倫，而又目之爲辨，與下言伊管之辯同謬，蓋仍戰國游士之譚也。」

齊用越人蒙而彊威、宣

案：漢書、新序作「子臧」，索隱曰「未見所出。張晏曰『子臧或是越人，蒙字』」。

封比干之後，修孕婦之墓，

案：二事經、傳無攷。通志氏族略謂譜家云「比干爲紂所戮，其子堅逃長林之山，遂爲林氏。」其說出於林寶元和姓纂，鄭氏已糾其妄。又書泰誓疏引帝王世紀云「紂剖比干妻以視其胎」。或者修孕婦之墓，即是封比干墓歟？呂子古樂注言「紂斷材士之股」亦不知高誘何據。

是以孫叔敖三去相而不悔

案：莊子田子方、呂覽知分皆云孫叔敖三爲令尹，三去令尹。荀子堯問亦有三相楚之語，故鄒陽述之，史循吏傳載之，他如淮南道應氾論、說苑尊賢雜言並仍之，然不足信也。呂覽高注曰「論語云令尹子文，不云叔敖」。隸釋漢延熹三年叔敖碑，取材最博，獨不及三去相事。困學紀聞七謂「事與子文相類，恐是一事」。四書釋地又續曰「叔敖爲令尹，見宣十一年癸亥，楚莊十六。叔敖死於莊王手，約令尹僅七八年，莊王在位二十三年。呂子贊能云「叔敖爲令尹十二年而莊王霸」，則其爲令尹必不始於莊王十六年，此言未的。以莊王之賢，豈肯暫已叔敖，意係子文事傳譌爲叔敖耳。大全辨載一說，謂叔敖實三仕三已，傳譌爲子文，不信論語，真顛倒見矣」。又經史問答曰「子文亦未嘗三爲令尹。子文於莊公三十年爲令尹，至僖公二十三年讓子玉，凡二十八年，子玉死蔿呂臣繼之，子上繼之，大孫伯繼之，成嘉繼之，是後楚令尹不見於左傳，文公十二年追紀子文卒，鬬般爲令尹。意者成嘉之後嘗再起子文爲令尹，而仁山先生以爲子上之後者，誤也。然則子文爲令尹者再，其初以讓人，其後卒於位。子文卒，般爲令尹，在左傳宣公四年，全氏以爲文十二年，何也？閻氏謂二仕二已，在二十八年中，亦誤。據全氏說，則子文之事見於論語、國語，尚難盡憑，況叔敖乎？然國語鬬且曰「子文三舍令尹，無一日之積」。又曰「成王每出子文之祿，必逃，王止而後復」。則二十八年中必有逃而後復者，三仕三已，概可想見，當以論語爲信。

然則荆軻之湛七族

案：論衡語增云「秦王誅軻九族，復滅其一里」，與此不同。而漢書作「軻湛七族」，師古曰「此無『荆』字。尋諸史籍，荆軻無湛七族之事，不知陽所言何人」？野客叢書又云「湛之爲義，言隱没也。軻得罪秦，凡軻親屬皆竄迹隱遯，不見於世，非謂滅其七族。高漸離變姓名，匿於宋子，正此意」。未知孰是。

故秦信左右而殺

案：荆卿刺秦不中，何得言殺？漢書、文選作「亡」，尤非。

故縣名勝母而曾子不入，邑號朝歌而墨子迴車。

案：勝母非縣，此誤。然諸書所説多異，不入勝母，水經注二十五及索隱並引尸子作「孔子」，與此及淮南説山、説苑談叢、論衡問孔、鹽鐵論晁錯、新論鄙名、顔氏家訓文章篇作「曾子」，不同。迴車朝歌，新論、家訓作「顔淵」，水經淇水注引論語撰考讖云「邑名朝歌，顔子不舍，七十弟子掩目，宰予獨顧，由蹷墮車」，與此及淮南作「墨子」，不同。蓋所傳異詞，如水經注、説苑、論衡言「孔子不飲盜泉之水」，淮南言「曾子立廉，不飲盜泉」也。據任本尸子，此文在廣釋篇。

魯連其指意雖不合大義

案：仲連不肯帝秦一節，正見大義，戰國一人而已，史公此語殊未當。

史記志疑卷三十一

屈原賈生列傳第二十四

故憂愁幽思而作離騷。

古史曰「太史公言離騷作自懷王之世，原始見疏而作。案離騷之文斥刺子蘭，宜在懷王末年，頃襄王世。」

大破楚師於丹淅

附案：史各處皆作「丹陽」，而此作「丹淅」者，索隱云「丹、淅二水名。謂于丹水之北，淅水之南。皆爲縣名，在宏農。」然則卽漢地理志丹水縣、析縣也。通鑑胡注云「丹陽，丹水之陽。班志丹水出上洛冢領山，東至析入鈞水。其水蓋在丹水、析兩縣之閒，武關之外，秦、楚交戰，當在此水之陽。楚師既敗，秦乘勝取上庸路，西入以收漢中，其勢易矣。」據此，則丹陽丹淅原屬一地，惟國策言杜陵是誤耳。但索隱既知丹、淅在宏農，而于楚世家又云丹陽在漢中，于韓世家云在今均州，三處不同，豈非自相牴牾乎？正義謂在枝江。胡注亦辨之，云「楚遣屈匄伐秦，秦發兵逆擊之，枝江之丹陽則距郢逼近，秭歸之丹陽則不當秦、楚之路。索隱因下文遂取漢中，卽謂丹陽在漢中，皆非也」。

魏聞之襲楚至鄧

案：「魏」當作「韓」，説在楚世家。

殺其將唐昧（金陵本作「唐眛」。）

附案：「昧」當作「眛」。

雖放流

案：自此至「豈足福哉」，似宜在「頃襄王怒而遷之」後。讀史漫録曰「論懷王事，引易斷之曰『王之不明，豈足福哉！』卽繼之曰『令尹子蘭聞之大怒』，何文義不相蒙如此？世之好奇者，求其故而不得，則以爲文章之妙，變化不測，何其迂乎！」日知録二十六曰「雖放流，睠顧楚國，繫心懷王，不忘欲反，卒以此見懷王之終不悟也，似屈原放流于懷王之時」。又云「令尹子蘭聞之大怒，卒使上官大夫短屈原于頃襄王，頃襄王怒而遷之，則實在頃襄之時矣。放流一節，當在此文之下，太史公信筆書之，失其次序耳」。細玩文勢，終不甚順。

卒使上官大夫

附案：王逸離騷序云「上官靳尚」，蓋仍新序節士之誤。攷楚策靳尚爲張旄所殺，在懷王世，而此言上官爲子蘭所使，當頃襄時，必別一人，故漢書人表列上官大夫五等，靳尚七等。

景差之徒者

附案：索隱云法言人表皆作「景瑳」，作「差」，字省耳。徐、裴、鄒三家無音，是讀如字。攷今本法言吾子篇與史同，而師古于人表云「瑳，子何反。」蓋隨字爲音也。而李商隱宋玉詩「何事荆臺百萬家，惟教宋玉擅才華。楚辭已不饒唐勒，風賦何曾讓景差。」宋黄庭堅山谷集答任仲微詩「縮項魚肥炊稻飯，扶頭酒熟卧蘆花。吴兒何敢當倫比，或有離騷似景差。」讀差初牙切。又熊忠古今韻會音差倉何反，則不定如字讀矣。徐廣或作「慶」，非。

聞河南守吴公

案：史于人之名字，每不盡著，多恐是疎缺，未必當時已失其傳，故凡稱公、稱君、稱生之類甚夥，史公亦何吝此一字乎？統觀全史，其中最可惜者河南守吴公，爲漢循吏之冠；朱建子以駡單于死節；樅公以守滎陽見殺；董公説高帝爲義帝發喪。四人皆當時英傑，不容失名，安得略而不書。它若不肯名籍之鄭君，傳尚書之伏生，幸別有可攷，知伏名勝，鄭名榮。餘子碌碌，姑勿深論，雖閒有足證，亦不必詳已。

色尚黄，數用五，

案：五行之王，所説不同，辨在文紀。

絳、灌、東陽侯、馮敬之屬盡害之

附案：師古于漢書禮樂志、陳平傳云「楚漢春秋高祖之臣別有絳、灌，疑昧之文，不可明也。」師古殆不信之，而容齋三筆歷辨絳、灌是別一人，非周勃、灌嬰。蓋本文選讓太常博士書注，恐不可從。史、漢屢稱絳、灌，卽如陳平傳、絳灌世家作「絳侯灌嬰」，尤爲明證，今無楚漢春秋，莫由攷核。又困學紀聞十七曰「宋景文云賈生思周鬼神，不能救鄧通之譖。史、漢無鄧通譖賈生事，蓋誤。」而此事出風俗通正失卷，宋未嘗誤。史雖不及鄧通，然下「屬」字則通在其中矣。或有辨鄧通不與賈生同時者，非。

賈生既辭往行，聞長沙卑濕，自以壽不得長，又以適去，

案：賈生因服鳥入舍，故以爲壽不得長，非但因卑濕也。此乃下文之複出者，漢書改曰「誼既以適去」甚當，應衍「辭」字。至「又」字，十五字，文選同漢書。

爲賦

附案：賈賦以漢書、文選校之，辭各不同，當是所傳之別，依本書讀可也，惟誤者辨見後。

彌融爚以隱處兮

附案：徐注一云「偭蟂獺」是也，下句「從蝦與蛭螾」正相對。

見細德之險微兮

附案：困學紀聞十二云「顏注險阸之證，則『微』當作『徵』」。王説是。文選作「徵」，則知今本史、漢傳譌爲「微」久矣。

楚人命鴞曰「服」。

仁和金耀辰曰：「諸書皆言鴞服是一物，然周禮秋官硩蔟氏疏云『鴞之與鵩二鳥，俱夜爲惡聲者。則依漢書作『服似鴞』爲確。」

得坻則止

附案：「坻」作「坎」者是。

賈生數上疏

案：賈、屈同傳，以渡江一賦耳，不載陳政事疏，與董仲舒傳不載賢良策對同，鼂錯傳亦太略。幾等賈、董于馬卿矣。舍經濟而登辭賦，得毋失去取之義乎？

及孝文崩，孝武皇帝立，舉賈生之孫二人至郡守，而賈嘉最好學，世世其家，與余通書。至孝昭時，列爲九卿。（金陵本不重「世」字。）

附案：此文爲後人增改。「孝武」當作「今上」。而中隔景帝，似不必言「孝文崩」，宜云「及今上皇帝立也」。「世」字衍一，各本誤重。「至孝昭時」二句當删之。唐表誼子名璠，璠二子嘉、惲。

呂不韋列傳第二十五

呂不韋者，陽翟大賈人也。

索隱曰：「戰國策以爲濮陽人，又記其事跡多與傳不同。太史公當别有聞見，故不全依彼説。或者劉向定戰國策時，以己異聞改易彼書，遂不與史合也」。

安國君中男名子楚

索隱曰：「國策本名異人，後從趙還，乃變名子楚也。」

姬自匿有身，至大期時，生子政。

附案：「政」當作「正」，說在秦紀。攷漢書王商傳「不韋求好女爲妻，陰知其有身而獻之王，產始皇帝」。故始皇紀後所附班固文以始皇爲呂政，後儒俱稱以呂易嬴。讀史管見論「作史者宜自始皇元年書爲後秦正其姓氏，庶幾實錄」。均本斯傳言之，余竊惑焉。左傳僖十七「孕過期」，疏云「十月而產，婦人大期」。則大期乃十月之期，不作十二月解。即如史注十二月曰大期，夫不及期可疑也，過期尚何疑。若謂始皇之生本不及期，隱之至大期，而乃以生子告，則子楚決無不知之理，豈非欲蓋彌彰乎？秦爲伯益之後，當有興者，祇緣秦犯衆怒，惡盡歸之，遂有呂政之譏。而究其所起，必因不韋冒認厥考之誣辭。匿身一語，仍是奇貨可居故智。史公于本紀特書生始皇之年月，而于此更書之，猶云：世皆傳不韋獻匿身姬，其實秦政大期始生也。別嫌明微，合于春秋書「子同生」之義，人自誤讀史記耳。王世貞讀書後辨之曰「毋亦不韋故爲之說而泄之，秦皇始知其爲真父，長保富貴耶？抑其客之感恩者，故爲是以詈秦皇，而六國之亡人侈張其事，欲使天下之人謂秦先六國亡也。不然，不韋不敢言，太后復不敢言，而大期之子，烏知其非嬴出也」。又明湯聘尹史稗辨之曰「異人請婦至大期而誕子，未必請之時遽有娠也。雖有娠，不韋其肯輕洩之，而亦孰從知之？果有娠而後獻，當始皇在趙，母子俱匿，其嫗獨不能語子以呂氏之胤，如齊東昏妃之于蕭纘耶？如語之故，始皇必不忍忘一本之系，何至忿然曰『何親于秦？號爲仲父』。以奉先王之功，且躬出其後，而俾之遷蜀以死，雖賓客游說萬端，而莫之阻，亦自知嬴非呂也。然則呂易嬴之說，戰國好事者爲之。」

子楚夫人，趙豪家女也。

徐氏測議曰「子楚夫人卽不韋姬也，不得爲豪家女，當以秦質子故，有豪家主之，得自匿免」。

食河南洛陽十萬户

金耀辰曰「河南卽周王城，洛陽卽成周，並東、西周之地，其名舊矣，索隱謂河南之稱，史據漢郡言之，謬也。而國策曰『食藍田十二縣』，與此不同。攷藍田屬秦內史，豈河南洛陽爲封國，而藍田其采地歟？」

太后時時竊私通呂不韋

劉氏史記紀疑曰「此太后乃不韋姬，子楚立爲夫人者。政立爲王，卽宜書尊夫人爲太后，自是史公疎筆。而莊襄王立後亦少立夫人爲后句」。

當是時，魏有信陵君，楚有春申君，趙有平原君，齊有孟嘗君。

案：平原已卒于趙孝成王十五年，爲秦昭五十六年，孟嘗卒于齊襄王世，在秦昭二十五、六年閒，距是時三十六七年，正義言之矣。此蓋統說四公子，非當時事。

號曰呂氏春秋，布咸陽市門，懸千金其上，延諸侯游士賓客有能增損一字者予千金。

附案：御覽八百九引史同，而百九十一引史云「呂不韋撰春秋成，榜于秦市曰：有人能改一字者，賜金三十斤。」豈別據異本乎？高誘呂氏春秋序曰「時人非不能也，蓋憚相國畏其勢耳。誘注此書，頗糾其誤」。

後百年旁當有萬家邑

案：索隱云「宣帝元康元年起杜陵。漢舊儀武、昭、宣三陵皆三萬户，計去此一百六十餘年也」。余攷始皇七年夏太后薨，至起杜陵，凡百七十六年。

九月，夷嫪毒三族

案：始皇紀誅毒在四月，此誤。

謚爲帝太后

附案：謚者，號也，説在孟嘗君傳。

不韋及嫪毒貴，封號文信侯。

案：當云「嫪毒及不韋貴，封號長信侯」。索隱曰「文信侯不韋封也，嫪毒封長信侯。上文已言不韋封，此贊中言嫪毒得寵貴由不韋耳，合作長信侯」。

上之雍郊

案：「上」字誤仍秦史原文，説在始皇紀。

孔子之所謂「聞」者，其吕子乎？

案：不韋亂民也，而以「聞」許之，豈因其著書乎？黄氏日抄、經史問答並言其誤。法言淵騫篇以不韋爲穿窬之雄，諒哉！

刺客列傳第二十六

曹沫者

附案：曹子之名，左、穀及人表、管子大匡皆作「劌」，呂覽貴信作「翽」，齊、燕策與史俱作「沫」，蓋聲近而字異耳。索隱于魯仲連傳作「昧」，疑譌。沫，荒内反。索隱音亡葛反，從「末」，非。

以勇力事魯莊公

案：史通人物篇稱曹子爲命世大才，挺生傑出。困學紀聞七謂其問戰諫觀社，藹然儒者之言。而目爲勇士，列于刺客之首，何其卑視曹子也！

曹沫爲魯將，與齊戰三敗北。魯莊公懼，乃獻遂邑之地以和。

案：莊公自九年敗乾時，後至十三年盟柯，中閒有長勺之勝，是魯衹一戰而一勝，安得有三敗之事？齊桓會北杏，遂人不至故滅之。遂非魯地，何煩魯獻此，皆妄也。

曹沫執匕首劫齊桓公

案：劫桓歸地一節，年表、齊、魯世家、管仲、魯連、自序傳皆述之，此傳尤詳。荆軻傳載燕丹語，仍國策並及其事，蓋本公羊也。公羊漢始著竹帛，不足盡信，卽如歸汶陽田在齊頃公時，當魯成二年，乃公羊以爲桓公盟柯，因曹子劫而歸之，其妄可見。況魯未嘗戰敗失地，何用要劫？曹子非操匕首之人，春秋初亦無操匕首之習，前賢謂戰國好事者爲之耳。仲連遺燕將書云「亡地五百里」，呂覽貴信云「封以汶南四百里」，管子多後人羼入，而其大匡篇但云「與地以汶爲竟也」。齊策及淮南氾論云「喪地千里」。魯地安得如此之廣？汶陽安得如此之大？不辨而知其誣誕矣。葉夢得春秋考以曹劌、曹沬爲二人，非也。

光之父曰吳王諸樊

案：光父一云夷眛，說在吳世家。下四條並說見世家中。

吳人乃立夷眛之子僚爲王。（金陵本作「夷昧」。）

案：一說僚是壽夢子。

九年，而楚平王死。春，

案：「九年」乃「十一年」之誤。「春」字衍。當作「明年夏」。

公子蓋餘、屬庸

附案：二公子名多不同。

四月丙子

案：丙子不知何出？

其後七十餘年，而晉有豫讓之事。

案：「七」乃「六」字之誤。徐廣曰「六十二年」。

豫讓者

案：晉語伯宗得士畢陽以庇州犂，而畢陽之孫爲豫讓，見國策，祖孫皆以義烈著，而史公不書于傳，何也？其序豫讓事亦與策小異。

呑炭爲啞

案：下文豫讓與其友及襄子相問答，則不可言啞，當依策作「呑炭以變其音」爲是。

襄子至橋馬驚

案：呂子序意有青荓自殺事，水經注六謂汾水上有梁，青洴殞于梁下。此烈士也，策、史何以不及？

乃使使持衣與豫讓，豫讓拔劍三躍而擊之，

附案：索隱曰「國策今本無。『衣盡出血。襄子迴車，車輪未周而亡』。此不言衣出血者，太史公恐涉怪妄，故略之耳」。

其後四十餘年，而軹有聶政之事。

集解曰「自三晉滅知伯至殺俠累，五十七年。」當亦徐廣語，「七」字宜作「六」。

濮陽嚴仲子事韓哀侯，與韓相俠累有郤。

案：仲子卽嚴遂，俠累卽韓傀。韓子內儲下作「廆」，藝文類聚作「傫」。其事在列侯三年，年表、世家所書是也，而此傳稱哀侯。索隱謂史公聞疑傳疑，聞信傳信，欲使兩存，殊非事實。攷列侯三年聶政刺俠累，十三年列侯卒，歷文侯十年至哀侯六年韓嚴弑哀侯，年數相去甚遠，史蓋誤合嚴遂、韓嚴爲一人，故此傳獨異。然韓策固作「列侯」，史公反改「列」爲「哀」，豈又誤仍韓子内儲乎？而韓策于釐王策中亦誤作「哀侯」。鮑注改「烈」。通鑑因之，古史疑之，惟大事記、國策吴注辨其非。

然後具酒自暢聶政母前

附案：「暢」字徐廣作「賜」。索隱曰「策作『觴』爲得也」。

將用爲夫人麤糲之費

附案：韓策作「丈人」，注云「一本夫人或作『大人』。蓋丈人是。」索隱、見軻傳。正義作丈人解，然傳刻多譌脱，當曰「韋昭云古者名男子爲丈夫，尊大嫗爲丈人。漢書宣元六王傳『王遇丈人益解，爲丈人乞骸骨去』。案丈人，憲王外祖母。古詩云『三日斷五匹，丈人故言遲』是也。」今本漢書作「大人」。

韓相俠累方坐府上，持兵戟而衛侍者甚衆。聶政直入，上階刺殺俠累。

案：韓策云「韓有東孟之會，王及相皆在，政刺韓傀，傀走抱烈侯，政刺之，兼中烈侯」。又云「東孟之會，聶政、陽堅刺相兼君。許異蹵列侯而殪之，使之佯死也。論衡書虚篇謂政刺殺烈侯，不可信，蓋誤認烈侯真死耳。立以爲鄭君。許異終身相焉」。據此，則史言俠累坐府上，非也。而烈侯之中，陽堅之副，許異之相，史概不及，疎矣。

政姊榮

附案：集解作「嫈」，與國策合，此譌「榮」也。下同。

今乃以妾尚在之故，重自刑以絶從

附案：徐廣曰「恐其姊從坐而死」。索隱曰「從音蹤，古字假借。徐氏以爲從坐，非」。正義曰「刑作『刊』。本爲仲子報雠，愛惜其事，不令漏泄，以絶其蹤跡。其姊妄云爲已隱矣」。

嚴仲子亦可謂知人能得士矣

附案：御覽琴部載琴操，謂政之刺韓王，因政父爲王治劍不成見殺。政入泰山，遇仙人學琴，琴成入韓，王召使琴，遂出刀刺王以報雠。非爲仲子，抱政屍而哭者政之母，亦非其姊。與策、史大異。王厚齋因疑韓有兩聶政，而不知琴操多不足據也。繹史云牽合聶政豫讓高漸離等事爲一，附會明矣。

其後二百二十餘年，秦有荆軻之事。

徐廣曰：「聶政至荆軻百七十年。」

徙衞元君之支屬於野王

案：徙野王者即元君，豈惟支屬哉。

而不棄其孤也

索隱曰：「無父稱孤。時燕王尚在，而丹稱孤者，或記者失辭，或諸侯嫡子僭稱孤也。」後說與語意不合，趙太常曰「只作窮獨意解」。

誠能劫秦王使悉反諸侯侵地，若曹沫之與齊桓公，則大善矣。

案：曹沫事説見前。以齊桓望始皇，丹之愚也。

乃令秦舞陽爲副

案：燕丹子載田光答太子云「武陽骨勇之人，怒而面白，則何以使之爲副哉！」又國策、燕丹子、人表、隸續武梁畫並作「武陽」，而史獨作「舞陽」，古字通用，説在魏世家中。

爲變徵之聲，士皆垂淚涕泣。

案：風俗通聲音卷引史作「濮上音」，「垂淚」作「垂髮」，豈所見本異歟？余因攷藝文類聚四十四、初學記十六引宋玉笛賦云「宋意將送荆卿于易水之上」。文選二十八雜歌序云「荆軻歌，宋如意和之。」淮南泰族云「高漸離、宋意爲擊筑而歌于易水之上」。水經注十一云「高漸離擊筑，宋如意和之。」新論辨樂云「荆軻入秦，宋意擊筑。」陶潛靖節集詠荆軻詩云「宋意唱高聲」。策史俱不及宋如意，何也？

劍堅故不可立拔

附案：正義引燕丹子云「秦王曰『今日之事，從子計耳。乞聽瑟而死。』召姬人鼓琴，琴聲曰『羅縠單衣，可裂而絶；八尺屏風，可超而越；鹿盧之劍，可負而拔。』王於是奪袖超屏風走之。」與此不同。惶急之際，何能聽琴，不可信也。而御覽五百七十七引以爲史記，必是誤耳。

傍偟不能去，每出言曰：

附案：顔氏家訓書證篇引風俗通述此事云「伎癢不能無出言，今風俗通脱「無」字，文選射雉賦注引作「毋」。今史記並作『徘徊』，或作『傍徨不能無出言』，是六朝時史記本已爲流俗裁改，而今所傳本又異矣」。

重赦之

附案：風俗通「赦」作「殺」。

自曹沫至荆軻五人

案：困學紀聞十一載唐説齋謂「曹沫賊禮，專諸賊義，聶政賊仁，荆軻賊信，並列于傳，而嗟歎其志爲繆」。又謂「豫子烈士，寘諸四子之閒，爲薰蕕同器」。讀史管見、黄氏日抄並譏之。余謂刺客本不當立傳，各附人吴、濟、燕、趙、韓世家可也。且表稱聶政爲盜，足見書法。專、軻亦政之類，而傳刺客皆稱之不容口，何哉？况曹沫事之誣妄者也。

李斯列傳第二十七

李斯者

附案：元吾丘衍學古編云「斯字通古」。

會韓人鄭國來閒秦　請一切逐客

孫侍講曰：「逐客之議，因嫪毐不因鄭國。鄭國事在始皇初年。」大事記云「是時不韋專國，亦客也，孰敢言逐客乎？本記載于不韋免相後，得之矣。」

迎蹇叔於宋

索隱曰「於宋，未詳所出」。正義曰「括地志云蹇叔岐州人。時游宋，故迎之於宋」。恐未確。

求丕豹公孫支於晉

案：「求」乃「來」之譌文。索隱曰「公孫支是秦大夫，而云自晉來，亦未見所出」。正義引括地志云「支游晉，後歸秦」。

此五者（金陵本作「此五子者」。）

附案：史詮曰「五子者，湖本缺『子』字」。

并國二十

案：二十非實，說在秦紀。

惠王用張儀之計，拔三川之地，西并巴、蜀，

案：李善文選注曰「通三川是武王，張儀已死，此誤也」。善注甚允。索隱彌縫其誤，言儀先請伐韓下兵三川，故以爲儀計。不免曲說。至伐蜀是司馬錯，而亦以爲儀者，索隱謂儀爲秦相，雖錯滅蜀，歸功于相。余考華陽國志，伐蜀乃儀爲主將，而錯副之，豈徒歸功已哉。又說在甘茂傳。

鄭、衞、桑閒、昭、虞、武、象者

案：昭有韶音，故可通借。以韶、武與鄭、衞並說，殊爲不倫，然出于斯之口，無責耳矣。

二十餘年，竟并天下

案：始皇十年有逐客令，至并天下才十七年也。

殷、周之王千餘歲

案：千餘歲，非也，說在始皇紀。

令臣青等（金陵本作「令青臣等」。）

案：此「青臣」之誤。

明年，又巡狩，外攘四夷，

案：始皇三十五年無巡狩事，攘四夷亦不在是年。

衞君殺其父，而衞國載其德，孔子著之，不爲不孝。

案：衞無其事，趙高妄言耳。王孝廉曰「或是誣武公殺兄事，『父』疑作『兄』，『不孝』疑作『不弟』」。

所賜長子書及符璽皆在胡亥所，

附案：書及璽在趙高所，而云在胡亥所者，徐氏測議云「亦以劫斯也」。

就變而從時

附案：文選東方朔畫贊注引史作「龍變而從之」。

而諸公子盡帝兄

案：此言疑不然，始皇二十餘子。集解引善文隋志善文五十卷，杜預撰。辨士遺章邯書曰「李斯爲秦王死廢十七兄而立今王」，則二世是始皇第十八子，尚有弟也，故李斯云「夷其兄弟而自立」，又云「行逆於昆弟」。

且蒙恬已死，蒙毅將兵居外

案：始皇紀及蒙恬傳，將兵在外者恬也，而爲內謀者毅也。又胡亥先殺毅，後殺恬，此言俱自相駁，當云「蒙毅未死，蒙恬將兵在外」乃合耳。

公子十二人僇死咸陽市

案：紀言「六公子戮于杜，公子將閭昆弟三人自殺」，與此異。

而二世責問李斯

案：責問語與紀不同，説在紀。

葬於會稽

案：禹葬會稽之誣，説在夏紀中。

泰山之高百仞，而跛牂牧其上。

附案：説文擊傳「夌」字注引史曰「泰山之高，跛牂牧其上，夌倕故也」，與今本殊，而後書孔融傳注引史又與今本同。斯語所見亦多異，韓子五蠹篇云「十仞之城樓季弗能踰者，峭也；千仞之山跛牂易牧者，夷也」。韓詩外傳三「孔子曰：一仞之牆，民不能踰；百仞之山，童子登游焉，凌遲故也」。鹽鐵論詔聖云「嚴牆三仞，樓季難之；山高干雲，牧竪登之。故峻則樓季難三仞，陵夷則牧竪易山巔。」外傳本荀子宥坐。

死則有賢明之謚也

附案：謚者號也，説在孟嘗君傳。死亡之言，非臣子所宜語于君父，乃直陳無隱，雖暴秦之多忌，不以是爲罪。蓋秦、漢時近質，諱猶少，故賈誼告孝文曰「生爲明帝，死爲明神，顧成之廟，稱爲太宗」。

此與端木氏言「夫子其死也哀」同。魏明帝在位，有司先擬廟號烈祖，更奇。

其志若韓玘爲韓安相也

附案：索隱以周顯王二十年韓姬弑悼公事當之，謂李斯此言爲非，大謬。通鑑卷八胡注曰「余觀李斯書意，正以胡亥亡國之禍在旦夕，故指韓安用韓玘而亡事警動之。韓安之臣必有韓玘者，特史逸其事耳。李斯與韓安同時，而韓安亡國之事，接乎胡亥之耳目，所謂『殷鑒不遠』也」。

臣爲丞相治民，三十餘年矣。

案：始皇二十八年李斯尚爲卿，本紀可據，疑三十四年始爲丞相，則相秦僅六年。若以始皇十年斯用事數之，是二十九年，亦無三十餘年也。

緩刑罰，薄賦斂，以遂主得衆之心，萬民戴主，死而不忘。

案：以秦之嗜殺深税，而曰緩刑薄斂；天下共欲亡秦，而云萬民不忘，可笑也。

二世二年七月，具斯五刑，論腰斬咸陽市。

案：殺李斯，通鑑依此傳在二年，然始皇紀斯就五刑在二年，論殺在三年冬，似紀爲是。

左右皆曰馬也

案：左右或言鹿，或言馬，故二世惑而卜之。若皆以爲馬，尚何卜焉？

於是乃入上林齊戒

案：此下叙事與本紀異，並説在紀。

乃召始皇弟，授之璽。

徐廣曰：「一本『召始皇弟子嬰』。」索隱曰「劉氏云『弟』字誤，當爲『孫』。子嬰，二世兄子。」

與宦者韓談

案：史公爲父諱，以「談」爲「同」，此兩稱韓談何也？說在晉世家。

子嬰立三月

案：嬰立四十六日，此非。

人皆以斯極忠

案：法言重黎篇有答或人李斯盡忠之問，當時蓋有以爲忠者，故鄒陽曰「李斯竭忠」。

不然斯之功且與周、召列矣

案：史公贊蕭相國云「與閎夭、散宜生争烈」，贊絳侯云「伊尹、周公何以加」，贊淮陰侯云「可比周、召、太公之徒」，論張耳、陳餘云「與太伯延陵異」，已爲擬不于倫。若李斯何人，乃贊其功並周、召，不亦悖乎！馮衍欲投李斯于四裔，庶幾焉！見後書衍傳。

蒙恬列傳第二十八

始皇二十六年，蒙恬因家世得爲秦將，攻齊，大破之，

考證張氏曰：「紀、表攻齊者將軍王賁，皆不言有蒙恬。或恬此時亦從軍，非大將。」

築長城

案：此言恬築長城起臨洮至遼東萬餘里，恬亦以絶地脈爲己罪，後世遂言長城是秦築之，其實不盡然也。以趙世家、蘇秦、匈奴傳及竹書攷之，大半七國時所築，蒙恬特繕治增設，使萬里相連屬耳，豈皆恬築哉。又淮南子人間訓言「蒙公、楊翁將築長城」，史但舉蒙恬，遂令楊翁之名不著，始皇紀有楊端和，豈卽楊翁耶？

暴師於外十餘年

案：恬自始皇三十二年將三十萬衆擊胡，至三十七年死，首尾僅六年，而云十餘年，與主父、匈奴傳同誤。

使者以蒙恬屬吏，更置。胡亥以李斯舍人爲護軍。使者還報，

徐氏測議曰「『更置』二字連下，言更以李斯舍人典軍也」。方氏補正曰「『胡亥』二字衍。」

昔者秦穆公殺三良而死，罪百里奚而非其罪也，故立號曰「繆」。

附案：風俗通皇霸篇亦云「繆公殺賢臣百里奚，以子車氏爲殉，故謚曰『繆』。」據此，則任好之謚音靡幼反，上「穆公」當改作「繆」矣。然經傳皆作「穆」或亦作「繆」，二字通用也。蒙毅、應劭之言必有所據，故唐文粹皮日休秦穆謚論以謚「繆」爲定。楊愼二伯論又因皮氏而暢衍之。酉陽雜俎續集云「論衡言秦穆爲「繆」，音「謬」，可笑。

昔周成王初立

案：此言成王襁褓及周公禱河，皆妄，說在魯世家。

史記志疑卷三十二

張耳陳餘列傳第二十九

外黄富人女甚美，嫁庸奴，亡其夫，去抵父客。

附案：亡其夫者，背夫而逃也，故漢書曰「庸奴其夫，亡邸父客」，解家多誤。徐廣作「其夫亡」，亦非，下有「請決」語，不得言夫亡矣。

北有長城之域（金陵本作「長城之役」。）

附案：别本「域」作「役」，與漢書同，湖本譌。

范陽人蒯通

附案：史、漢皆云「范陽人」，漢書通傳亦作「范陽」。史淮陰傳前作「范陽」，後作「齊人」。此范陽疑即東郡范縣，非涿郡之范陽。若依師古謂「通本燕人，後游於齊」，則何以高祖曰「是齊辨士」，詔齊捕之乎？且此時武臣尚未涉燕地也。

范陽令乃使蒯通見武信君曰

案：漢書作通設爲武信君問答之言以説范陽令，而史謂范陽令使通見武信君，其語亦不同，似宜從漢書。

陳王相國房君

案：陳涉世家「陳王以上蔡人房君蔡賜爲上柱國」，漢傳鄭氏注曰「房君，官號」。師古曰「封邑之名，非官號也」。索隱曰「爵之于房，號房君。晉灼案張耳傳，言相國房君者，蓋誤耳。涉因楚有柱國之官，故以官蔡賜。蓋其時草創，亦未置相國之官也」。

乃走燕壁，燕將見之，

案：此處上下文不接，且未奉張、陳之命，豈敢遽走敵營哉！新序善謀述其事云「厮養卒乃洗沐往見張耳、陳餘，遣行，見燕王」，於情事較全。「燕將」亦當作「燕王」爲實，下文同。歸王大事，燕將敢自主乎？

王離圍之

案：項羽紀言「王離、涉閒圍之」，此不及涉閒者，離是主將，且可互見也，故高紀、月表皆略之。然下文有涉閒自殺語，則此處反似疏脱矣。

漢王之入關，五星聚東井，

案：星聚不在入關之月，説見天官書。

漢二年

案：此下當有「四月」二字。

今王事高祖甚恭

案：高祖非生前之稱，此與下四「高祖」皆當從漢書作「皇帝」。

要之置（金陵本「置」下有「厠」字。）

附案：索隱本「置」下有「厠」字，與漢書同，今本脱。

貫高與客孟舒等十餘人，皆自髡鉗，爲王家奴從來。

案：上言貫高與王轞車膠致長安矣，而又言與客從來，何耶？評林明田汝成糾之，漢書删去最當。

吕后數言張王以魯元公主故，不宜有此。

案：「魯元」二字當衍，魯封在後，而「元」乃謚也。

子偃爲魯元王

案：此及下「元」字皆衍。而「元王弱」句，當改作「魯王」，説在吕后紀。

所由殆與太伯、延陵季子異矣。

案：此言輕視太伯、季札矣，説在李斯傳。

魏豹彭越列傳第三十

齊、楚遣項它、田巴將兵隨市救魏。

劉奉世曰：「田儋傳儋自將兵救魏，章邯殺儋臨濟下，非遣田巴也。」

漢乃使人賜彭越將軍印，使下濟陰以擊楚。

案：田榮使越反楚，印卽榮賜之，項羽、高祖二紀可據。此「漢」字誤，劉氏刊誤曰「不合有『漢』字」。

漢王二年春　漢王三年　漢五年秋

案：「春」當作「夏」。衍兩「王」字。「秋」當作「冬」。

漢王敗，使使召彭越。

劉攽曰：「此時漢未敗，疑是『數』字。」

五年，項籍已死，

案：「五年」二字衍，上文已書之。

廷尉王恬開奏請族之

案：彭越之族在高帝十一年。而公卿表十年是廷尉宣義，十二年廷尉育，則非王恬開，此時恬開恐尚爲郎中令也。

黥布列傳第三十一

其八月，布使將擊義帝，追殺之郴縣。

案：此以弑義帝在八月，與紀、表異，説在羽紀。

漢二年　漢三年

案：「漢二年」當移在後「漢王擊楚」句上，「漢三年」移後「淮南王至」之上，此誤也。

漢王曰：孰能爲我使淮南？

案：英布歸漢始立爲淮南王，在漢四年七月，是時尚爲九江王，故隨何對楚使者曰「九江王已歸漢」也。此「淮南」二字當作「九江」。下文凡稱「淮南」並非。

留項王於齊

案：本紀項王去齊而後有彭城之戰，漢敗彭城而後有隨何之説，安得言留齊，當是留項王于楚耳。蓋英布叛楚，則項王必留身擊布，而漢得以圖取天下也，此誤。劉攽説亦非。

布甚大怒

案：「甚大」二字當去其一，漢書無「甚」字。

六年

案：二字衍。

七年，朝陳。　九年，朝長安。

案：「七年」當作「六年」。「九年」下又缺「十年」二字。

夏，漢誅梁王彭越，

案：「夏」當作「春」。

往年殺彭越，前年殺韓信，言此三人者，（金陵本無「言」字。）

案：殺信、越並在十一年春，此語誤。又考證張氏曰「『言』字疑衍，蓋從上『信』字訛寫也」。

臣客故楚令尹薛公者

附案：唐世系表「薛倪爲楚令尹，生翁。翁生鑒，漢初獻策滅黥布封千户侯」。此言恐不足信。

果如薛公籌之

劉攽曰：「薛公所言英布出下計，不盡如薛言，布取荆又敗楚，遂與上遇，何嘗歸重于越，身歸長沙乎？」

以故長沙哀王使人紿布

集解曰「是成王，非哀王，傳誤也。」

禍之興自愛姬殖，妒媢生患，竟以滅國！

附案：顏氏家訓書證篇云「太史公論英布曰『禍之興自愛姬生于妒媚，以至滅國』」，「媚」當作「媢」，顏氏見本異。

淮陰侯列傳第三十二

南昌亭長

索隱曰「楚漢春秋『南昌』作『新昌』」。

上拜以爲治粟都尉

宋沈作喆寓簡曰：「秦官有治粟内史，高帝因之，元年執盾襄爲此官，至武帝時始有搜粟都尉，蓋誤也。」說本公卿表，而藝文類聚四十九引史作「治粟内史」，豈改之乎？

唯句信亦爲大王不如也（金陵本作「惟」。）

附案：史詮曰「漢書注唯，應辭，音戈癸反。作『惟』誤」。評林曰「一本『亦』下有『以』字」。

韓、殷王皆降

案：本紀「韓王昌不聽，擊破之」，此云降，似誤。

六月，魏王豹

案：當作「五月」，說在高紀。

定魏爲河東郡

案：失書上黨，說在高紀。

信與張耳以兵數萬

案：此上失書「漢三年」。

復疾戰

劉奉世曰：「三字衍」。

至，宿傳舍。晨自稱漢使，馳入趙壁。張耳、韓信未起，卽其卧內上奪其印符，以麾召諸將，易置之。信、耳起，乃知漢王來，大驚。

案：此事余疑史筆增飾，非其實也。唐順之稗編載宋楊時論韓信曰：「信、耳勇略蓋世，竊怪漢王入卧內奪其印符，召諸將，易置之，而未之知，此其禁防闊疎，與棘門、霸上之軍何異耶？使敵人投閒竊發，則二人者可得而虜也。」費袞梁溪漫志曰「凡用兵之法，敵人動息尚當知之，豈有其主宿傳舍，而軍中不知，斥侯不明矣。周亞夫屯細柳天子先驅不得入，今乃入卧內，召諸將易置，而猶不知，紀律安在？項羽死，高祖又襲奪其軍。夫爲將而其軍每爲襲奪，則真成兒戲。信號能軍，恐不應至是」。邵氏疑問曰「細柳營天子先驅不得入，漢使而卽馳入壁乎？入壁猶可，而符印在將軍之肘腋，可易奪乎？亦從誰手而奪之？必親奪之信、耳也，又胡爲起而知漢王始驚乎？況麾召諸將易置之，爲時亦少閒矣，豈信、耳偃仰高卧，待易置畢始起乎？左右不得其解」。評林茅坤曰「漢王之入壁奪軍，豈出成皐後兵已散，一則欲收信、耳兵抗楚，一則恐耳、信瞰其兵折而生離心，故爲此計以示武耶」？

信引兵東

案：下文「漢四年」三字當移此句上，漢書又誤置「四年」于前文「漢王出成皋」上也。

楚亦使龍且將

案：龍且裨將，何以不書主帥項它，說在羽紀。各本誤以上句「西」字連讀作「西楚」。

齊王廣亡去

錢唐翁孝廉承高曰「廣與龍且同時見殺，高紀、月表、田儋傳及漢書可證，獨此言亡去，誤也。因廣被殺，故田横自立爲王。」

大夫種、范蠡存亡越，霸勾踐，立功成名，而身死亡。

附案：范蠡不死亡，因說文種連及，古人多有此句法，漢書通傳無之。韓王信報柴將軍書，亦云種、蠡死亡，師古曰「言種不去則見殺，蠡逃亡則獲免」，作逃亡解亦通。

漢王怨眛（金陵本「眛」作「昧」。）

案：高祖卽帝位矣，何言漢王也？下文漢王畏惡其能，同誤。

陳豨拜爲鉅鹿守

案：此文誤，豨以趙相國守代也。

漢十一年，陳豨果反。

案：豨反在十年九月，此誤，說在高紀。

呂后使武士縛信，斬之長樂鐘室。

附案：信之死冤矣，前賢皆極辨其無反狀，大抵出于告變者之誣詞及呂后與相國文致之耳。史公依漢廷獄案敘入傳中，而其冤自見。一飯千金，弗忘漂母；解衣推食，寧負高皇；不聽涉、通于擁兵王齊之日，必不妄動；于淮陰家居之時，不思結連布、越大國之王，必不輕約邊遠無能之將，賓客多與稱病之人何涉？左右辟則挈手之語誰聞，上謁入賀，謀逆者未必坦率如斯；家臣徒奴，善將者亦復部署有幾。是知高祖畏惡其能，非一朝夕，胎禍于躡足附耳，露疑于奪符襲軍，故禽縛不已，族誅始快，從豨軍來，見信死且喜且憐，亦諒其無辜受戮，爲可憫也！獨怪蕭何初以國士薦，而無片語申救，又詐而紿之，毋乃與留侯勸封雍齒異乎？程敏政以信死咎陳平，尚未確見篁墩集陳平論。

信方斬之（金陵本無「之」字。）

附案：史詮謂宋本無「之」字，是也，漢書無。

可以比周、召、太公之徒

案：比儗太過，說在李斯傳。

韓信盧綰列傳第三十三

韓王信者，故韓襄王孽孫也。

案：唐世系表以信爲公子蟣蝨子，未知確否？徐廣據楚漢春秋謂韓王信一云「信都」，史通雜說篇從之，譏馬、班去「都」字爲非，乃妄也。索隱曰「楚漢春秋謬，韓王信初爲韓司徒，誤以爲韓王名」，是已。司徒之轉爲信同申。都，猶司徒之轉爲申徒、勝屠、申屠也，潛夫論氏姓篇、路史發揮言之詳矣。

更以爲列侯

案：此但言項籍廢韓王成爲侯，而不言其殺成，疎也。

使人責讓信

案：漢書作「上賜信書責讓之」，并載書語，此不言亦疎。

與其將白土人

朱子文漢書辨正曰「多一『與』字」。

柴將軍屠參合，斬韓王信。

案：斬信者樊噲，傳云「所將卒」，匈奴傳是噲，與此異。漢書高紀、信傳是柴，而噲與匈奴傳同史，未知孰是。

至孝文十四年

案：當作「十六年」。

嬰孫以不敬失侯

案：史、漢表嬰子澤之，元朔四年坐詐病不從，不敬，國除。則此言孫，誤也。

卒爲案道侯

案：「卒」字疑當作「今」。

子代，歲餘坐法死。後歲餘，說孫曾拜爲龍頟侯，續說後。

附案：此下乃後人所續，當刪之。且續于侯表者，并其名字兄弟而誤之。續于列傳者，亦既誤以曾爲說孫，又誤其坐罪復封之歲。蓋說子興以征和二年代，今本漢表訛作「三年」。四年坐祝詛斬，後元元年興弟曾紹封也。集解、正義、唐世系表並誤。

漢五年八月，迺立盧綰爲燕王

案：「漢五年」三字衍，上文已書之矣。「八月」乃「後九月」之誤，說在諸侯王表。

漢十一年秋，陳豨反代地，

案：豨反在十年九月，此誤，說見高紀。

御史大夫趙堯往迎燕王

案：紀、傳無堯往迎之事。

夏，誅彭越，

案：誅越在三月，說在高紀，此「夏」字可衍也。

使樊噲擊燕

案：此失書周勃。

孝景中六年

案：當作「中五年」。

陳豨者，宛朐人也。不知始所以得從。及高祖七年冬，韓王信反，入匈奴，上至平城還，迺封豨爲列侯，湘本「列」訛「烈」。

案：功臣表豨以特將，於前元年從起宛朐，何云不知始所從。其封侯在六年，何待七年還平城之時，當是漢五年秋破燕王臧荼還乃封耳。漢傳仍史誤。

監趙代邊兵

史詮曰「『邊』字衍。」

及高祖七年七月

案：「及高祖」三字衍。「七年」乃「十年」之誤。

自立爲大王（金陵本作「代王」。）

案：漢傳作「代王」是。陳氏測議曰「代王譌『大』者，北音相誤也」。

漢兵擊斬陳豨將侯敞、王黄於曲逆下

案：史詮謂「王黄」二字衍，是也，下云「生得王黄」，樊噲傳云「虜王黄」，則非斬矣。

不罵者黥之

案：紀作「原之」，疑此誤。

迺立子恆爲代王

史詮曰：「『恆』字當諱。」

高祖十二年冬，樊噲軍卒追斬豨於靈丘。

案：「高祖」二字衍。斬豨是周勃，「靈丘」又作「當城」，並説在紀。

田儋列傳第三十四

楚懷王曰

案：項羽紀作「項梁語」，是也，此誤。

平原人殺榮。項王遂燒夷齊城郭，所過者盡屠之。齊人相聚畔之。榮弟横收齊散兵得數萬人，反擊項羽於城陽。

案：榮見殺之後，項羽立田假爲齊王。田横反城陽，擊假，假走楚，楚殺之。此缺誤。

相横走博陽

案：漢書作「博」，是也。灌嬰傳「破田横至嬴、博。」傅寬傳「屬相國參，殘博。」漢志博屬泰山郡，若博陽則爲汝南之縣，豈齊封内哉。下亦誤。

楚使龍且救齊

案：龍且非主將，説在羽紀。

吾聞其餘尚五百人在海中，使使召之。至則聞田横死，亦皆自殺。

案：五百人皆自殺，恐傳聞非實，乃溢美之言也。諸葛誕爲司馬昭所誅，麾下數百人，坐不降見斬，皆曰「爲諸葛公死不恨」！魏志所書如此，而注引干寶晉紀云「數百人拱手爲列，每斬一人輒降之竟，不變至盡，時人比之田横。」疑亦不免溢美。

蒯通之謀，亂齊驕淮陰，其卒亡此兩人。

案：兩人謂韓信、田横，然信之亡不關蒯生也。

蒯通者，善爲長短説，論戰國之權變，爲八十一首。

翁孝廉曰「漢書通傳言『八十一首，號雋永。』攷藝文志無雋永而有蒯子五篇，未知即此八十一首否？史公述戰國時事與策不同者五，豈取于雋永乎？今不可攷矣。」

樊酈滕灌列傳第三十五

與司馬尼戰碭東（「尼」，金陵本作「𡰥」。）

附案：「尼」當作「𡰥」，説在高紀。

賜上閒爵

附案：索隱本作「上聞」，與漢書同，各本譌「閒」字。索隱謂或作「上閒」，音「中閒」之「閒」，殊非，故如淳引呂覽上賢篇「天子賞魏文侯以上聞爵」爲證。張晏曰「得徑上聞也」。晉灼曰「名通于天子也」。史注多譌字，漢書注不誤。但今本呂覽作「上卿」，蓋亦譌耳。

從攻圉

案：漢書作「從攻圉都尉」。劉攽曰「衍『都』字」。則此誤「圉」爲「圉」，又脱「尉」字也。圉乃陳留縣名。

捕虜十一人

案：漢書作「十六人」。又下文「捕虜二十七人」漢書作「二十六」，「斬首二十四級」作「十四」，皆未知孰實。

河間守軍於杠里，破之。

案：秦無河閒郡，安得有河閒守。經史問答辨之曰「秦郡無河閒，即令有之，河閒時已屬趙，項、章鉅鹿之軍隔于其閒，不得至中原也。杠里在梁、周閒，非河閒之所部，其爲誤不待言。以地按之，或是三川守之軍」。

東攻秦軍於尸

附案：尸乃尸鄉，與下「南攻秦軍於犨」句對，各本誤連「南」爲句。

至霸上

余有丁曰：「此不載諫止宫語，似闕略。」

以待大王

案：項羽此時未王也，凡三稱「大王」皆非，説在羽紀。

是日，微樊噲犇入營誚讓項羽，沛公事幾殆。

讀史漫録曰：「此耳食也，項王本無殺沛公之心，直爲范增從臾，及沛公一見，固已冰釋。使羽真有殺沛公之心，雖百樊噲，徒膏斧鉞，何益于漢。太史公好奇，大都抑揚太過。」

明日，項羽入屠咸陽。

案：羽紀作「居數日」，與漢書羽、噲傳合，此非。

從擊秦車騎壤東

案：據曹相國世家，當作「三秦車騎」，此及漢傳俱缺。

軍所將卒斬韓信

案：斬信之人，所書各不同，説在韓信傳。

定食舞陽五千四百户

案：史、漢表皆云「五千户」，此誤。

虜二百八十八人　將軍十二人，二千石已下至三百石十一人。

案：漢書作「八十八人」，無「二百」兩字。又「十二人」作「十三」，「十一人」作「十二」。

而伉母吕須亦爲臨光侯

案：當作「林光」，說在呂后紀。

曲周侯酈商者，高陽人。

附案：酈氏居于陳留郡雍邱縣高陽鄉，故商與食其皆高陽人，非涿郡高陽縣也。

漢王賜商爵信成君

案：劉奉世云「商先封信成君，『君』當作『侯』」，是也。徐孚遠曰「再言，衍文」，義門讀書記曰「復云賜爵信成君，當卽樊噲傳所謂賜重封」，並非。

得代丞相程縱

案：絳侯世家以爲周勃得之。

七月，以右丞相擊陳豨，

案：漢書作「十月」，是。蓋豨以十年九月反，不得言七月矣。

圍趙城十月

案：「十月」乃「三月」之誤，說在楚元王世家。

孝景中二年，寄欲取平原君爲夫人，

案：當作「中三年」也，孝武卽位，始尊皇太后母臧兒爲平原君。

爲太常，坐法，國除。

附案：七字後人妄增，衍之。

漢王怒，行欲斬嬰者十餘，卒得脱，而致孝惠、魯元於豐。

翁孝廉曰「以項羽、高祖二紀觀之，則此乃史公抑揚太過之詞，非其實也。事急不能存子女，無可如何而棄之耳。人爲收載，豈不大幸，何至怒其人而屢欲斬之，非人情矣。齊東野語謂高祖薄於父子之義，恐未盡然。」

賜嬰食祈陽

附案：徐廣「祈」作「沂」，是也，漢書、水經注六並作「沂陽」。

子侯頗尚平陽公主

案：孝景長女陽信公主，後爲平陽公主者，乃武帝之姊王皇后所生。漢書夏侯嬰傳云「主隨外家姓，號孫公主」，蓋别一公主也。漢書考異曰「頗所尚之平陽公主，不知何帝女，馬端臨帝系考亦失書」。

項羽擊大破漢王

案：「大」字衍，漢書無。

攻下黄

案：漢書作「下外黄」，此缺「外」字。

漢王乃擇軍中可爲車騎將者

案：「車」字衍。

以列侯食邑杜平鄉

劉奉世曰：「前已爲列侯食杜平鄉矣，疑駢出。」

攻龍且留公於高密（金陵本「留公」下有「旋」字。）

附案：索隱本「於」作「族」，以爲留公名。班馬異同作「旋」，疑皆「於」之譌文也。「高密」，漢書作「假密」，索隱謂假密不知所在。攷曹相國世家作「上假密」，田儋傳作「高密」，徐廣云「『高』一作『假』」。漢書皆與史不異。惟此有「高」、「假」之分，疑是一地二名。山東青州府諸城縣東北有假密亭。

攻博陽

附案：「博」乃「傅」之譌。

下下邳

案：漢書作「下下邳壽春」，此缺。

遂降彭城

案：彭城項王所都，若降彭城，則破其都矣，何必鴻溝之約乎？「降」字誤，蓋圍彭城而破其軍也。

復得亞將周蘭

案：前攻高密已生得周蘭，此云復得，豈逸而重獲乎？漢書無「周蘭」二字。

遂定吳豫章、會稽郡

案：豫章乃鄣之誤，説在吳王濞傳。

又進破布別將肥誅

附案：徐廣云「『誅』一作『銖』」，與漢書同，是也。蓋「誅」字似不應命名。

嬰身生得左司馬一人

史詮曰：「『嬰』字衍。」

賜黄金千斤

案：史、漢文紀是「二千斤」，此與漢傳並缺「二」字。

匈奴大入北地上郡，令丞相嬰將騎八萬五千往擊匈奴。

附案：史、漢本紀皆云匈奴寇北地，名臣表、匈奴傳作「上郡」，蓋二郡相接騷動，故此並言之也。而漢書無「郡」字，以上稱「文帝」連下爲句，謂上令灌嬰擊之，亦通。

子平侯阿代侯

附案：「阿」乃「何」之譌，功臣表、灌夫傳及漢書鼂錯傳並作「何」。

十二年，彊有罪，絶二歲。元光三年，天子封灌嬰孫賢爲臨汝侯。

案：史漢表彊在位十三年，絶一歲，賢以元光二年封，此並誤。

八歲，坐行賕

案：史、漢表賢在位九年，此言八歲，誤。而其罪與漢傳異，說在功臣表。

張丞相列傳第三十六

漢王四年

案：當作「三年」。

周苛子周成，以父死事，封爲高景侯。

案：周成以九年封，此誤在六年。高景，說在表。

趙堯進請問

附案：宋祁曰「『問』疑作『閒』」。

以平陽侯曹窋同窋。爲御史大夫。高后崩，不與大臣共誅呂祿等，免，

案：「崩」下當衍「不」字，「等」下缺「後坐事」三字。漢書云「高后崩，與大臣共誅諸呂，後坐事免」，是也。攷呂后紀，諸呂之誅，全賴窋往來馳告，得以集事，何云不與？其免官自坐他事耳。

推五德之運，以爲漢當水德之時，魯人公孫臣上書，言漢土德時，

案：五行之王，似不足信，說在文紀。

子康代侯

案：張蒼之子名奉謚康，此誤以康爲名。

子類代爲侯，八年，

案：史漢表作「七年」，而此作「八年」者，蓋誤并其坐罪之年數之也。「類」字説在表。

蒼子復長

附案：御覽五百十九引史云「蒼子復長八尺餘」，與漢書同，疑今本脱之。

食邑二十四人

案：漢傳作「三十四人」。

子共侯蔑代，三年卒。子侯去病代，三十一年卒。子侯臾代，

附案：史表及漢書表、傳，申屠嘉封故安侯，傳子蔑孫臾，無去病一代。漢表謂共侯在位二十二年，乃「三十三年」之譌。謂臾元狩三年嗣，乃「二年」之譌。蓋蔑以孝景三年代，臾以元狩二年代，中閒止三十三年。此以蔑爲三年，又增出去病爲三十一年，非也。徐廣曰「一本無侯去病，而云共侯蔑三十三年，子臾改封靖安侯。」別本是。

張蒼文學律歷

附案：漢傳贊「學」作「好」，師古曰「文好律歷，猶言名爲好律歷也。」

而不遵，明用秦之顓頊歷

案：句不可解，漢傳贊作「專遵用秦之顓頊歷」。

孝武時丞相多甚，不記，莫録其行起居狀略，且紀征和以來。有車丞相，長陵人也。卒而有韋丞相代。

附案：此下皆後人妄續。孝武在位五十四年，丞相十二人，竇嬰、許昌、田蚡、薛澤、公孫弘、李蔡、莊青翟、趙周、石慶、公孫賀、劉屈氂、車千秋，而公孫賀已上十人見史公本書，其所未及者劉、田二相耳，何云多甚莫録哉！且征和獨非孝武時乎？既紀征和以來，何以續始于千秋而不紀劉丞相？所紀車千秋、韋賢、魏相、邴吉、黄霸、于定國、韋玄成、匡衡八人中閒，闕王訢、楊敞、蔡義三人，何也？即所紀八人，詞頗簡劣，事復舛訛，如韋賢長子方山爲高寢令，早終，故不嗣爲侯，而此言長子有罪不嗣，蓋誤以其次子宏爲方山也。劾趙京兆者司直蕭望之，而此以爲司直繁君。攷公卿表，繁延壽後望之幾二十年矣。邴吉子顯，官太僕，坐奸贓免，後復爲城門校尉，此但言免爲庶人而已。張廷尉傳安得及于定國，乃云「于丞相已有廷尉傳，在張廷尉語中」，不亦誣耶！

酈生陸賈列傳第三十七

酈生食其者，陳留高陽人也。

附案：高陽乃圉縣之鄉名，非涿與琅邪之高陽也。圉屬陳留，而漢志在淮陽國者，蓋後割隸之，東漢仍屬陳留郡。

爲里監門吏，然縣中賢豪不敢役，

劉辰翁曰：「監門吏，漢書以爲『吏縣中賢豪』，最是。縣吏不敢役，何足道？縣吏中之賢豪者，不敢役一監門，意象可想，轉一字大别。監門即吏，縣吏常能役之。」

楚人聞淮陰侯破趙

案：此及下文三稱淮陰皆當依漢傳作「韓信」。

王者以民人爲天，而民人以食爲天。

附案：索隱本無「民」字，疑唐時避諱，改「民」爲「人」，而後遂誤并入之也。漢書無「人」字。文選藉田賦注引漢書上作「人」，下作「民」。

杜大行之道，距蜚狐之口，

案：義門讀書記云「此似後人依託之語，時漢已虜魏豹，禽趙歇，河東、河内、河北皆歸漢，何庸復杜大行之道，以示諸侯形勢乎？燕、趙已定，即代郡蜚狐亦非楚人所能北窺，無事距守。壺關近太行之道，何庸杜此兼距彼乎？與當時事實闊遠」。余謂斯乃秦人規取韓、趙舊談，酈生仍戰國説士餘習，滕口言之，其説高帝，説齊王，皆用此語。而胡三省則曰此酈生形格勢禁之説也。蓋據敖倉，塞成皐，則項羽不能西守白馬。杜太行，距蜚狐，則河北燕、趙之地盡爲漢有，齊、楚將安歸乎？

方今燕、趙已定，唯齊未下，

司馬氏考異曰「史、漢皆以食其勸取敖倉及請説齊合爲一事，獨新序善謀下。分爲二，分爲二者是」。

田閒將二十萬之衆軍於歷城

案：田閒已于漢二年八月奔趙，是時齊方欲殺之，安得爲田廣將兵歷下乎？據田儋、傅寬傳乃田解也，劉攽言之矣。

此蚩尤之兵也

翁孝廉曰「酈生以蚩尤比漢王，毋乃失辭，新序同。漢書改作『黄帝』是」。

元狩元年中

案：「中」字衍。

凡著十二篇

附案：今所傳陸賈新語二卷，自道基至思務十二篇，與史合，而漢志謂「二十三篇」，何也？疑藝文志譌。

無久慁公爲也

案：上文「與汝約」句，徐廣云「汝一作『公』」。兩「公」字殊不安，漢書並改作「汝」，甚當。或問項羽季父項伯稱羽爲公，鼂錯父稱錯爲公者三，史、漢書之，獨非謬歟？曰：禮，始封之君不臣諸父昆弟，至其子卽位則盡臣之，見白虎通王者不臣章。時項羽方爲諸國長，則伯叔父之禮蓋從略矣。錯父謂子爲公，乃恨怒之辭，皆不可以例陸賈也。或者賈實以公呼子，而史直書之，以著其失言乎？宋蔡京屢逐不退，王黼稱旨遣童貫偕其子攸往取表，京一時失措，自陳曰「京不忍遽乞身者，以上恩未報，此二公所知。」時左右聞京并呼攸爲公，莫不竊笑。賈得毋類是？惟索隱謂「公，賈自謂也」。

食三萬户侯

附案：索隱謂「陳平傳食户五千，以曲逆秦時有三萬户，恐復業至此，故稱也」。其説非。錢宮詹曰「此舉秦時版籍言之，以誇其富耳。若謂復業已有此數，則元光國除時，何以轉秏其半乎」？

語在黥布語中

附案：布傳無朱建語，蓋後人删之。

家於長安

案：漢書云「高祖賜建號平原君，家徙長安」，此缺。劉辰翁曰「若無高祖賜號，何以見稱」。

迺求見孝惠幸臣閎籍孺

案：師古、小司馬並云佞幸傳高祖時有籍孺，孝惠時有閎孺，二人皆名孺而姓各别，今總言閎籍孺，誤剩「籍」字。下同誤。

迺召其子，拜爲中大夫，使匈奴，

汪繩祖曰「平原君子以駡單于死，可謂不辱君命，又與史公善，而不書其名，惜哉！史公亦何吝此一字乎？馮唐之子與史公善，特著之曰馮遂字王孫也」。索隱本作「太中大夫」。

初，沛公引兵過陳留，

附案：酈生事不應復出于朱建傳尾，且史無兩存之例，其爲羼入無疑，猶始皇紀後之附秦記也。考御覽三百六十六引楚漢春秋與此正同，則是後人因其小有異同而附之，又誤置于建傳末。當移在史論之後，降書一字。史通雜説篇、野客叢書並錯認爲史本書，評林載歸有光云「其文類褚先生補入者」，亦失考。

傅靳蒯成列傳第三十八

陽陵侯傅寬

案：「陽」當作「陰」，説在表。漢書考異曰「傅寬、靳歙二人，史失其所居郡縣」。

屬淮陰

案：是時韓信爲相國，據下文「屬相國參」、「屬太尉勃」之例，當云「屬相國信」，不當書淮陰也，與表同非。

屬相國參，殘博

案：參時以右丞相屬韓信，非相國也。

四月，擊陳豨，

案：豨反在高帝十年九月，則此「四月」誤。

子須侯精立（金陵本作「頃侯精」。）

案：「須」當作「頃」，「精」疑作「清」，説在表。

子侯偃立，二十一年，
附案：立三十一年也，各本皆譌。
斬騎千人將一人
附案：七字一句讀。古本譌「千」作「十」，遂誤以「人」字爲句。如淳曰「騎將率號爲千人。漢儀注邊郡置部都尉、千人、司馬、候也。」徐廣曰「將，一作『候』。」
斬車司馬二人
附案：湖本譌刻「一人」。
下七縣
案：漢書作「十縣」。
降江陵柱國、大司馬以下八人，身得江陵王
陳太僕曰：「『江陵』當是『臨江』之誤，因臨江王都江陵，而上文有別『定江陵』之語，遂誤耳，各國之王無稱其都以爲王號者。」
虜百三十二人
案：漢書作「百四十二人」。
蒯成侯緤者
附案：「蒯」當作「𦬔」，下同，說在表。

遇淮陰侯兵襄國

案：是時信爲齊王也，說在功臣表。

殺人不死

范棫曰：「四字可疑，漢書無此句是也。殺人者死，入關初約已有明條，豈于周緤獨破格乎？諸大功臣未聞有此賜。」

至孝景中二年，封緤子居代侯。

案：功臣表及漢書孝景中元年復封緤子康侯應爲鄲侯。應卒，子仲居嗣。非中二年也，非居也，仲居亦非緤子也，此誤。

劉敬叔孫通列傳第三十九

劉敬者

案：爲敬、通立傳，而不言兩人所終，似疎。

皆曰紂可伐矣，遂滅殷。

案：此言武王會孟津遂伐殷，無還兵更舉之事，與本紀、齊世家異，說在殷紀。

今陛下起豐擊沛（金陵本無「擊」字。）

附案：淩稚隆云「一本無『擊』字」。史詮曰「『擊』字衍」。

二十餘萬兵已業行　控弦三十萬

案：漢傳作「三十餘萬」，「四十萬」，與匈奴傳同，此誤。

迺封敬二千户爲關内侯，號爲建信侯。

范棫曰：「建信縣屬千乘，水經注卷五確指爲婁敬侯國。應劭曰臨濟縣西北五十里有建信城。則非以關内侯而號建信矣。」

陛下誠能以適長公主妻之　高帝曰：「善。」欲遣長公主。

案：張耳傳魯元公主于高帝五年適趙王敖，至是時已三年矣，而云以妻單于，豈將奪而嫁之乎？婁敬之言悖也。乃帝善其言，卽欲遣公主，有是理哉，必非事實。

楚昭、屈、景

案：「景」下缺「懷」字，下同，說在將相表。

叔孫通者

附案：晉灼引楚漢春秋名何，當是初名。

公所事者且十主

案：通事秦始皇、二世、項梁、義帝、項羽乃降漢，凡更六主，而云十主何也？

迺令羣臣習隷（金陵本作「習肄」。）

附案：索隱本作「習肆」，是。

臚句傳

附案：莊子外物篇「大儒臚傳」，宋張淏雲谷雜記因以句爲衍文，恐非。

見留侯所招客從太子入見

案：招四皓事，說在留侯世家。

史記志疑卷三十三

季布欒布列傳第四十

夫高帝將兵四十餘萬衆

案：「四」當作「三」。此述季布語頗略，宜參漢傳及匈奴傳觀之。

故特召君耳

附案：史詮云「宋本『特』作『時』」。倪思曰「佳處正在『特』字」。劉辰翁曰「『特』字雖可，不及『時』字」。漢書亦作「特」。

嘗爲中司馬

案：中尉司馬也，缺「尉」字。

季布母弟丁公

案：集解引楚漢春秋云「丁公名固，薛人」，則姓氏里居皆與季布別。而曰母弟者，王孝廉云母之弟也，與淮南王傳書厲王母弟同，師古以爲同母異父之弟，恐非。尤氏看鑑偶評云「丁公既以罪誅，太史公何以不名而稱公」。後書馮衍傳「誅丁固之功」。

高祖急　漢王遂解去

案：方言高祖，遽曰漢王，似是兩人矣。

遂斬丁公

附案：余舊有詩云，「項王不肖臣，丁公與項伯。如何漢高帝，一殺一封國」。譏射陽之侯也，而唐文粹皮日休漢斬丁公論，謂高帝不當斬丁公，未爲無見，俟識者定之。讀史管見論漢高待項氏忠厚，故侯項伯，不可以殺丁公比。似不盡然，鄭當時之先以不名籍被逐，則又何説。俞長城論云：「或封或殺，各因其時，封項情也，殺丁術也。」

賃傭於齊，爲酒人保，

附案：索隱于刺客傳引此云「賣庸於齊，爲酒家人」，漢書作「酒家保」，豈小司馬所見本異耶？

景帝中五年薨，子賁嗣。

案：當作「中四年」，而布絶十八年賁始嗣，説在惠景侯表。

身履典軍搴旗者數矣

附案：徐廣曰「一作『屢』，一作『覆』」。而索隱本作「履」，並言「覆軍」爲是，勝于「屢」之與「履」。余謂依漢書「履軍」爲勝，屨亦履也。「典」字當衍，師古云「今流俗書本加『典』字非」。

袁盎鼂錯列傳第四十一

袁盎者，楚人也，字絲。

附案：漢書敍傳稱「子絲」。

盎兄噲任盎爲中郎

案：中郎，漢書作「郎中」。攷百官表中郎秩比六百石，郎中比三百石。盎爲兄所保任始得爲官，未必卽能至六百石之秩，當是爲郎中也。

徵繫清室

附案：漢書作「請室」是，蓋形近而譌。

上自寬

案：當稱陛下，説在留侯世家。

百金之子不騎衡

附案：水經注十九作「立不倚衡」，依上「坐不垂堂」句，似失一字。

袁盎卽跪説曰

案：漢書作「起説」，是與上「跪曰」對。余有丁言之矣。

及劉禮同師

案：漢書作「劉帶」。

集議

附案：班馬字類作「褋議」，漢書亦作「雜」，則今本訛「集」也。

公爲政用事

附案：鼂錯父三呼子爲公，豈以其位三公也乎？蓋恨怒之詞，説在陸賈傳。

及竇嬰、袁盎進説，上令鼂錯衣朝衣斬東市。

案：漢書有丞相陶青等劾奏錯一節，似不可少。史記考異曰「錯父死才十餘日，而錯衣朝衣如故，則初未行一日之喪也。刑名之學，弊乃至此。」

張釋之馮唐列傳第四十二

事孝文帝十歲不得調

案：傳言張釋之爲廷尉，至景帝初年始出爲淮南相。而百官表孝文三年中郎將張釋之爲廷尉，十年書廷尉昌、廷尉嘉，十五年書廷尉宜昌，後元年書廷尉信，孝景元年書廷尉歐，表與傳不同。困學紀聞十一引洪氏見容齋續筆二。據表謂釋之未嘗十年不調，未嘗以廷尉事景帝也。然攷本傳言中郎將袁盎請徙釋之補謁者，而盎于文帝六年尚爲中郎將，則釋之安得文帝三年以中郎將爲廷尉乎？傳言條侯周亞夫與張廷尉結爲親友，而亞夫續封條侯在文帝後二年，爲中尉在後六年，若文帝三年亞夫尚守河内，安得與釋之結親友乎？傳言釋之爲中郎將從文帝至霸陵，而以芷陽爲霸陵事在九年，見將相表，安得三年爲廷尉乎？傳言釋之爲公車令劾梁王不下公門，而梁孝王以十二年徙封，十四年入朝，安得三年爲廷尉乎？淮南厲王于六年反，淮南王傳稱「廷尉賀」，百官表失書，則又安得以釋之於三年便爲廷尉乎？大事記書爲廷尉于文之後三年，謂百官表誤，吴仁傑亦云然，當是也。荀紀言在十三年，並非。但文帝六年以後釋之補謁者，九年以後遷中郎將，豈十年不調者哉。疑釋之爲騎郎在文帝未即位以前，史并計之，故云十年耳。

乃詔釋之拜嗇夫爲上林令

七修類稿曰：「漢穀城長蕩陰令張君表頌碑載文帝游上林問禽獸所有，令不對，更問嗇夫，嗇夫事對，于是進嗇夫爲令，令退爲嗇夫，與史迥異何也？」

下廷尉廷尉治

附案：「廷尉」二字倪思本不重。

乃許廷尉當是時

附案：史詮曰廷尉當句，與上文「廷尉當是也」相應，當謂處其罪。湖本當字連下是時讀，誤矣。

爲中郎署長

案：漢書作「郎中」。

爲官卒將

案：「官卒」乃「官帥」之誤，漢書是「帥」字。吴語「士卒百人爲徹行，行頭皆官帥」。徐廣卒作「士」，非。

吾獨不得廉頗李牧時爲吾將

案：「時」字衍，漢書無。

私養錢

案：「私」上缺「出」字，漢書有。

而拜唐爲車騎都尉，主中尉及郡國車士。

案：「騎」字當在「士」上，謂主車士騎士也。胡三省曰「詳考班表無車騎都尉」。

七年，景帝立。

案：匈奴入朝那在文帝十四年，至景帝立是十一年，非七年也。漢書作「十年」，亦非。

武帝立

附案：史詮曰「當作『今上』」。

書曰：「不偏不黨，王道蕩蕩。不黨不偏，王道便便。」

附案：此蓋所傳尚書本異，故墨子兼愛下篇引書云「王道蕩蕩，不偏不黨。王道平平，不黨不偏」。

皆與今本不同，至「便」、「平」、「辨」之異，説在宋世家。

萬石張叔列傳第四十三

天子曰

案：漢書詳載報丞相詔是也，此摘録數語，且有異同，不知史公何意？

後爲太常坐法當死，贖免爲庶人。

案：侯表及漢書恩澤、百官二表，石慶子德以太初三年嗣侯，即爲太常，其坐法在天漢元年。史盡太初，故表不書德爲太常失侯事，則此十三字乃後人增入者。或曰「爲太常」三字是史元文。

建陵侯衛綰者，代大陵人也。

附案：大陵縣屬太原，而云代大陵者，綰事文帝，文帝初封于代，高祖詔取山南太原之地益屬代，故大陵隸代也。正義不甚晰，索隱直以大陵爲代郡縣名，不亦疎乎？

不譙呵綰

附案：索隱音誰何，非也。野客叢書云「史記『不誰何綰』，傳寫誤以爲『譙呵』」。此説是，與漢書「孰何」同。

將河閒兵擊吳、楚

經史問答曰「擊趙也，河閒是趙之分國，時趙方同反，安得踰趙而東征，誤已」。

代桃侯舍爲丞相，朝奏事如職所奏。然自初官以至丞相，終無可言。

案：漢書武紀綰奏郡國所舉賢良，或治申、商、韓非、蘇秦、張儀之言亂國政，請皆罷，帝可之。綰雖無甚相業，而此事加于蕭、曹一等，安得謂奏事如職，終無可言乎？

武帝立，建元年中，丞相以景帝疾時諸官囚多坐不辜者，而君不任職，免之。

案：武帝當作「今上」，後人改之也。攷將相、百官二表，綰以建元元年免相，卽在武帝立年，則「建元年中」四字是羨文。又漢詔賜丞相皆稱君，此「君」字蓋仍詔文失檢耳。

文帝稱舉，稍遷至太中大夫。

案：漢書無「文帝稱舉」四字，是也。攷百官表直不疑以孝景中五年爲主爵都尉，六年由中大夫令更爲衞尉，後元年乃由衞尉遷御史大夫，此脱不具，且未嘗爲太中大夫也。漢傳言「中大夫」，亦脱「令」字，中大夫令卽衞尉。

武帝建元年中

案：當作「今上建元元年」。

孫望

附案：「望」乃「堅」之譌，說在惠景侯表。

武帝立

附案：當作「今上立」。

安丘侯説之庶子也

案：漢書作「少子」。

至武帝元朔四年，韓安國免，詔拜歐爲御史大夫。

案：將相及百官表韓以元光三年免，張歐以元光四年拜，此與漢傳同誤爲元朔四年也。武帝當作「今上」。

自歐爲吏，未嘗言案人，專以誠長者處官。

附案：漢書鼂錯傳「歐與丞相中尉劾奏錯大逆無道當要斬，父母妻子同産無少長皆棄市」。大事記及通鑑答問皆據此事以爲未嘗不案人，不得稱長者，史虚美之耳。何氏焯困學紀聞十一注云「此景帝納袁盎之説，自示意于丞相等行之，非張叔所案劾，或譏其不能如釋之守法則可耳。」何注是，張叔之名作歐，與毆、敺、毆同音驅，説在功臣表廣侯下。

塞侯微巧，而周文處讇，君子譏之，爲其近於佞也。然斯可謂篤行君子矣！

案：微巧指償同舍金，不辨盜嫂事。索隱本作「功微」，謂爲將之功微而得封侯，非是。正義以爲吏不好立名解之，亦非。但史公此論頗未協，明邵建章咫聞録曰「太史公傳萬石諸人俱以孝謹長者稱，周仁是一卑污小人，附于萬石君後，何其不類也。周文近佞，然可謂篤行君子，佞人可稱君子乎」？班氏删改甚允。

田叔列傳第四十四

趙陘城人也。

附案：趙無陘城縣，後有「陘城在中山」語，蓋卽苦陘，或云是陸成也。

會陳豨反代，漢七年，高祖往誅之。

余有丁曰「此是七年高帝征韓信，曰豨反，史誤」。

故雲中守孟舒，長者也。

容齋隨筆曰「孟舒、魏尚皆以文帝時爲雲中守，皆坐匈奴入寇獲罪，皆得士死力，皆用他人言復故官，事切相類，疑其只一事云」。

數歲爲二千石

附案：此已下必褚生所增。據褚續傳，田仁刺舉三河時，杜周爲御史大夫。而周爲御史大夫，在天漢三年。又仁之族誅坐失縱戾太子，而其事在征和二年，則非史公本書明矣。且所説亦誤，仁既坐縱太子誅死，復言仁發兵車千秋上變族死，二者將何從？「陘城今在中山國」句頗不類，當是注也。褚生所續之傳多不足據，如御史大夫暴勝之與田仁同坐太子事誅，而云帝在甘泉使暴君下責丞相何耶？仁之進身由衞將軍薦之，而云仁居門下，將軍不知，因趙禹言始上籍以聞，語各歧別。又杜周兩子夾河爲守，而云河南、河內太守皆周父兄子弟，亦非。

扁鵲倉公列傳第四十五

扁鵲者，勃海郡鄭人也。

附案：正義曰「黄帝八十一難序云，秦越人與軒轅時扁鵲相類，仍號扁鵲。又家于盧，因命曰盧醫。」御覽百六十引史云「扁鵲生盧，故曰盧醫」，蓋删引史注誤作本文耳。徐廣謂「『鄭』當爲『鄚』」，是，下文「家于鄭」同譌。文選七發吕向注以爲鄭人，李善注引史作「鄚人」。舊唐書地理志開元十三年，以「鄚」類「鄭」字改爲「莫」也。但鄚縣屬涿，此云勃海，扁鵲亦自言「臣齊勃海秦越人」，豈鄚舊屬勃海郡歟？魏書邢巒傳、北史邢峙權會黎景熙傳並誤「鄚」爲「鄭」，北周書景熙傳亦誤。

姓秦氏名越人

附案：周禮天官疾醫釋文引此傳云「姓秦名少齊越人」，則今本脱「少齊」二字。蓋有二名，或越人是字。

當晉昭公時

案：昭公必是定公之誤，索隱言之矣。

簡子疾

案：趙簡、秦繆之夢最誕，史公已載于封禪書、趙世家，此處可省也。而所謂五世不安，當作「三世」，晉襄公無縱淫事，范魁之戰無考，俱說在趙世家中。

其後扁鵲過虢，虢太子死，

案：韓詩外傳十、說苑辨物及搜神記俱載斯事，特其文稍異耳。後書文苑趙壹傳云「秦越人還虢太子結脈，世著其神。」晉書佛圖澄傳石勒云「朕聞虢太子死，扁鵲能生之。」但虢滅已久，此時焉得有虢，索隱正義並糾其非。古史謂「薛久亡而孟嘗君稱薛公，安知是時無虢。」蘇氏臆度之詞，不足證也。韓子喻老篇言「扁鵲見蔡桓侯」，國策「扁鵲見秦武王」，漢書高紀十二年注韋昭曰「越人魏桓侯時醫」。臣瓚曰「魏無桓侯」。余攷扁鵲與趙簡子同時，而蔡桓侯在春秋初魯隱、桓之世，秦武王立于周赧王五年，前後相去各約二百年，何能親接。韓子一本「蔡」作「秦」，亦非。蓋說苑「虢」作「趙」，甚是。趙簡子之子爲桓子，韓非所謂桓侯者，「魏」、「蔡」、「秦武」皆謬。鶡冠子世賢篇言「魏文侯問扁鵲」，魏文與趙桓並世，可以爲驗。曹植相論「扁鵲見桓公，知其將亡」。或曰晉孝公，紀年作「桓公」，與魏文侯同時，當是扁鵲所見者，亦通。

案杌毒熨

附案：別雅曰「荀子王霸篇『游抏之修』，注「抏與『玩』同。倉公傳『案抏』，注謂『案摩玩弄』，今本多譌。」

扁鵲過齊，齊桓侯客之。

案：索隱引裴駰云「是齊侯田和之子桓公午」。然趙簡子卒時至桓公午立，凡九十三年，何鵲之壽耶？文選養生論李善注言史記自爲舛錯。余疑卽趙桓子。新序二仍史，韓子喻老謂作「蔡」。

後五日

案：此及下兩「後五日」，韓子、新序是「後十日」。

君有疾在血脈

案：韓子、新序云「在肌膚」。

酒醪之所及也

案：酒醪恐非，韓子作「火齊」，新序作「大劑」。

慶年七十餘，無子，

王孝廉曰：「後文云『愼毋令我子孫知若學我方也』。又云『會慶子男殷來獻馬』。則慶非無子者，二字疑衍，或是下文『有五女』句上脱文。」

文帝四年中

案：當作「十三年」。

臣意年盡三年，年三十九歲也。

案：上文倉公意對，高后八年事師陽慶，徐廣注以爲意年二十六，蓋徐以三十九歲爲文帝十三年除肉刑時也。而「盡三年」句不可通，日知録謂當作「年盡十三年」，脱「十」字。其實不然，上文意家居詔問所治病，不必定在十三年，觀意對詞有菑川王、膠西王、濟南王、皆文帝十六年始封。故陽虚侯齊王、文帝十六年改封。齊文王，文帝十六年薨。皆在十三年已後，可見矣。方氏補正又謂「是年乃文帝四年，故盡三年，年三十九，不説年四十者，是年未盡」。此因本傳誤書「四年」而謬解之。惟補正載蔣西谷語爲確，蔣曰「上言受慶方一年所，尚未精要。事之三年，言受讀之年盡三年，時年三十九，出治病即有驗，如下文所云也。」

相即召舍人奴而謂之曰：「公奴有病不？」

案：上「奴」字衍。

臣意所以知寒薄吾病者（金陵本作「臣意所以知薄吾病者」，無「寒」字。）

附案：當作「薄吾寒病者」，譌倒耳。薄吾，女子名。

有數者皆異之

附案：索隱本「皆」作「能」，是。

是謂易貿

附案：「貿」即「貿」字，與「易」義複，徐廣謂「又作『質』」，當是。

濟北王遣太醫高期、王禹學，

附案：御覽七百二十二引史此節高期、馮信、杜信、唐安等學醫語，皆删易引之，非所見本異也。

高永侯

案：史無高永侯，其地亦不知所在。

吴王濞列傳第四十六

高帝已定天下，七年，立劉仲爲代王。

案：「七年」乃「六年」之誤，説在高紀。

上患吴、會稽輕悍

附案：漢順帝永建四年分會稽爲吴郡，顧氏炎武據之，故日知録三十一引錢康功云：「吴王濞傳『上患吴會輕悍』，今本史、漢並作『吴會稽』，不知順帝時始分二郡，漢初安得言吴、會稽。」當是錢所見本未誤，後人妄增之，因歷舉「吴會」二字作證。余竊以爲不然。漢書高紀「六年，以故東陽郡、鄣郡、吴郡五十三縣立劉賈爲荆王」，又功臣表傅陽侯周聚以定吴郡封，灌嬰傳「破吴郡長吴下，遂定吴、豫章、當作「鄣」。會稽郡」。是會稽之外有吴郡矣，蓋楚、漢之際諸侯分王其地，各自立郡，非秦之舊，漢初猶仍其故名稱之。劉攽於高紀亦據順帝分吴之事以紀文爲不可曉，亦何不可曉之有？

王三郡

附案：高帝封濞以劉賈故地乃淮東五十三城，實東陽、鄣、吴、會稽四郡，東陽卽臨淮廣陵文穎言下琊，非。水經注三十廣陵城楚、漢之閒爲東陽郡。晉志漢武帝分沛、東陽置臨淮郡。鄣卽丹陽，見漢志。吴爲會稽所分，而都于廣陵，故高紀濞傳言三郡者，以吴包會稽也。五行志及伍被傳言四郡者，兼會稽而實數之也。

漢後五十年東南有亂者，豈若邪？

附案：此事前約略之辭，其實濞以高帝十二年封，年二十一，至景帝三年反時，凡後四十一年，故甕牖閒評曰當云「漢後四十年」。而孫侍御云「徐廣從漢元年數之，是也，不從吴王封時數起」。

吴有豫章郡銅山

案：索隱謂「豫」爲衍字。韋昭漢書注云有「豫」字誤，但當言「鄣郡」。蓋是已，「章」爲「鄣」字之省，下文「削吴之豫章郡」，「削吴會稽豫章書至」，並「鄣郡」之譌。灌嬰傳「定吴、豫章、會稽郡」，亦當作「鄣」也。地理志曰吴東有章山之銅，又曰丹陽故鄣郡，有銅官。若豫章爲淮南厲王封域，且無銅山也。

如此者四十餘年

案：濞以高祖十二年封，而此語在孝文之代，安得四十餘年哉，當依漢書「三十餘年」爲是，下文濞亦自言三十餘年也。正義反謂「班固減十年，不曉其理」，謬矣。

庶弟元王王楚四十餘城

案：元王王楚三十六城，荆燕世家及漢書紀、傳可據。此言四十餘城，漢書荆燕吴傳作「四十城」

並誤。

因削吴之豫章郡、會稽郡。

案：漢傳無此句是，蓋下文言「漢廷臣方議削吴」，又言「削吴書至則吴起兵」，可知斯時固未削矣。

趙王有罪，削其河閒郡。

案：元王世家及漢書濞傳皆作「常山郡」，甚是。河閒時爲景帝子德封國，所稱河閒獻王也，安得削之。

則吴王先起兵，膠西正月丙午誅漢吏二千石以下，膠東、菑川、濟南、楚、趙亦然。

案：漢傳删去「正月丙午」四字，而移「膠西」于「膠東」之上，當是也。不然，則似膠西誅漢吏矣。但下文言「正月甲子，吴初起兵於廣陵」，則正月不得有丙午，倪本作「戊午」是，蓋甲子前六日也。

條侯將乘六乘傳，會兵滎陽。至雒陽，見劇孟。至淮陽，

案：漢書亞夫傳亞夫從趙涉計，走藍田，出武關，故先抵洛陽，後至滎陽。游俠傳洛陽劇孟可證。劉攽言得孟在滎陽，誤。然下文云引兵壁昌邑，而由洛陽到昌邑不得過淮陽，疑「淮陽」乃「滎陽」之誤。漢傳「淮」作「洛」，宋祁曰浙本作「淮陽」。或曰吴方攻梁，亞夫會兵滎陽之後稍引而東也。淮陽今陳州是，梁今歸德府是。

三王之圍齊臨菑也，三月不能下。漢兵至，膠西、膠東、菑川王各引兵歸。

案：齊圍之解，漢擊破之，非自引兵歸也。圍齊是四國，此缺濟南，説在悼惠王世家。

酈將軍圍趙十月而下之

案：「十月」乃「三月」之誤，説在元王世家。

故古者諸侯地不過百里，山海不以封。

學史曰：「王制言名山大澤不以封，不可爲井田以業民也。太史公懲吴之富强逆亂，謂先王山澤不封者以是故，豈其然哉。齊之封實負東海，魯之封實環太山，山澤之名且大者孰加于是，而齊、魯卒爲望國，抑何異也。」

魏其武安列傳第四十七

跪起如子姪

附案：漢書作「子姓」。

王太后賢之

案：此在景帝世，只當稱皇后，漢書作「王皇后」是。

乃罷逐趙綰、王臧等

案：漢書武紀及百官表云「有罪下獄，自殺」，此但言罷逐，非也。

以大司農韓安國爲御史大夫

案：此及韓長孺傳同，但百官表景帝後元年改治粟内史爲大農令，至太初元年始更名大司農也。

南鄉

附案：漢書作「北鄉」，劉辰翁謂以避嫌改。

將軍壯義之

附案：倪本作「壯而義之」，與漢傳合。

孝景時，至代相。

陳太僕曰：「灌夫自始爲校尉以至代相，皆在孝景時，不應錯出，蓋誤也，漢書作『由是復爲代相』。」

元光四年春

案：當作「二年」，説在後。徐廣疑是「三年」，亦非。

乃劾魏其矯先帝詔

錢大昭曰「詔下當有『害』字，漢傳可證」。

五年

案：竇嬰、灌夫、田蚡之死皆在元光三年。夫以十月族，嬰以十二月棄市，蚡以三月卒，決無可疑。

惠景表言嬰死于元光四年，名臣表言蚡死于元光四年，嬰、夫死于五年十月，此傳言嬰、夫、蚡皆死于元光五年，漢書武紀及外戚、百官二表言嬰、蚡死于四年，列傳又依史作五年，並屬誤條。知者，蚡因嬰、夫爲祟病卒，則蚡卒于嬰、夫死後明甚。嬰聞夫族誅，不食欲死，則夫死于嬰前又明甚。而史、漢侯表稱蚡爲侯十年薨，當元光三年，故其子恬以元光四年嗣侯，斯爲確證。集解、正義俱糾舛不明。蓋灌夫之緣罵坐得禍，魏其之緣救灌夫論罪，情事委折，均在元光二年中矣。或疑之曰嬰、蚡廷辨時，有郎中令石建爲上分別兩人是非。攷百官表石建以建元二年爲郎中令，六年卒。是建卒于元光元年，而謂建與聞廷辨，殊不可解。得毋田、竇一案在元年歟？曰：不然。漢百官表考證齊氏曰「六年卒，當作『十六年卒』，萬石君以元朔五年歿，建哀毀歲餘亦遂死焉，而李廣代建爲郎中令，兩傳可證，『六年』之上脫『十』字耳」。

不敬

案：此下缺「國除」二字。

韓長孺列傳第四十八

梁城安人也

附案：潁川陳留皆有成安縣，成、城古通。而此云梁城安者，必陳留之成安也。陳留本由梁分置，史從其初書之。

韓安國爲梁使，見大長公主，

附案：安國凡兩見長公主，一救僭警蹕事，是安國爲中大夫時；一解殺袁盎事，是安國爲内史時。史分載梁孝王世家及此傳，乃互見之法，非不同也。或疑史誤分一事爲二者非，古今鹺亦謂是前後兩事。

爲言之帝，言之，

附案：史詮曰「宋本作『爲帝言之，帝言之』」。劉辰翁云「正要重此一句」。

公孫詭、羊勝説孝王求爲帝太子及益地事，恐漢大臣不聽，乃陰使人刺漢用事謀臣，及殺故吴相袁盎，

案：史不載益地事，見漢書鄒陽傳中。而刺漢謀臣，在漢已立太子之後，此誤。劉奉世言之矣。

遷爲大司農

案：當作「大農令」。

閩越、東越相攻，安國及大行王恢將。

案：閩越傳及漢書皆言閩越圍東甌，東甌告急，天子遣中大夫莊助持節發會稽兵救之。未至，閩越走，東甌來降。建元三年事也。其後閩越攻南越，天子遣大行王恢大農韓安國將兵擊之。未至，越殺其王郢降，兩將兵罷。建元六年事也。此序于六年之前，而以救南越之兵爲救東越之兵，以莊助

爲王恢、安國豈不舛乎！

其明年，則元光元年，雁門馬邑豪聶翁壹因大行王恢言上

案：漢書此下有天子詔問公卿及安國與王恢辨難，似不可略。御覽三百二十七引史有之，蓋誤以漢書爲史記耳。又通鑑考異曰：「史記韓長孺傳元光元年聶壹畫馬邑事，而漢書武紀在二年，蓋元年壹始言之，二年議乃決也。」

於梁舉壺遂、臧固、郅他，皆天下名士，

索隱曰：「郅音質。他徒河反。謂三人姓名也。若漢書則云『至他』，言至於他處亦舉名士。」似漢書是。

衛尉安國爲材官將軍，屯於漁陽。

案：安國時爲將屯將軍，非材官也。又事在元光六年，此序在元朔元年，亦誤，說在名臣表。

李將軍列傳第四十九

隴西成紀人也

附案：成紀漢初屬隴西，其後改屬天水郡，此殆從其始而言之，蓋天水析隴西置也。

故槐里，徙成紀。

案：槐里卽廢丘，屬右扶風。然攷晉書李嵩傳云「廣祖伯考家狄道之東川」，狄道屬隴西，則廣似從狄道徙成紀也。

徙上郡

附案：此三字當在下文「匈奴大入上郡」句之上，傳寫錯耳。

匈奴必以我爲大將軍誘之（金陵本無「將」字。）

附案：史詮曰「湖本有『將』字，衍」。

武帝立

附案：當作「今上」。

於是廣以上郡太守爲未央衛尉

案：上文言廣爲上郡太守後乃轉爲隴西、北地、雁門、代郡、雲中，公卿表于元光元年書隴西太守李廣爲衛尉，則此言上郡非也。

韓將軍後徙右北平（金陵本作「後韓將軍徙右北平」。）

案：漢書「北平」下有「死」字，是，此缺。

廣出獵見草中石，以爲虎而射之，中石没鏃，視之，石也。

案：射石一事，吕氏春秋精通篇謂養由基，韓詩外傳六、新序雜事四謂楚熊渠子，與李廣爲三。論衡儒增篇以爲「主名不審無實也」。黄氏日鈔亦云「此事每載不同，要皆相承之妄言爾」。余攷荀子解蔽篇云「冥冥而行者，見寢石以爲伏虎。」淮南子氾論訓云「怯者夜見寢石以爲虎」。文選鮑照擬古詩注引闞子曰「宋景公使工人爲弓，九年乃成，援弓而射之，其餘力猶飲羽于石梁」。或世傳其語，遂取善射之人以實之歟？周書載「李遠獵于莎栅見石于叢薄中，以爲伏免，射之，鏃入寸餘」。恐不可信，亦如李廣之没矢飲羽矣。又西京雜記五述廣此事云「獵于冥山之陽」，據戰國策及史蘇秦傳，冥山在韓國，莊子天運篇冥山釋文引司馬彪注云「北海山名」。史索引司馬云「在朔州北」又引李軌云「在韓國」。戰國策引司馬注誤作「相州北」。蓋李軌是也。而右北平治平剛，在今塞外。即使廣真有其事，亦非守右北平時也。北直永平府盧龍縣東南十五里有陽山，俗傳李廣曾射虎于此，山之西麓有射虎石。

後三歲，廣以郎中令將四千騎出右北平。（金陵本作「後二歲」。）

案：此云是元狩三年也，漢傳同。然攷名臣表、匈奴傳及漢書武紀、匈奴傳皆是元狩二年，則當作「後二歲」。下文敍元狩四年廣爲前將軍云「後二歲」，則此言三歲之誤尤明。

孝武帝時

附案：當作「今天子時」。

而是時公孫敖新失侯，爲中將軍從大將軍，

劉奉世曰「是歲出塞無中將軍，而敖傳以校尉從，此傳誤。

敢從上雍，至甘泉宮獵。

胡三省曰「『雍』蓋衍字」。

李陵既壯

附案：此下皆後人妄續也，無論天漢閒事史所不載，而史公因陵被禍，必不書之，其詳別見于報任安書，蓋有深意焉。觀贊中但言李廣而無一語及陵可見。且所續與漢傳不合，如族陵家在陵降歲餘之後，匈奴妻陵又在族陵家之後，而此言單于得陵即以女妻之，與匈奴傳後所續同誤。漢聞其妻單于女族陵母妻子，並誤也。且漢之族陵家因公孫敖誤以李緒教單于兵爲李陵之故，不關妻單于女。又杭太史云「子長盛推李少卿，以爲有國士風，雖敗不足誅，彼不死，欲得當以報。何云李氏名敗，隴西之士爲恥乎？斷非子長筆」。

匈奴列傳第五十

匈奴其先祖夏后氏之苗裔也，曰淳維。唐、虞以上有山戎、獫狁、葷粥，居于北蠻，

案：索隱曰「樂彥括地譜云『夏桀無道，湯放之鳴條，三年而死。其子獯粥，妻桀之衆妾，避之北野』。淳維蓋與獯粥是一。」據此則獯粥爲淳維別名，乃匈奴之始祖，其後隨代異稱，將名作號，遂以獯粥與山戎、獫狁、匈奴同呼矣。然言夏后苗裔，似夏后之先無此種族，安得言唐、虞以上有之。而五帝紀又云「黄帝北逐葷粥」，服虔、晉灼亦皆云「堯時曰葷粥」。風俗通殷曰獯粥。是知夏后苗裔之說不盡可憑，而樂彥所述者妄也。夫自闢天地卽生戎狄，殷以前謂之獯鬻，周謂之玁允，漢謂之匈奴。

莫攷其始，孰辨其類，相傳有所謂淳維者，難稽誰氏之出，未識何代之人，而史公既著其先世，復雜取經傳，合并爲一，無所區分，豈不誤哉。北蠻，漢書作「北邊」。或言是「北狄」之謂則非也，古人單稱「夷」及「蠻」，皆可爲四裔之通號，不獨在南。如追貊北方之國，而韓奕之詩曰「因時百蠻」。衞在冀州之域，而武公作詩曰「用遏蠻方」。文選王褒四子講德論曰「匈奴百蠻之最彊者」。更可證此言北蠻之非誤。

其俗有名不諱，而無姓字。

案：漢書但言「無字」，而不言「無姓」，蓋單于姓攣鞮，未嘗無姓也，故其下文云「世姓官號，可得而記」，此傳下文作「世傳官號」。

夏道衰，而公劉失其稷官，變于西戎，邑于豳。其後三百有餘歲，戎狄攻大王亶父，亶父亡走岐下。

案：國語祭公謂不窋失官，周紀取之，此言公劉，誤已。韋昭以不窋在太康時，本于人表。而攷竹書于少康三年書「復田稷」，云后稷之後不窋失官，至是而復。雖未知稷官之復爲周何君，則固前乎公劉矣，豈傳至公劉而再失官乎？又言公劉至亶父三百餘歲，亦誤。史、漢、吴越春秋皆謂公劉避桀遷邠，而竹書「武乙元年邠遷于岐周，三年命周公亶父賜以岐邑」。從夏桀元年至武乙元年，依竹書凡四百三十一歲，若依前編則六百二十一歲，何但三百餘歲哉。困學紀聞十一引王氏逨之說，以此爲無據。

其後百有餘歲，周西伯昌伐畎夷氏。

案：百餘歲亦未確，據竹書武乙元年遷岐，紂三十六年伐昆夷，周紀言文王受命之明年伐戎，乃紂三十四年也。計八十年，若前編則五十九年，何云百餘歲哉。

其後二百有餘年，周道衰，而穆王伐犬戎。

案：史以穆王在位五十五年，伐戎之事雖未知在何歲，竹書十二年，前編三十五年。而自武王伐紂至穆王末不及二百年，安得二百餘歲哉。「二」字疑衍。

穆王之後二百有餘年周幽王

歸有光曰「漢書增懿王、宣王事似不可少」。徐氏測議曰「穆後西周不及二百年，史誤。」

其後四十四年，而山戎伐燕。

案：春秋傳桓六年北戎伐齊之後至莊三十年齊伐山戎，凡四十二年。

而襄王後母曰惠后

案：襄王亦惠后所生也，説在周紀。

於是惠后與狄后、子帶爲内應

案：惠后已前卒矣，説在紀。

於是戎狄或居于陸渾

大事表曰「犬戎與山戎及陸渾各爲一族，其地亦各殊，史公混諸戎而一之，并混戎、狄而一之，疎略甚矣。」

故詩人歌之曰「戎狄是應」，「薄伐獫狁，至於太原」，「出輿彭彭，城彼朔方」。

案：「出輿彭彭，城彼朔方」，小雅出車之詩，正雅也。「薄伐玁狁，至於太原」，六月之詩，變雅也，牽連引用，衞將軍傳載孝武詔亦如此。若「戎狄是應」，魯頌閟宮之詩也，何以牽入，蓋史公言戎狄爲中國患，歷引詩辭以證之耳。而漢書匈奴傳敍於宣王時，史敍於襄王時，攷小雅采薇三詩，朱子集注不詳作于何時，其注出車篇「自天子所及王命南仲」云「周王也。南仲此時大將。」而采薇小序云「文王之時，西有昆夷之患，北有玁狁之難，以天子之命命將率遣戍役以守衞中國，故歌采薇以遣之。出車以勞還，杕杜以勤歸也。」毛傳云「王，殷王也。南仲，文王之屬。」鄭箋云「天子，殷王也。西伯以殷王之命，命其屬爲將率。」又竹書文丁十二年，爲周文公元年，帝乙三年文公五年也。王命南仲西拒昆夷，城朔方。詩常武箋云「南仲文王時武臣」。然則詩曰「天子」、曰「王」者，皆指殷而言。文王爲西伯，承殷之命以遣南仲，文命南仲卽殷命南仲，豈有二哉。但其事以文王爲主，故不入商頌而編于周雅，後漢龐參傳云「赫赫南仲列在周詩」，此謂矣。由是斷之，漢書人表置南仲于厲、宣之世，漢匈奴傳以采薇爲懿王時，人表于懿王注云「詩作而史」。周紀世表云「懿王時周衰，詩人作刺」，皆不言何詩，豈亦以采薇爲懿王時詩耶？疑出三家之說。故馬班述之，然與此傳異矣。出車爲宣王時，史以出車、六月及閟宮雜舉，而次于襄王時，並難取據。或問朱子非不見小序、毛傳、鄭箋、竹書、史、漢者，而集注一概不采，得毋諸書未足盡憑歟？曰：不然。朱子偶失檢校耳。毛氏奇齡詩札曰「大雅常武宣王時詩也，中有云『王命卿士，南仲太祖』，則此時南仲已爲太師皇父之始祖矣，其必非厲、宣時甚著，要當在文王時始得以詩解詩」，斯爲確證。常武毛傳又以南仲爲宣王時將，與出車傳不同，蓋誤解太祖爲太祖之廟也。

周襄王既居外四年

案：春秋傳僖二十四年襄王出奔鄭，明年晉文公納王，乃襄王十六、七年閒事，周紀、年表同此云「四年」誤。

晉文公攘戎翟，居于河西圁、洛之閒，號曰赤翟、白翟。

案：「洛」疑當作「潞」，正義引括地志云「潞州本赤狄地。延、銀、綏三州白翟地。」若是圁、洛，則惟白狄所居，不得言赤狄矣。趙太常亦云洛疑卽潞，若漆沮之洛，乃在豐、鎬閒，是爲秦地，不得居戎翟也。

自是之後百有餘年，晉悼公使魏絳和戎翟。

困學紀聞十一曰「以左傳攷之，魯文公三年秦始霸西戎，襄公四年魏絳和戎，裁五十餘歲。」閻注云「魏絳和者北戎，非西戎也。王氏未及辨」。

而始皇帝使蒙恬將十萬之衆北擊胡

案：紀、表及蒙恬、主父傳皆云將「三十萬」，則此言「十萬」，淮南子人間訓作「五十萬」，一多一少，並非也。

十餘年而蒙恬死

案：六年耳，安得十餘年，説在恬傳。

自淳維以至頭曼，千有餘歲，

案：淳維不知在何時，即謂是夏桀之子，自商至秦何止千有餘歲，此言未的。

自如左右賢以下至當户（金陵本作「自如左右賢王以下至當户」。）

案：漢書作「自左右賢王已下」，是也，此缺「王」字。「自如」二字，説在田完世家。

最爲大國

劉攽曰「衍『國』字」。

相封

附案：徐廣云「封一作『將』」。蓋譌爲「封」字，漢書無此字也。

大會籠城（金陵本作「蘢城」。）

附案：史詮曰「湖本『蘢』作『籠』，誤」。漢書「龍城」。

從死者多至數千百人

案：漢書作「數十百人」，是。

後北服渾庾、屈射、丁靈、鬲昆、薪犂之國。

附案：漢書及索隱引魏略「渾庾」作「渾窳」也，蓋音同通借，如「丁零」之爲「丁靈」，亦古字通用。至「薪犂」之爲「龍新犂」，則呼有增減，字有改易耳。或云「龍」字不連「新犂」也。

徙韓王信於代

案：信未嘗徙代，説在月表。

冒頓縱精兵四十萬騎

案：漢書作「三十餘萬騎」。

漢使樊噲往擊之

案：擊韓信一作柴武，説在信傳。

高后欲擊之，諸將曰：

案：季布傳及漢書匈奴傳諫高后者季布也。

比余一

附案：徐廣言或作「疏比」，是。漢書作「比疎」，比即櫛，音鼻。疎即梳。

黄金飾具帶一

附案：倪本作「飾貝」，則今本史、漢並譌「具」字。佞幸傳、戰國趙策「貝帶」可證。

黄金胥紕一

附案：徐廣作「犀毗」，是，與漢書同。索隱曰「胥、犀聲近，或誤。國策『趙武靈王賜周紹貝帶黄金師比』，『胥』『犀』『師』並相近，而各異耳。」劉辰翁曰：「犀毗即今鉤搭」。

成侯董赤爲前將軍

案：文帝紀、名臣表及漢書皆言董赫、欒布同爲將軍，此失書布。又「赤」當作「赫」，説在高祖功臣表。

於是制詔御史曰

案：文紀載詔與此不同，何也？

軍臣單于立四歲，匈奴復絶和親，大入上郡、雲中，

案：文帝改元止七年，匈奴入上郡、雲中在後六年冬，文紀及名臣表甚明。而文帝答單于書約和親及制詔御史事，在後二年，則上文言「後四歲軍臣立」當是「後三歲」，爲文帝後五年。徐廣曰「後三年立」，非也。此「四歲」二字當依漢傳作「歲餘」，不然，二年答書後，歷八歲而絶和親，必文帝改元在位有十年乃可，故徐廣以爲「數不容爾」也。

斬恢

汪繩祖曰「韓長孺傳云恢自殺，漢書武紀云恢下獄死，此及漢傳言斬、言誅，各不同」。

自馬邑軍後五年之秋，漢使四將軍，

案：「秋」當作「春」，武紀可據。

其冬，匈奴數入盜邊，

案：此言元光六年之冬也，然武紀是秋。

漢亦棄上谷之什辟縣造陽地以予胡

附案：劉辰翁曰「什卽『斗』字之誤」。隸書「斗」作「廾」，與「什」易混。

入殺代郡太守恭及略千餘人（金陵本作「太守恭友，略千餘人」。）

附案：名臣表、衞將軍傳並作「太守友」，漢書匈奴傳作「共友」。徐廣、師古、司馬貞皆云友太守名，共姓，共、恭同。則此「及」字乃「友」之譌。湖本以「恭」字爲句，誤。

漢以衞青爲大將軍

案：「大將軍」乃「車騎將軍」之誤，說在名臣表。

得胡首虜萬八千餘級

案：驃騎傳及漢書武紀、匈奴傳皆作「八千餘級」，則此「萬」字衍。霍去病傳云「八千九百六十級」。

其後漢方南誅兩越，不擊匈奴，匈奴亦不侵入邊。

案：武紀元鼎五年，西羌衆十萬人反，與匈奴通使，攻固安，胡三省曰「當作『安故』」。圍枹罕。匈奴入五原殺太守，正在是時，何言不侵入邊乎？

至匈奴河水而還（金陵本無「奴」字。）

案：匈河乃水名，故趙破奴爲匈河將軍。劉敞、劉攽並以「奴」爲衍字。

漢使王烏等窺匈奴

附案：史、漢皆作「烏」，而藝文類聚作「焉」。李商隱爲李兵曹祭兄濠州刺史文云「不拜無慙于蘇武，去節寧類于王焉。銜鬚誓死，齧雪獲全」。祭文用韻當不誤，此所謂烏、焉混淆也。

漢遠，卽兵來迎我，

案：漢書作「來兵近我」，劉辰翁曰「『近』字是，蓋班氏改之」。

軍中郭縱爲護，維王爲渠，相與謀曰：「及諸校尉畏亡將軍而誅之，莫相勸歸。」

案：此二十九字漢書删之，但云「軍吏畏亡將而誅，莫相勸歸。」劉辰翁曰：「史記不可解，漢書是。」

昔齊襄公復百世之讎，春秋大之。

案：百世之讎，因公羊傳有「百世」之語而誤，當依漢書作「九世」。

且鞮侯單于既立

附案：此下乃後人所續，非史公本書。史訖太初，不及天漢，故索隱于且鞮侯已下引張晏云「自狐鹿單于已下，「狐鹿」當作「且鞮」。皆劉向、褚先生所録，班彪又撰而次之，所以漢書匈奴傳有上下兩卷。」各本誤刻張說在末。至其所載亦多誤，如單于歸漢，使蘇武使單于，皆天漢元年事，而此誤在太初四年。匈奴妻李陵，乃陵降數歲後事，而此誤以陵降卽妻之。貳師出朔方步兵七萬人，而此誤作「十萬」。貳師降匈奴，其家以巫蠱族滅，俱征和閒事，而此誤敍于天漢四年，何足信哉！

不參彼己將率席中國廣大

附案：滹南集諸史辨惑謂史記以彼己將率爲句，既不成文，而理又不順。其釋彼己，引詩「彼己之子」，殊牽强。已其同。并言其友崔伯善以「不參彼己」爲句，「將率」字屬下，良是。湖本正如此讀，豈因崔說歟？

史記志疑卷三十四

衞將軍驃騎列傳第五十一

大將軍衞青者，平陽人也。其父鄭季，爲吏，給事平陽侯家，與侯妾衞媪通，生青。青同母兄衞長子，而姊衞子夫自平陽公主家得幸天子，故冒姓爲衞氏。字仲卿。長子更字長君。長君母號爲衞媪，媪長女衞孺，次女少兒，次女即子夫。後子夫男弟步、廣皆冒衞氏。

案：師古以衞爲媪夫家姓，步、廣及青皆不姓衞而冒稱。索隱以媪有夫無夫爲疑，其所冒之姓爲父爲母，皆未明。余攷傳云同母，則非同父，而歷敍媪之子女皆冒衞氏，則媪必非衞家婦也。不然，長君、衞孺、少兒、子夫皆媪夫衞某所生，特偶通于鄭季而生青，將冒姓者惟青一人，不得復云皆冒衞氏。若以步、廣又冒姓，未識媪更通何人所生。此傳幾糾錯難解矣。蓋媪非侯妾，漢書及論衡骨相並作「僮」，師古曰「僮者，婢女之總稱」，史言妾非。衞乃媪之姓，媪子女皆冒母姓，故青亦姓衞而不姓鄭。媪夫之姓不傳，其夫或有或無，俱莫能定。而別生子女六人，要知侯門富溢，家僮數千，私相配合，淫邪無忌，生男爲圉，生女爲妾，如雞鶩之成羣，飛棲隨意，國策田駢言「鄰人之女設爲不嫁，行年三十而有七子」者，其衞媪之謂乎？且當時公主以平陽侯惡疾改適長平侯，公主且然，況奴婢哉！

少兒故與陳掌通

案：陳丞相世家云「掌以衞氏親貴戚」。漢書霍去病傳云「衞皇后尊少兒，更爲詹事陳掌妻」，則非私通矣，史似誤。

元光五年，青爲車騎將軍，

案：「五年」當作「六年」，將相表、匈奴傳及漢書可證。

青至籠城（金陵本作「蘢城」。）

附案：當作「蘢」，說在匈奴傳。

賀亦無功

漢書評林凌約言曰「此出唯青有功，例得封侯，故班史補入『唯青賜爵關内侯』句。」

青爲車騎將軍，出雁門，三萬騎擊匈奴，斬首虜數千人，明年，

附案：此二十三字當在下文「出代」句下，傳寫譌倒。

以三千八百户封青爲長平侯。

案：青封户凡三，其户數惟此不異，下兩益封皆與漢書異，說在建元侯表。

以千一百户封建爲平陵侯

案：蘇建封户其數與漢表不同，下文合騎、樂安、隨成、從平、從驃、義陽、衆利七侯封户，亦與漢表不同，而冠軍侯户數史、漢兩傳又異，並說在建元侯表。

捕伏聽者三千七十一級，

案：漢書作「三千一十七級」。

出窳渾

附案：野客叢書曰「史記窳渾，漢書則曰寘音田。渾，往往因其文字而魚魯之耳。」

爲剽姚校尉，

案：「剽姚」當作「驃鷂」，説在建元表。

上谷太守郝賢四從大將軍，捕斬首虜二千餘人，

案：漢傳言捕千三百級，故兩表云首虜千級以上也。則此誤作「二千餘人」，乃「一千餘人」耳。

合短兵，殺折蘭王，斬盧胡王，誅全甲，

案：漢傳「合短兵」下有「鏖皐蘭下」一句，又云「鋭悍者誅，全甲獲醜」，此缺。野客叢書曰「徐廣注『全』一作『金』，此較漢書，所言甚失文理，疑後人因其誤而爲之注」。

得酋涂王

案：漢書「酋涂」上有「單桓」，此亦缺。張晏曰「皆胡王」。

千騎將得王、王母各一人，

附案：索隱曰「漢書作『右千騎將王』，然則此云千騎將是漢之將，屬趙破奴，得匈奴王及王母。或云右千騎將即匈奴王號」。余謂或説是也，史記傳寫之譌，以得千騎將王，爲千騎將得王耳。漢表云

「得兩王千騎侯」，史表云「得兩王子此是「千」之誤。騎將功侯」，故知此譌。

封爲煇渠侯。

案：「煇渠」是「煇渠」之誤，說在表。

常與壯騎先其大將軍，軍亦有天幸，

附案：方氏補正引蔣西谷曰「大將軍青於去病爲親，故曰『其』」。又引汪武曹曰「『將』字衍，常先其大軍也」。兩説並非。董份曰「『常與壯騎先其大將軍』爲句，『軍亦有天幸』承上文來，皆言驃騎。王右丞詩『衛青不敗由天幸』，是以大將軍别起爲句矣，不知太史公此傳專右大將軍而貶驃騎，右丞尚誤，況其他乎？」

鷹庇爲煇渠侯，禽棃爲河綦侯，大當户銅離爲常樂侯。

附案：三侯之名各異，説在表中。

仍與之勞

附案：漢傳是「仍與」，言重與軍旅之勞也。

以誅比車者

附案：漢傳「比」作「北」。

歷涉離侯

附案：漢傳作「難侯」，山名也。

濟弓閭

附案：弓閭，水名，漢傳作「盧」。

師率減什三

案：漢書作「什二」。

會與城

附案：與音余。漢書譌「興」，猶史上文之譌「仍興」也。

斬首捕虜二千七百級

附案：漢書傳作「二千八百」。

爲符離侯

案：當作「邳離」，説在表

邢山

案：此乃「衞山」之誤。

封復陸支爲壯侯　昌武侯安稽

附案：「壯」當「杜」，「昌武」當作「武陽」，並説在表。

軍吏卒皆無封侯者

案：漢書此下云「惟西河太守常惠、雲中太守遂成受賞。遂成秩諸侯相，賜食邑二百户，黄金百斤；

惠爵關内侯」，似不可缺，當補入。

大將軍青卒

案：此傳書去病起冢象祁連，何以不書青起冢象盧山乎？盧山匈奴中山，漢書匈奴傳揚雄上書曰：「運府庫之財，填盧山之壑而不悔。」

大將軍以其得尚平陽公主故，長平侯伉代侯。

徐氏測議曰：「衞青爲大將軍後始尚主，伉時已封，非公主子，青歿自當代侯，亦不以主恩也。」

六歲，坐法失侯。

附案：此六字，後人妄增。伉失侯在天漢元年也，建元侯表書「今侯伉」，則知此非史公本書。

左右兩大將軍

附案：「左右」乃「左方」之譌，非大將軍有左右也，此指衞、霍兩人。

斬捕首虜五萬餘級

案：青本封三千八百户，益封三千户，再益封六千户，凡萬二千八百户，則此作「萬一千八百」者誤也。并三子侯各千三百户，（倪本作「三千三百户」，王本作「二千三百户」，並非。）是萬六千七百户，則此作「萬五千七百」者誤也。若漢傳，前云以三千八百户封侯，益封三千八百，再益封八千七百，共萬六千三百户，并三子各千三百爲二萬二百户，與史不同。

其校尉裨將以從大將軍侯者九人。

案：史、漢表傳侯者十一人：一蘇建，二張次公，三公孫敖，四公孫賀，五韓説，六李蔡，七趙不虞，八公孫戎奴，九李朔，十張騫，十一郝賢。言九人誤。

賀，武帝爲太子時舍人。武帝立八歲，

附案：此兩稱武帝及下李息、公孫敖、李沮、李蔡、趙信、趙食其六傳稱武帝者七，皆後人妄改，當作「今上」也。或曰當作「今帝」，匈奴傳云「今帝卽位」。

出定襄，無功。後四歲，以坐酎金失侯。

案：史、漢表賀以元鼎五年坐酎金免，則自元朔六年出定襄，後至元鼎五年凡十一歲也。

後八歲，以浮沮將軍出五原

案：賀出五原卽元鼎六年事，非坐酎金失侯之後八歲也。

賀七爲將軍

案：賀爲將軍五，安有七乎？

坐子敬聲

附案：此下後人所續，非史本書。

後六歲，爲將軍，出代。

案：李息出代在元朔元年，後于軍馬邑五歲，史、漢並誤作「六」。

後三歲，爲將軍，

案：此是息出朔方在元朔五年，後出代四歲，史、漢誤作「三」。

以郎事武帝

附案：漢書作「景帝」，是也，此因後人改「今上」爲「武帝」，而並此誤改之。

爲驃騎將軍

案：此「騎將軍」之誤也，驃騎之號，武帝以寵霍去病，公孫敖安得先爲之，余有丁糾之矣。

再出定襄，無功。

案：傳言「斬虜萬餘人」史、漢表皆言是年敖益封，則此誤也，當衍「無功」二字。

後十四歲，

案：當作「十五歲」，蓋自元狩四年後至太初元年也。

七歲，復以因杅將軍　坐妻爲巫蠱，族。

附案：此下後人所續。蓋敗余吾在天漢四年，巫蠱起于征和元年，且敖自余吾還腰斬，非先曾亡居民閒，而後坐巫蠱族也。「七歲」至「巫蠱族」四十四字當削，漢傳同其誤。

其後太后崩　後一歲，爲將軍，

案：當作「二歲」，元朔三年太后崩，次公于五年又爲將軍也。

後四歲，爲游擊將軍，

案：蘇建封侯在元朔二年，此元朔五年事，當云「後三歲」。

家在大猶鄉（「家」，金陵本作「冢」。）

附案：張騫傳亦有「家在漢中」句，史詮謂二「家」字本作「冢」，字譌也。書兩將軍家，正爲上敍驃騎冢相射，而史不言大將軍冢，疎矣，漢書補之。

十七歲，爲前將軍，

案：漢書作「十八歲」是，趙信爲前將軍在元朔六年，武帝立十八年也。

襄，曹參孫也。

案：是玄孫。

爲光祿勳，掘蠱太子宮，衞太子殺之。

附案：十四字删，後人以征和二年事續入也。

斬捕虜首十一萬餘級，

案：霍去病傳凡斬虜十一萬九千六百三十一級，然内中兩言八千餘級，其一以漢傳校之，是「八千九百六十級」，其一無攷，則斬虜確數尚不止此，史誤矣。或曰當作「十二萬餘級」。

四益封，凡萬五千一百户。

案：去病本封千六百户，四益封萬四千五百，并之得萬六千一百户，此誤數也。若依漢傳本封二千五百户，四益封萬五千一百，并之得萬七千六百户。而漢傳此句作「萬七千七百户」，亦誤。

其校吏有功爲侯者凡六人

案：史、漢表傳從去病爲侯者七人：一趙破奴，二高不識，三僕多，四路博德，五衞山，六復陸支，七伊卽軒。言六人誤。

將軍路博德，平州人。

附案：漢書云「西河平州人」，則非太山梁父縣之平州矣。而漢志作「平周」，蓋古字通用，如左傳華周，人表作「華州」可證。

故九原人

案：漢傳云「太原人」。

至匈河水，無功。後二歲，擊虜樓蘭王，復封爲浞野侯。

案：漢書作「後一歲」，是也。趙破奴爲匈河將軍攻胡在元鼎六年，而大宛傳謂虜樓蘭爲擊胡之明年，乃元封元年，與漢傳合。蓋破奴深入匈奴，不見一人，遂還師擊西域也。大事記載于元封元年極確，通鑑據年表破奴封侯之歲，載于元封三年，殊未爲允，立功數年後行封者多矣。

後六歲，爲浚稽將軍，

案：爲將軍在太初二年，破奴封侯後五歲，此誤「六」。

居匈奴中十歲　後坐巫蠱，族。

附案：「居匈奴」至「巫蠱族」二十一字，後人妄續也。且破奴自太初二年没匈奴，至天漢元年歸漢，首尾僅四年，安得十歲乎？

自衞氏興，

附案：自此至末三十三字，史詮謂當在上文「六歲坐法失侯」下，蓋是也。然亦皆後人續而誤者，衞青以元朔二年封，其枝屬以元朔五年封，自元朔二至太初四，凡二十七年，不得言「二十四歲」。而長平侯伉于太初四年見存，不得言「盡奪無侯」。青衹三子，亦不得言「五侯」。而漢書仍其誤，何歟？

人臣奉法遵職而已，何與招士。

附案：此青謝蘇建語如此，汲黯爲揖客，大將軍益賢之，又進言田仁爲郎中，言減宣于上爲大廄丞，言主父偃于上，爲上言郭解不中徙茂陵，則未嘗不招士也。但所招之士，不皆賢耳。

平津侯主父列傳第五十二

齊菑川國薛縣人也

附案：齊與菑川實爲兩國，薛縣別屬魯，乃史公連書之，何也？下文汲黯詰弘曰齊人多詐。又云菑川國推上宏。而儒林傳稱薛人公孫弘。徐廣謂「薛縣在菑川」。索隱謂「薛本屬魯，漢置菑川國後割入齊」。説亦欠明。史記考異曰「菑川本齊故地，扁鵲言『臣齊勃海秦越人』，與此一例，非史之誤。漢志菑川國衹三縣，無薛縣，然高五王傳『青州刺史奏菑川王終古禽獸行，詔削四縣』，安知薛縣不在所削之內。漢志郡國領縣若干，皆元、成以後之制，未可據以駁傳也」。此説甚確。

字季

案：弘字次卿，見西京雜記五鄒長倩書，豈初字歟？廣韻引作「鄒長倩」。

元光五年，有詔徵文學，

案：「文學」上脱「賢良」二字，漢書有之。而「五年」是「元年」之誤，荀紀、西京雜記、石林燕語皆依史作「元光五年」，失之。通鑑考異反據五年爲説，無怪乎疑未能明也。漢書武紀以弘舉賢良在元光元年，而弘傳本史記誤作「五年」耳。野客叢書辨之極是，其言曰「武帝兩開賢良科，一在建元元年，一在元光元年，而元光五年但詔徵吏民明當世務者，不聞有賢良之舉。考武帝初卽位，弘年六十，以賢良徵，元狩二年薨，年八十。自元狩二年推而上之，至武帝初年恰二十年。以是言之，弘于元光元年再舉賢良明甚，本傳謂『五年』誤也。又況元光元年賢良制，正係弘所對者」。

二歲中，至左内史。

附案：徐廣作「一歲」，是。弘以元光元年對策爲博士，中更母服三年，蓋元光五年仍爲博士，卽于是年爲左内史，故公卿表言元光五年爲左内史也。

故人所善賓客，仰衣食，

案：弘開東閣以延賢人，此盛德事，不知史何以不載。

竟以丞相終

案：漢書亦謂弘年八十，終丞相位，而齊王儉漢武故事云「弘諫武帝微行，弗從，因效史魚尸諫自殺，上聞而悲之」。此説異。

孝武元光元年中

案：「孝武」當作「今上」。主父偃、徐樂、莊安三人同上書拜郎中，應在元朔初，通鑑載于元朔元年。考異謂「光」乃「朔」字之誤，其説自不可易。何以證之？偃傳言偃入闕見衞將軍，而衞青以元光六年始爲將軍，若偃見青于元光元年，則青尚爲太中大夫，安得稱將軍，其證一。漢書言徐樂燕郡無終人，以無終屬燕，雖不免錯，而燕之爲郡實在元朔元年以後，正當上書之時，詳見後。其證二。莊安書中有略薉州建城邑之語，而降穢貉爲蒼海郡在元朔元年，其證三。獨大事記書于元光元年，其解題曰「偃竊奏董仲舒高園殿對」，見儒林傳。高園殿災在建元六年，距元朔改元八年，若偃以是年召見，安得竊仲舒草藁奏之。若召見親近之後方竊奏仲舒藁，則仲舒亦不應追論七八年前災異也。況田蚡死已久，仲舒所謂「貴而不正」者果安所指耶？殊不知仲舒奏藁自在建元末年，而偃之竊奏固在元朔初，何足據哉！

欲攻匈奴，李斯諫曰：不可。

大事記曰：「李斯方助始皇爲虐，必無此諫，特趙高繼斯，其虐尤甚，故人以斯爲忠，得此虛美也。」徐氏測議曰：「斯諫伐胡，本傳不載，非實事也。意者，欲沮蒙恬之功，故爲正言耶？」

地固澤鹹鹵

「史記考異曰「漢書無『鹹』字，疑衍」。

暴兵露師，十有餘年，

案：十餘年，虚言之也，説在蒙恬傳。

終不能踰河而北

案：始皇紀、蒙恬、匈奴傳皆云「逐戎築長城，起臨洮至遼東萬餘里，渡河至陽山」，乃偃書言恬攻胡辟地千里，終不能踰河而北，未詳其故。通典以恬傳爲實，則偃未攷耳。

趙人徐樂

案：漢書謂「樂，燕郡無終人」，則史言趙人，誤也。地理志無終屬右北平，據元始初版籍言之。項羽封韓廣爲遼東王，都無終，未幾爲臧荼所滅，仍屬于燕。漢初封國甚大，遼東、遼西、右北平皆燕故地。至燕之爲郡，漢志雖不載，而攷燕王定國以元朔元年有罪自殺，國除爲郡，至元狩六年復置燕國，封皇子旦，其閒燕爲郡者首尾十二年，徐樂上書，正在此時。

齊人嚴安

附案：索隱言本姓莊，因明帝諱，後改「嚴」。而藝文志有莊安一篇，日知録曰「鄧伯羔謂安自姓嚴，非也。漢書之稱『莊安』，班氏所未改也。史記之稱『嚴安』，後人所追改也。」

下怨而上不知也

案：「也」字衍。

臣聞周有天下

案：莊安書此句上尚有二百七十餘字，皆切中時弊，深識治體之言，史公何以删之？

又使尉佗屠睢將樓船之士南攻百越

案：南越傳無尉佗攻越事，乃尉屠睢也。尉，秦官，屠睢人姓名，蓋「尉斯離」之比，漢書嚴助、嚴安傳皆無「佗」字，此因下文尉佗戍越而誤，索隱謬分爲二人。尉屠睢事，見淮南子人閒訓。

景騎舉郢（金陵本作「景駒」。）

附案：「騎」乃「駒」之譌。

數見，上疏言事，

案：「數」字上當依漢書增「偃」字，不然，上文是拜主父偃、徐樂、莊安爲郎中，則言事者誰乎？

遷樂爲中大夫。

案：遷中大夫者主父偃也，故漢書曰偃遷謁者、中郎、中大夫，所謂一歲四遷。以此與徐樂何涉？「樂」字當衍。若以中大夫是樂，則偃之四遷既缺，而莊安之爲騎馬令又何以不及？

偃盛言朔方地肥饒，

附案：義門讀書記曰「偃前諫伐匈奴，此何以復議置朔方郡？前言地澤鹵不生五穀，轉輸率三十鍾致一石，此何以復云地肥饒，省轉漕？豈非進由衞氏，衞將軍始取其地，故偃變前説以建此計乎」？

太皇太后詔

附案：徐廣曰「此詔是平帝元始中王元后詔，後人寫此及班固所稱，以續卷後」。又讀史漫録曰「平帝時追録公孫弘，言其位爲丞相，食一肉，脱粟，爲布被，可見弘本以此著名稱，而汲公獨少之，豈弘之詐能欺數世之後，而不能欺一長孺。蓋漢廷之臣皆知其僞，而汲公敢言也。然平帝褒之者何？王莽僞爲恭儉以釣名聲，取其與己類，故録之爾。夫不見取于同時之長孺，而見知于數世之王莽，弘之品流不益爲輾生恥耶」！

南越列傳第五十三

十三歲

案：始皇紀三十三年略陸梁地，爲桂林、南海、象郡，則至二世元年陳勝反時，首尾纔六年，安得十三年乎？徐廣已言之。

因讓佗自立爲帝

案：史公不載文帝賜趙佗書，何也？所載佗書亦簡略不具。

至建元四年卒。佗孫胡爲南越王。

案：漢傳無「卒」字，以建元四年爲佗孫嗣位之歲，似佗非卒于建元四年，而史、漢皆不書佗子，可知其子前死，趙胡以孫繼祖也。但考兩粤傳，佗當文帝元年已稱老夫，處粤四十九年，於今抱孫，則自始皇二十年佗已居粤因爲龍川令，二世元年行南海尉事，高帝四年稱王，至武帝建元四年凡九十一年，徐廣引皇甫謐謂佗蓋百歲，何若是之壽耶？

卽藏其先武帝璽

案：漢書作「武帝、文武璽。」佗僭帝號，有璽宜也，豈其孫亦僭帝號乎？蓋其居國中兩世竊如故號耳，則此缺「文帝」二字。

令辯士諫大夫終軍等宣其辭

案：終童奇人，史公何以不爲立傳？

故濟北相韓千秋

案：漢書李陵傳作「濟南相」。

術陽侯建德爲王

案：「術陽」乃「高昌」之誤，建德降後始封術陽也。

下匯水

附案：徐廣作「湟」，與山海經合，卽上文湟谿，説文、水經謂之洭水，本作「滙」。酈道元言亦曰溰水，別名桂水者是。漢書紀、傳皆作「湟」，獨地理志桂陽郡下作「匯水」，與此同誤。師古妄音胡賄反，猶索隱引誤本作「湟」，音年結反也。裴駰云「或作『淮』」，亦非。蓋因水有四名，各以音形相近而譌耳。

下横浦

案：漢書武紀作「下湞水」。

越郎都稽

案：「都稽」一作「孫都」，説在表。又表有涉都侯，此失敘。

而國亡焉

案：南武侯織，高帝十二年封南海王，見漢書高紀及淮南王傳，亦粤之世也，當附于傳，史失之。

甌、駱相攻，南越動摇。

古今黈曰：「此誤也，當云『東閩興兵，南越動摇。』案傳，其相攻者閩越與南越，非甌、駱也，甌、駱未嘗與諸國相攻也。又閩越未攻南越時嘗圍東甌，則是甌、閩相攻，亦不得爲甌、駱也。」

閩越列傳第五十四

閩越王無諸及越東海王摇者，其先皆越王句踐之後也，

案：論中亦言句踐之後，有禹餘烈，其實句踐非禹苗裔，而甌、閩非句踐種族，説在越世家中。通志氏族略引顧氏譜云「句踐七世孫閩君摇，漢封東甌」，亦不足信。蓋越是芈姓，見國語，閩、東越蛇種，見索隱引説文，不得强合爲一。而高祖所封之海陽侯摇無餘，同名二王，又不可曉，説在功臣表。

姓騶氏

附案：徐廣一作「駱」，索隱謂「徐説是，不姓騶」也。路史國名紀三注亦言駱姓，史記作「騶」誤。

秦已并天下，皆廢爲君長，

考證張氏曰：「秦罷侯置守，六國之後尚不得尺土寸地，矧區區之越，别奉以君長之號乎？疑無諸搖已廢爲庶人，陳、項兵起，乃始糾合義旅，閩、越之民相率景從耳。」

世俗號爲東甌王

附案：史記考異曰：「封禪書越人勇之言：東甌王敬鬼，壽至百六十歲，卽東海王搖也。」

天子問太尉田蚡　太尉未足與計

案：兩稱太尉，通鑑考異以爲誤。攷蚡以建元元年爲太尉，二年免，并省太尉官，是時乃建元三年，蚡以列侯家居，莫非問丞相許昌否？或謂蚡曾爲太尉，以故官呼之，亦未確。

不戰而耘

附案：惠氏左傳補注曰「成二年傳『隕子辱矣』，説文引云『抎子』。國策齊四。齊宣王曰『唯恐夫抎之』，墨子天志曰『抎失社稷』，吕覽云音初。『昭王抎于漢中』，高誘音『顛隕』之『隕』。史記『不戰而耘』，此『抎』字之誤，漢書作『殞』，知抎與隕通，古今字也。徐廣曰『耘義當取「耘除」』，失之。」

乃使郎中將

案：當作「中郎將」。

天子遣横海將軍韓説出句章，浮海從東方往；樓船將軍楊僕出武林；中尉王温舒出梅嶺

案：將相表及漢書武紀韓説、王温舒皆出會稽，楊僕出豫章，兩粤傳與此同。攷地理志句章自在會

稽，而武林索隱以爲在豫章，北接鄱陽界，東南地名，非今之武林，則固無戾也。惟梅嶺屬豫章，而温舒實出會稽，此必有誤。

率錢唐轅絡古（金陵本作「轅終古」。）

附案：「絡」乃「終」字之譌。

爲北石侯

案：侯名之異，説在建元表。

封爲無錫侯

案：此下失敘下鄜侯黄同。

東越地遂虚

案：漢志會稽有冶縣，師古曰「本閩越地」。續志云「鄞、章安故冶，閩越地」。宋書州郡志亦言是閩中地，領于會稽之東部都尉。則其地豈虚也哉。

朝鮮列傳第五十五

朝鮮王滿者

漢書考證齊氏曰「滿姓衞。朝鮮自周封箕子後，傳四十餘世，至戰國時侯準始稱王。漢初其國大亂，燕人衞滿擊破準而自王也。後書正補此傳之缺。」

乃使衞山

附案：此非義陽侯也，乃别一人。

使濟南太守公孫遂往征之，

案：漢傳作「正之」，通鑑考異曰「史記『征』字誤」。

天子誅遂

附案：通鑑考異曰「漢書作『許遂』」。案左將軍亦以争功相嫉乖計棄市，則武帝必以執樓船爲非，漢書蓋誤。

相韓陰

案：漢作「韓陶」，説在建元表。

左將軍使右渠子長（金陵本作「長降」，徐廣引表作「長路」，右渠子名。）

案：「長」亦作「張路」，説在表。

陰爲萩苴侯　爲温陽侯

附案：「萩」一作「荻」，説在表。「温」乃「涅」字之譌。

樓船將軍亦坐兵至列口，當待左將軍，擅先縱，失亡多，當誅，贖爲庶人。

案：此與漢傳同，而漢表云「坐爲將軍擊朝鮮畏懦，入竹二萬箇贖完爲城旦。」罪狀與此不同，入竹贖罪亦奇。

西南夷列傳第五十六

始楚威王時，使將軍莊蹻將兵循江上，略巴、蜀、黔中，以西。莊蹻者，故楚莊王苗裔也。蹻至滇池，地方三百里，旁平地，肥饒數千里，以兵威定屬楚。欲歸報，會秦擊奪楚巴、黔中郡，道塞不通，因還，以其衆王滇，十餘歲，秦滅。

案：商子弱民、荀子議兵、韓詩外傳四、補史記禮書並有「莊蹻起而楚分」之語，呂子介立有「莊蹻暴郢」之語，皆不言在楚何時。韓子諭老載杜子諫楚莊王伐越，荀子注引韓，今本訛「杜子」爲「莊子」。有云「莊蹻盜于境内」，則在莊王時。高誘注呂云「楚成王之大盜」，則在成王時，又在莊王之前，未知何據。若史、漢俱以蹻爲莊王苗裔，在楚威王之世，高誘注淮南主術亦從之，而通典邊防、三通考三百二十九辨其誤，以范史謂在楚頃襄王時爲定，蓋蔚宗依華陽國志也。獨困學紀聞十二據韓子、漢書言有兩莊蹻，以名氏與蓋同爲異，余未敢信。莊蹻又名企足，見呂子異用篇，疑是其字也。通典辨之曰「楚自威王後，懷王立三十年，至頃襄之二十二年秦取巫、黔中，後漢史則云頃襄王時莊豪王滇。豪即蹻也，若蹻自威王時將兵略地，屬秦陷巫、黔中，道塞不還，凡經五十二年，豈得如此淹久，或恐史記謬誤。班生因習便書，范所記詳考爲正。又蹻王滇後十五年頃襄王卒，考烈王二十五年，幽王十年，王負芻五年而楚滅，後十五年秦亡，凡七十年，何故云蹻王滇後十餘歲而秦亡也？」

乃拜蒙爲郎中將

案：華陽國志作「中郎將」。劉攽曰「當作『中郎將』，後『使相如以郎中將往諭』同」。

及元狩元年，博望侯張騫使大夏來，

案：史、漢表騫以元朔六年三月封侯，必非元狩元年歸也。攷大宛傳「騫留匈奴中，因左谷蠡王攻其太子自立，國内亂，騫亡歸漢」，而以匈奴傳核之，乃元朔三年事，則騫歸于元朔三年甚審。

滇王嘗羌乃留

附案：徐廣「嘗」作「賞」，漢書又作「當」，未詳孰是。

殺使者

案：漢書武紀元鼎六年馳義侯征西南夷平之，此且蘭君所殺漢使者卽馳義侯，兩處不同。大事記以紀爲誤，亦無據。

行誅頭蘭

案：此三稱頭蘭，卽上文且蘭，小國名也，後爲縣。漢書皆作「且蘭」，疑「頭」字非。或曰且子餘反，而頭有徒音，故譌。

有勞浸

案：漢書作「勞深」，國名。

滇王離難西南夷，舉國降，

附案：史詮曰「漢書無『難』字，蓋離、難二字相近而衍也。」

司馬相如列傳第五十七

相如既學

案：蜀志秦宓云「文翁遣相如東受七經，還教吏民」。宓此語與漢地理志所謂「文翁倡其教，相如爲之師」者正合，史公但采詞賦，而遺其明經化俗之大端，何也？史通載文篇譏史、漢載上林、甘泉等賦無裨勸奬，有長奸詐。

上讀子虛賦而善之

附案：日知録曰「子虛賦乃遊梁時作，後更爲楚稱、齊難而歸之天子，非當日本文矣。若但如今所載子虛之言，不成一篇結構」。又曰「文選誤分爲二，李善云『非一時作』，亦誤」。此説本柯氏考要。潛邱劄記亦曰「真子虛賦久不傳，文選所載乃天子遊獵賦，昭明誤分之而標名耳」。學林亦以昭明爲誤。至滹南集文辨疑相如賦子虛自有首尾，而其賦上林也復合之爲一，恐未然。

射麋脚麟

附案：文選同，漢書作「格麟」，師古曰「格字或作『脚』，然當作『格麟』也。」師古於傳首云「近代讀相如賦者，皆改易文字，競爲音説，致失本真，今依班書舊文爲正」。則史記所載，安知不爲後人改易乎？自宜依漢書，蓋師古較定也。兹特舉其誤者，餘從畧焉。

茈若射干

附案：漢傳、文選無「射干」二字，則是流俗所增矣。而學林謂「史記是，漢書闕」，與師古反。言「此段皆四字一句，於文則順，於韻則叶。漢書去之，遂不成句法。射干，草也，後射干，獸也，實兩物，奚嫌焉。」此説非，下文有「槀本射干」矣。

諸蔗獼且

附案：漢傳作「諸柘巴且」，文選同，後人妄改之。獼蓴並音粕，蘘，荷也。然下有「蘘荷巴且」，巴蕉也。

薛莎青薠

附案：漢傳「薛」作「薜」，二物判然不同。

菰蘆

附案：漢傳、文選作「觚盧」，是也。張晏云「庖魯」。蓋上句蒹葭卽蘆，雕胡卽菰，不應重言之。

則有赤猨蠷蝚

附案：漢傳、文選皆無此四字，且下文有「玄猿素雌」及「蛭蜩蠷蝚」之句也。

騰遠

附案：注家或以此爲鳥，或以爲獸，或以爲蛇，焦氏筆乘疑卽「騰猿」字之誤，蓋騰蛇爲得矣。

兕象野犀，窮奇玃狿，

附案：八字漢書文選皆無，且上句蟃蜒即玃狿，而下又有「窮奇象犀」之語也。

蟒卬卬，蹵距虛，（金陵本作「蟒卬卬」。）

附案：漢傳、文選「蟒」「蹵」二字互易。

紆徐委曲

附案：漢傳無此四字，且下有「紆餘委蛇」句。

怠而後發，游於清池，

附案：漢傳無「發」字，作一句讀，甚是。

楊桂枻

附案：漢傳、文選「桂」作「旌」。

於是楚王乃登陽雲之臺

附案：漢傳亦作「陽雲」，據孟康注，當從文選作「雲陽」。此本對以雲夢之事也。孟康曰「雲夢中高唐之臺，宋玉所賦者，言其高出雲之陽也」。

有而言之，是章君之惡，

附案：文選無此二句。漢傳亦有之，然李善以有者爲非。

東有巨海

附案：漢傳、文選及索隱本皆作「東陼」，則「有」字譌。

右以湯谷爲界

附案：劉奉世曰「右」當爲「左」，本李善文選注。陳子龍曰「湯谷日出之區，應在齊東，而云『右』，恐『左』字之誤。正義所云『北向天子』，亦無據。」

澎濞沆瀣

附案：「瀣」乃「溉」之譌。

東注太湖

沈括筆談曰「上林賦敘諸水曰『入川分流，東注太湖』，入川自入大河，大河去太湖數千里，中隔太山及淮、濟、大江，何緣與太湖相涉。」義門讀書記曰「太湖恐當闕疑，未必如郭璞所謂震澤也」。

掩薄草渚

附案：漢傳、文選是「水渚」。

崇山矗矗，巃嵸崔巍，

附案：漢傳、文選作「崇山矗矗，巃嵸崔巍。」

葴橙若蓀

附案：漢傳、文選「橙」作「持」，師古曰「『持』當爲『符』字之誤，符，鬼目。流俗書本或作『橙』非」。後人妄改耳，其下乃言「黄甘橙榛」，此無橙也。索隱又云「今讀者亦呼爲登，謂金登草」。

巖突洞房

附案：文選「突」作「窔」，同，而漢傳作「突」。

垂綏琬琰

附案：徐廣云「垂綏，一作『朝采』」，是也。

華氾檘櫨

附案：徐廣「氾」作「楓」，是。「檘」亦當作「枰」，即平仲木。

於是乎隃絶梁　若此輩者

附案：「於是乎」三字衍，漢傳、文選無之。「輩」字亦衍。

壓石闕

附案：當作「石闕」。

奏陶唐氏之舞

附案：師古注曰「『陶唐』當爲『陰康』，傳寫字誤耳」。人表有陰康氏。呂氏春秋「陰康作舞」，高誘亦誤解云陶唐，妄改呂氏本文。後書馬融傳注引呂正作「陰康」。

聽葛天氏之歌，千人唱，萬人和，

附案：文心雕龍事類篇曰「陳思報孔璋書云『葛天氏之樂，千人唱，萬人和，聽者因以蔑韶夏矣。』案葛天之歌，唱和三人而已，相如上林濫侈葛天，推三成萬，信賦妄書，致斯謬也」。余謂千唱萬和，此賦乃總承上文，非專言葛天，謬在陳思，不在相如。

巴榆宋、蔡（金陵本作「巴俞宋蔡」。）

附案：「俞」字湖本譌「榆」。史記考異據説文引此賦以爲當作「嗙喻」，不作巴渝舞解。

弋玄鶴

案：上有「玄鶴加」、「轔玄鶴」二句，并此三見矣。他若平原蕙圃、青薠、衡蘭、江離、蘪蕪、白虎、野馬、鵷雛、孔鸞、騊駼、駿驪、瑇瑁之類，重用複出，豈非文之疵病歟？而「彌節裴回，翺翔往來」，則全文疊見，蓋未檢也。

無是公言天子上林廣大，山谷水泉萬物，及子虛言楚雲夢所有甚衆，侈靡過其實，

附案：左思三都賦序、文心雕龍夸飾篇並稱相如之賦，詭濫不實。余謂上林地本廣大，且天子以天下爲家，故所敘山谷水泉，統形勝而言之。至其羅陳萬物，亦惟麟鳳蛟龍一二語爲增飾，觀西京雜記、三輔黃圖，則奇禽異木，貢自遠方，似不全妄。況相如明著其指曰子虛、烏有、亡是，特主文譎諫之義耳，不必從地望所奠，土毛所産，而較有無也。程氏雍錄曾辨之。

洋益平方外（金陵本作「洋溢」。）

附案：湖本「溢」譌「益」。

舉苞滿

附案：漢書、文選作「苞蒲」，索隱亦云一作「蒲」，則「滿」字譌。

則是蜀不變服，巴不化俗也。

義門讀書記曰「巴、蜀本禹貢梁州之域，豈徼外耶」？

固常之所異也

案：「常」下缺「人」字。

夏后氏戚之，乃堙鴻水，

案：漢書作「堙洪原」，文選作「堙洪塞源」，夫塞洪水者鯀也，豈禹乎？溝洫志亦有「禹堙洪水」句，而誤自山海大荒北經「禹湮洪水」來。

阻深闇昧

附案：漢書、文選作「曶爽闇昧」，索隱本同。

中外提福

附案：徐廣云「提」作「禔」，是，音支，安也。

且夫王事

附案：「事」字當依漢書、文選作「者」。

上咸五

附案：史、漢「咸五」，文選及索隱本作「減五」。「減」字較勝，而「咸」亦爲古文「減」，羣經音辨曰「咸，洽斬切」，集韻云「古斬切」，與「減」同。左傳昭二十六年疏「諸本『咸』作『減』」。呂子仲冬紀「水泉咸竭」，一本作「減竭」。酷吏傳減宣，漢書作「咸」，師古曰「咸音『減省』之『減』」。

其進仕宦

義門讀書記曰「『進』作『於』」。

不亦難矣

附案：劉辰翁曰「須減『亦』字乃佳」，而不知漢書原無「亦」字也。日知録仍之，云衍「亦」字。

魂無歸而不食

仁和金侍郎甡清悟録曰「南山巫祠二世皇帝，見封禪書，至成帝時匡衡奏罷之，則雖無宗廟之享，其時二世尚血食也」。

敻邈絶而不齊兮

附案：此下五句漢書無，疑後人妄增，劉辰翁以删之爲工。

列仙之傳居山澤間

附案：漢書「傳」作「儒」，師古曰「凡有道術者爲儒，流俗本作『傳』字，非也。」索隱以「相傳」解之，非。

乃遂就大人賦

附案：賦中字句有與漢書異者，皆義得兩通，故不具論。評林明康海曰「古人作文，皆有依倣，大人賦全用屈平遠遊中語」。

垂絳幡之素蜺兮　驂赤螭青虯之蛦蟉蜿蜒（金陵本作「蚴蟉」。）

附案：「垂」乃「乘」之譌。又湖本「蚴」譌「蛦」。

而右含靁兮　前陸離

附案：漢書作「黔雷」、「長離」，皆神名。

廝征北僑

附案：索隱本是「伯僑」，北、伯聲相近。

歷唐堯於崇山兮，過虞舜於九疑。

案：正義據張揖云「崇山，狄山也」，引海外南經堯葬狄山爲驗。但自古相傳堯冢在濟陰成陽穀林，寧有遠葬狄山之事，蓋猶墨子言「堯葬蛩山之陰」也，何足信哉。日知録二十二引臨汾縣志謂堯陵在城東，亦難信。至舜葬九疑之説，已辨在五帝紀。

使靈媧鼓瑟而舞馮夷

案：漢書「瑟」作「琴」。而馮夷則有可攷者，竹書夏帝芬十六年「洛伯用與河伯馮夷鬭」。帝泄十六年「殷侯微以河伯之師伐有易」。則河伯者，國于河上而命之爲伯，馮夷是其名。博物志「夏桀時費昌至河上，見二日，問于馮夷。」案馮夷乃一君之名，既生夏芬及泄之世，安得桀時尚有其人，蓋張華誤耳。穆天子傳有河宗伯夭，山海大荒東經有河伯僕牛，後魏書高句麗先祖朱蒙，母河伯女，朱蒙自稱河伯外孫。可證河伯之爲國君。而馮夷之名，所傳不同，穆天子傳稱無夷，山海海内北經稱冰夷，文選思玄賦注引金匱稱馮修，淮南子原道注稱馮遲，皆馮夷也。文選注引書傳及金匱云姓馮，後書張衡傳注引龍魚河圖云姓呂名公子，莊子秋水釋文並列之，俱謬耳。然自莊子、楚辭借以爲寓言，而異説競起，遂以河伯馮夷爲神怪，淮南齊俗注及張衡傳注引聖賢冢墓記、莊子大宗師釋文引清泠傳，並謂「馮夷，華陰潼鄉隄首里人，服八石，得水仙爲河伯」。淮南子云「服夷石」。博物志謂「馮夷乘龍虎，恍惚萬里」。水經注一引括地圖謂「馮夷乘雲車，駕二龍。」不經甚矣。於是又有以馮夷爲河伯之妻者，見張衡傳注及釋文。又有以馮夷爲能御陰陽者，見淮南原道。岐頭別論，莫可究詰，容齋四筆、胡應麟莊岳委談及樵書、日知録均辨其妄。但莊子、楚辭諸書所以號爲神怪者，蓋亦有由抱朴子釋思篇曰「馮夷以八月上庚日渡河溺死，天帝署爲河伯」。莊子釋文曰「一云以八月庚子浴于河而溺死，一云渡河溺死」。此傳正義曰「馮夷以庚日溺死，河常以庚日好溺死人」。則是因其溺死而傅會以爲河神、水仙也。山海經「中極之國，淵深三百仞，冰夷恒都焉。冰夷人面，乘兩龍」。所謂乘龍虎雲車，亦從此影撰，而不知山海經未可全信。且河國居于河上，以水爲都，古有豢龍氏，豈不能乘之？況馬八尺以上爲龍，取穆傳伯夭乘副車導西土推之，固是常事，安得以神怪目焉。倘云人首魚身，博物志「河伯魚身」。將何以爲諸侯乎？詞賦家相仍誤用。

吾乃今目睹西王母曤然白首，載勝而穴處兮，

案：西王母之妄，説在趙世家。

因斯以談

案：「談」字何以不諱？説在晉世家。

是以業隆於繦緥

案：成王非繦緥也，說在魯世家。

導一莖六穗於庖

附案：此傳道下從禾，漢書、文選俱從寸，蓋古字通用。導爲瑞禾，導訓作擇，張湯傳有導官，漢公卿表屬少府，主擇米，而唐百官志作「䆃官令」，謂擇此嘉禾之米也。志又云「掌䆃擇米麥」，則䆃雖禾名，而亦訓爲擇可知。顏氏家訓書證篇辨䆃非相如所用，以說文䆃字引封禪書爲誤。困學紀聞八載董逌彥遠謝除正字啟「定文于六穗之禾，訓同于導」，亦是一驗，顏說殊未然。學林、嬾真子、說文繫傳、吹景集並有說。

獲周餘珍，收龜于岐，

附案：徐廣「收」作「放」是，漢書、文選作「放」。水經注十八引作「牧」。集解以餘珍爲得周鼎，與放龜分二事解，文選有「珍」字。而漢書無「珍」字作一句讀，謂漢得周放畜餘龜于岐山，以上下文句觀之，當從漢書。獲龜事他處不見。

蓋周躍魚隕杭，休之以燎，

案：此本僞泰誓，說見周紀。

蓋號以況榮

附案：史記考異曰蓋讀如盍，文穎訓爲合。合號猶言合符，小顏以爲語辭，似迂。

或謂且天爲質闇

附案：漢傳、文選「闇」下有「示」字，連下「闇示珍符」作一句。

其儀可嘉

附案：「嘉」乃「喜」之譌。

君子之能

附案：徐廣「能」作「態」，是也。

相如他所著

案：漢藝文志有相如作凡將一篇，賦二十九篇。又漢書佞幸傳云「上方興天地諸祠，欲造樂，令司馬相如等作詩頌。」此何以不及？

揚雄以爲靡麗之賦

附案：此下二十八字當削，困學紀聞引江棨曰「雄後於遷甚久，遷得引雄辭何哉？蓋後人以漢書贊附益之。」

余采其語可論者著于篇

附案：困學紀聞十二言「史通云『司馬相如始以自敘爲傳，然其所敘，但紀自少及長，立身行事而已』。今攷之本傳，未見其爲自敘。又云『相如自敘記其客游臨卭，以春秋所諱，特爲美談。』恐未必然。意者，相如集載本傳，如賈誼新書末篇，故以爲自敘歟？見史通敘傳篇。雜說上篇亦云「馬卿自敘，具在集中，子長因録爲列傳」。余謂史公不説相如自敍，且傳中譏游獵賦侈靡非理義，而天子求書奏封禪，在相如殁後，安在其爲自敍。或史公取相如作而增改之，隋書劉炫傳亦云『通人司馬相如、楊子雲、馬季長、鄭康成等，皆自敍風徽，傳芳來葉』。

淮南衡山列傳第五十八

十月，淮南王黥布反，

案：「十月」當作「七月」，説在表。

常謂上「大兄」

附案：文帝行非第一，而稱大者，蓋大乃天子之謂也。今人兄弟行次稱一爲大，不知所始？唐明皇呼寧王憲爲大哥，疑起于唐時。

廷尉臣賀

附案：賀雖未知何人，然可以證公卿表于孝文三年書張廷尉之謁。是時爲孝文六年。

爲命棄市罪（金陵本作「爲亡命棄市罪」。）

案：漢書作「爲亡命」是。

賜長帛五千匹

附案：漢書作「五十四」，非。

南海民王織上書獻璧皇帝

史詮曰：「『民』字衍。」「璧」下漢書有「帛」字。

令復之（金陵本作「今復之」。）

附案：史詮云「宋本『令』作『今』」。

子賜爲周陽侯

案：此乃「陽周」之誤，說在惠景侯表。

「一尺布，尚可縫；一斗粟，尚可舂。兄弟二人不能相容。」上聞之，乃歎曰：堯、舜放逐骨肉，周公殺管、蔡，天下稱聖。

案：容齋續筆言「高誘作鴻烈解敍及許叔重注文，乃云『一尺繒，好童童；一升粟，飽蓬蓬。兄弟二人，不能相容』。謠辭頗異」。淮南天文訓注作「一斗粟」，則高敍「升」字必「斗」之譌。余觀淮南王罪狀，死有餘責，孝文不忍致法，赦而遷之。及其道死，帝哭甚悲，侯其四子，藹然友愛，胡謂其不相容乎？評林田汝成曰「謂帝驕其弟則可，謂帝不容其弟則不可。使如袁盎所說有殺弟之名而病之，將堯、舜、周公以罪四凶殺管、蔡貶聖耶」？四凶不與堯舜同族，周公不誅管、蔡，說在五帝紀、周紀。解春集論之云「長反在文六年，至八年封其四子爲侯，又十二年民間始有是歌。十六年立其子安復爲淮南王。安陰結賓客，養士數千，則是歌安知非八公之徒僞爲之，流播民間，以感天子者。史稱安就國之後，與諸辨士妄作妖言，則歌之僞知矣」。

王愛陵，常多予金錢，爲中詗長安

徐氏測議曰：「陵必嫁列侯在長安，故使詗伺。史不記其嫁處，缺文也。」

元朔三年

案：「三年」乃「二年」之誤，漢書紀、傳皆言元朔二年賜几杖。

遂發兵反　王恐事發

附案：漢書上句無「反」字，下句作「王恐欲發兵」。

而遣漢中尉弘

案：公卿表是殷容，則「弘」當作「容」。

王日夜與伍被、左吴等

案：漢書無「伍被」，劉辰翁謂此處合去之。

王坐東宮，召伍被與謀，

附案：王及被問答非一日之言，故不免複。以漢傳校之，多有不同，或先後移易，或字句增損，莫識所由，兹就其涉于誤者論之。

又使徐福入海

附案：徐市又作「福」者，「市」與「芾」同，即「黻」字，語轉又爲「福」，非徐有兩名，故始皇紀作「市」，而此作「福」，漢書伍被傳、抱朴子用刑、極言二篇並作「徐福」。何孟春謂「漢時未有翻切，但以聲相近字音注其下，遂疑爲別名」。其説非也。

若振女

附案：「振」乃「侲」之譌。

尉佗知中國勞極，止王不來，使人上書，求女無夫家者三萬人，

案：南越傳佗自立爲王在秦滅後，此云稱王在陳、吴作亂前，師古謂被一時對辭不究其實也。「不來」二字當依漢書作「南越」，此因上文徐福止王不來之言而誤耳。又陳氏測議曰「求女事史不見，伍被欲僞作請書徙豪朔方以驚漢民，豈卽本此策耶」？

欲爲亂者十家而七

附案：漢書此下有「欲爲亂者十室而八」一段，卽移後文「興萬乘之駕」十二句補之，似勝。

内鑄消銅以爲錢

案：「消」當作「鄣」，漢書作「采山銅」。

有萬倍於吴、楚之時（金陵本作「有萬倍於秦之時」。）

案：當作「萬倍於秦時」，蓋此誤。

臣聞微子過故國而悲，於是作麥秀之歌，

案：歌又稱箕子作，説在宋世家。

於是王氣怨結而不揚，涕滿匡而橫流，卽起，歷階而去。

案：漢書作「被因流涕而起」，是也。劉辰翁曰「史記游談如賦，近乎小説矣。」王若虛亦譏其失史體。

莊芷

附案：漢書作「嚴正」，疑「芷」字之譌。

休舍

案：漢書云「須士卒休乃舍」，此似缺。

王默然

案：漢書此下有王稱蓼太子及被言刺大將軍一段，史何以删之？

今我令樓緩

附案：裴駰、顔籀皆以「樓」字爲後人妄加，惟徐孚遠云周被、陳定皆著姓名，緩不得獨去姓。樓緩當是襲古人姓名也。

詔獄逮書

附案：「逮」字當在「書」下，屬下句，此譌倒。一本「書」下有「以逮」二字，亦非。

救赫

案：漢書「救」作「枚」。

元朔六年中

案：五字衍，上已書元朔六年也。

元朔七年

案：元朔安得有七年，乃元狩元年之誤。

信哉是也（金陵本作「信哉是言也」。）

附案：湖本「是」下脱「言」字。

夫荆楚僄勇輕悍，好作亂，

史義拾遺曰「安親罹父難，而又躬自蹈之，其父子薦亡者自取之也，何地俗之咎耶！」

史記志疑卷三十五

循吏列傳第五十九

孫叔敖者

案：史公傳循吏無漢以下，傳酷吏無秦以前，深所難曉。又所舉僅五人，而爲相者居其三。吏事不責公卿，何以入此？孫叔、子産、公儀子當與管、晏並傳爲允也。咫聞録曰「循吏五人而不及漢，春秋列國賢臣尚多，而獨傳叔敖、子産、公儀，不太畧乎？石奢、李離以死奉法，豈曰非賢，於循吏未甚當也。且敍事寥寥，絶無光燄」。史詮曰「漢之循吏，莫若吳公、文翁，子長不爲作傳，亦一缺事」。

楚之處士也

附案：毛氏四書索解及經問九辨孫叔敖非公族蔿氏，未敢遽信。

虞丘相進之於楚莊王，以自代也。

案：左傳無所謂虞丘相，而韓詩外傳七、列女傳與説苑至公同史。考墨子所染、説苑雜言作「沈尹」，韓詩外傳二作「沈令尹」，楚亦無沈令尹。呂氏春秋尊師作「沈申巫」，當染作「沈尹蒸」。「蒸」字，察傳篇作「筮」，贊能篇作「莖」，而新序五引呂子又作「竺」。新序雜事五又云「莊王因楚善相人者之言招聘之。」所説不同，疑沈尹爲近。宣十二年左傳「沈尹將中軍」，杜注「沈或作『寢』，今固始縣。」疏引哀十八年寢尹吳由于爲證。而荀子非相、吕子贊能稱孫叔敖期思之鄙人，蓋其隱處，期思卽春秋寢丘，漢名寢縣，東漢名固始。然則沈尹官于叔敖所隱之縣，知其賢而薦之，事非無因者。虞丘不可考，或是傳聞之誤。沈尹之官，韓誤增「令」字，吕誤作「申」字，「尹」字近「申」，故誤。而曰「筮」，曰「莖」，曰「竺」，曰「蒸」，曰「巫」，並以音形相鄰致譌，莫定沈尹之名孰是。相人之言，不足信耳。

吏無姦邪

附案：後書郭丹傳注引史有「遂霸諸侯」句，今無之。

故三得相而不喜

案：孫叔之三相三去，說在鄒陽傳。

鄭昭君之時，以所愛徐摯爲相，

索隱曰「子產事簡公、定公，不事昭君，亦無徐摯作相之事」。

大宮子期言之君，以子產爲相。

索隱曰「子期，左傳、國語亦無其說」。

治鄭二十六年而死

案：左傳子產以魯襄十九年爲卿，三十年相鄭，至昭二十年卒。今以爲卿之年計，是三十三年；以爲相之年計，是二十二年。此文蓋誤。年表及鄭世家謬謂子產卒于定十四年，爲鄭聲公五年，其去子產真卒之歲適二十六，得毋以卒後妄加之年爲生前治國之年乎？則誤中又誤矣。

客曰

案：韓詩外傳三作「其弟諫」。

石奢者，楚昭王相也。

案：楚相即令尹，昭王時子西尸之，未聞相石奢。呂覽高義篇言「昭王使石渚爲政」，與此同，「渚」乃「奢」之譌。史蓋本呂而誤改作相也。韓詩外傳二，新序節士並言「昭王有士曰石奢，使爲理」。

李離者

案：韓詩外傳二、新序節士述李離事各異，此更不全。

汲鄭列傳第六十

弘大體

漢書評林曰：「漢書改『弘』爲『引』是。」

及宗正劉棄

附案：徐廣曰「一云『棄疾』」。然攷漢書本傳作「棄疾」，而公卿表作「棄」，疑。

吾欲云云

杭太史曰：「不明載帝語，而曰云云，非史法，班氏仍之何也？荀紀『帝問汲黯曰：吾欲興政治，法堯、舜，何如？』可補史缺。」

臣常有狗馬病，力不能任郡事，

附案：「力」字本屬下句，自孟堅改析史文，師古遂以「病力」連讀，訓力爲「甚」，後皆從之，王若虛糾其妄，且曰「新唐喬琳傳『從幸梁州辭病力』，『蕭俛授少師，辭疾力不拜』，又因顏注而誤」。

黯姑姊子司馬安

案：漢書作「姊子」，未知孰是。

其先鄭君

附案：集解以鄭君爲當時父，誤已。徐孚遠曰「景帝時莊猶年少，鄭君非莊父，或其祖也」。余謂書「其先鄭君」，則非父明甚。且下云交大父行尤可證。唐表謂「鄭幽公生公子魯，魯六世孫榮號鄭君，生當時」，不可信。

脱張禹於乞（金陵本作「張羽」。）

附案：湖本譌「羽」爲「禹」，然亦通借字，左、穀春秋昭三十年徐子章羽，左傳及公羊經作「禹」。

武帝立

附案：當作「太子立」，後人改之，汲黯傳「太子卽位」是其例，以二人俱爲太子之官故。

莊爲太史

附案：此「大吏」之譌，漢書可證，別本史記亦作「大吏」。

交情乃見

附案：說苑說叢篇尚有「一浮一沒，交情乃出」二句，似好事者妄增。

儒林列傳第六十一

夫周室衰而關雎作

案：以關雎爲刺詩，說在十二侯表。

是以仲尼干七十餘君無所遇

案：干七十餘君之非，亦說在表。湖本「干」譌「于」。

作春秋以當王法

案：述六藝而獨缺孔子贊易，班氏補之。

故子路居衛

案：集解云「子路死衛，孔子尚存也。」班氏删此句是。

後陵遲以至於始皇

史詮曰「漢書削去此句尤順」。

然齊、魯之門（「門」，金陵本作「間」。）

案：「門」疑當作「間」，與下「齊、魯之間」對。

孟子、荀卿之列

案：孟、荀並列之非，説在自序傳。

於是孔甲爲陳涉博士，卒與涉俱死。

案：孔甲之死，説在孔子世家。

然孝文帝本好刑名之言

案：史公以孝文好刑名，不可解。

言春秋於齊、魯自胡母生（金陵本作「胡毋生」。）

案：「魯」字衍。胡母生齊人也，漢傳亦無「魯」字。或曰「言春秋於齊、魯」作一句讀。

興禮以爲天下先

案：「興」上漢傳有「舉遺」二字，師古曰「經典遺逸者，求而舉之」。

而請諸不稱者罰

案：漢傳作「請諸能稱者」。

與劉郢同師

案：楚夷王名郢客，此三稱皆無「客」字，説在諸侯王表。

受業者百餘人

案：漢書「百」作「千」。

無傳疑

案：「疑」字衍，漢書無之。謂申公不作詩傳，但教授也。而世有申公詩說，豈不妄哉。蓋與子貢詩傳皆明鄞人豐坊僞撰，濟南王氏士禄考功集辨之甚詳，長洲汪氏琬堯峯文鈔節孝王先生傳載之。毛氏奇齡亦著詩傳詩說駁議。

太皇竇太后

史記考異曰：「當云『竇太皇太后』。」

伏生求其書，亡數十篇，獨得二十九篇，

附案：古書百篇，秦時焚書，伏生勝壁藏之。漢定天下，伏生求其書得二十九篇，又分出盤庚二太誓二康王之誥一爲三十四，非伏生原本也。其後亡太誓，卽以民間僞泰誓入於伏書，不復分析。考漢書楚元王傳劉歆讓太常博士書云「泰誓後得」，書孔序疏引馬融說本此。孔序疏引別録及文選讓太常書注引七畧並言「武帝末得泰誓」，論衡正說謂「宣帝時河内女子得之」，但史公於殷、周紀、齊世家載其語，僞泰誓唐時尚存，不知亡於何世，宋藝文志已無之，幸史公采取，今僅得睹什之二三。馬卿封禪書、董仲舒建元初對策、婁敬說高帝皆引太誓中文，然則此篇不特非宣帝時得，亦非武帝末得，並不可言「後得」矣。孔序疏引康成書論云「民間得泰誓」，不明指其時，蓋疑而慎之。所異者，伏生大傳亦有八百諸侯至孟津及白魚入舟之事，孔疏曰「不知伏生先爲此說？不知後人加增此語？」王光祿鳴盛尚書後辨曰「伏生已見此篇，蓋人間流傳已久，不由伏、孔而得。別得之書，與伏合耳，而孔所得又與之合。周本紀所載，正受之孔者。」斯論余不敢信。竊疑白魚等事，戰國好事爲之，觀呂覽召類赤烏之言可見，流傳至秦末，遂造託泰誓三篇以實其說，而後人羼入大傳也。可以入今文，卽可以入大傳，何足怪哉。

伏生教濟南張生及歐陽生

附案：隋志云「伏生授張生，張生授歐陽生」，與此異。秀水盛大令百二樓堂筆談曰「伏生弟子知名者二人，漢書及陸氏釋文可證。隋志『張生授』三字當衍」。

兒寬位至御史大夫，九年而以官卒。

案：公卿表元封元年書左內史兒寬爲御史大夫八年，故於太初三年正月書膠東太守延廣爲御史大夫。若寬居位九年始卒，則延廣爲副相宜在太初四年矣，此及漢傳非。

孔氏有古文尚書，而安國以今文讀之，因以起其家。逸書得十餘篇，

附案：孝景時漢藝文志作「武帝末」，誤，此依論衡正說篇。魯共王壞孔子宅，得古文尚書，其後孔安國得以讎二十九篇，多十六篇，亦稱二十四篇。蓋分出九共八篇數之，又分出伏生所合者五篇爲五十八篇，四十五卷，加序爲四十六卷。建武之際亡武成，止五十七篇，魏、晉時已不行，惟秘府有之。隋志晉秘府有古文尚書，杜注左傳凡古文皆云逸書，蓋未見秘府古文也。永嘉之亂，秘府書亦亡，至元帝時豫章內史汝南梅賾忽奏上古文尚書，增多二十五篇，卽今所讀者。於是真僞相雜，今古混編，此吳澂所以作書纂言也。孔序及傳皆僞作，尚書後辨疑僞書及傳出王肅、皇甫謐手。且安國未嘗獻書。荀紀於成帝三年云「武帝時孔安國家獻之，會巫蠱事未列於學官。」漢書藝文志、楚元王傳缺「家」字，後辨云「宋本文選劉歆移書亦有「家」字。直以爲安國獻之，則史稱安國早卒，何能及天漢後巫蠱事起時乎？若夫藏書之人，東觀漢紀及漢紀尹敏云孔鮒。隋志及史通古今正史篇釋文云孔惠。「惠」字誤，説在孔子世家。家語云孔騰，是安國祖子襄，疑子襄近之。余參稽而撮其概如此，其詳則有尚書疏證及後辨在。

於今獨有士禮，高堂生能言之。

案：漢書志、傳皆言高堂生傳士禮十七篇，卽儀禮也，而今書若燕禮、大射、聘禮、公食、大夫覲禮五篇，皆諸侯之禮，喪服一篇總包天子已下之服制，則所云士禮者十一篇耳。疑今儀禮非高堂原本，或所傳實不止於士禮耶？

官至中大夫

案：漢傳作「太中大夫」。

本於楊何之家

案：當依漢傳作「田何」。

是時遼東高廟災，主父偃疾之，取其書奏之天子。

案：高廟災，何以主父偃疾仲舒，其事欠明。漢書董仲舒傳以爲遼東高廟、長陵高園殿災，仲舒居家推説其意，草藁未上，主父偃候仲舒私見嫉之，竊其書奏焉。而五行志直以爲仲舒對，誤已。漢志載其奏，不免阿詞曲説，起天子誅殘骨肉之心，何以爲醇儒，其弟子斥以下愚宜也。余疑主父偃竄易奏之，不然，何以與削地分封之議，徙豪茂陵之言，如出一口乎？

弘疾之，乃言上曰：「獨董仲舒可使相膠西王。」

案：不言膠西之難相，則董之可相不明。「弘疾之」下宜補曰「膠西王上兄也，尤縱恣，數害吏二千石。」

蘭陵褚大

案：漢書此下有「東平嬴公」，此缺。

廣川殷忠

附案：徐廣言「殷」一作「段」，是。漢書藝文志易有京氏、段嘉，而儒林傳譌「殷嘉」。酷吏傳有「段仲」，而史譌「殷中」。後書馮異傳有段建，注作「殷」。隋志及經典序録有段肅注穀梁，史通古今正史篇言續史記者也，而後書班固傳譌「殷肅」，注云固集作段。可以互證。中、忠古通，詳别雅。

酷吏列傳第六十二

遂禽侯封之家

案：「禽」當作「夷」。

郅都者

附案：唐文粹權德輿酷吏傳議謂子長以都冠酷吏，缺善善惡惡之義。讀書後亦謂置都於酷吏爲寃，與班氏以田延年爲酷吏同。經史問答謂都無一事不可傳，只逼臨江王致死，遂入酷吏。余謂不然。史公明云都獨先嚴酷，此是罪案。袁太史枚隨園隨筆曰「都當文帝寬仁之後，首作倖倖舉止以結主知，引甯成、義縱之朋類，故以爲酷吏冠，真良史垂戒之心。不救賈姬，所以媚太后，猶高熲之斬張麗華，所以媚獨孤后也。不與臨江王筆，所以媚帝也。都之言曰：亡一姬，復一姬進。以人命爲兒戲，以此誘君心，君心尚可問乎」！

於是景帝乃拜都爲濟南太守

史記考異曰「據漢表都自濟南太守遷中尉，在景帝前七年，而郡守更名太守在中二年，則其時不得稱太守也。『太』字衍。」

武帝即位

附案：此及周陽由傳兩「武帝」當作「今上」。

與汲黯俱爲忮，司馬安之文惡，俱在二千石列，同車未嘗敢均茵伏。

困學紀聞曰：「黯之正直，所謂仁者有勇，剛毅近仁者也，謂之忮可乎？周陽由蝮鷙之靡耳，其可與黯並言乎？汲、鄭同傳猶不可，而以由與黯俱，是鸞梟接翼也。」又曰「呂成公云黯廷折公孫弘，質張湯，揖衞青，所謂眼高四海，空無人者也，彼周陽由孤豚腐鼠，何足以辱同車，而反謂黯不敢均茵馮，陋矣。」野客叢書曰「司馬安不足言，長孺矯矯風力，爲由所抑，何哉？蓋由無賴小人，汲遠之，非畏之」。經史問答曰：「是必薄之，不與均茵耳」。王孝廉曰：「同車似畢承司馬安來，後人不必爲長孺稱屈。但以爲忮，則非也」。

至太中大夫

案：漢書作「中大夫」。

張湯者，杜人也。

案：漢書本傳贊曰「馮商稱湯之先與留侯同祖」，豈湯徙居杜陵遂爲杜人乎？

傳爰書

附案：史記考異以「傳」爲「傅」字譌，傅讀曰附，謂附於爰書。說勝舊注。

治陳皇后蠱獄

劉辰翁曰「何可無『巫』字」。

嚴助

附案：當如下文作「莊助」，後人所改。

官再至濟南相

案：景帝三年濟南已除爲郡矣，邊通安得爲之相乎？蓋誤。

遷爲廷史

案：漢書作「廷尉史」，此與王溫舒傳「廷史」同缺「尉」字。

至冬，楊可方受告緡

案：此乃元狩五年之冬也，而漢書武紀元鼎三年十一月令民告緡，何哉？

棄縱市，後一歲張湯亦死。

案：「一歲」當作「二歲」，公卿表義縱以元狩五年棄市，張湯以元鼎二年死也。

擇郡中豪敢任吏十餘人

附案：漢傳作「敢往吏」。

徒諸名禍猾吏

附案：索隱本作「徒請名禍猾吏」，漢書作「徒請召猜禍吏」，雖各不同，「徒諸」二字必譌。徒，但也。

張湯數稱以爲廉武

史詮曰：「『武』字衍。」

居廷惽惽不辯

附案：漢傳作「居他」，並通。

以牧司姦盜賊

附案：「牧」乃「收」之譌。「司」即「伺」字。

尸亡去歸葬

附案：徐廣本風俗通神怪篇以爲尹齊尸飛去，論衡死僞篇辯其妄。蓋亡去者家人知仇家欲燒其尸，竊尸而逃耳，觀漢傳「尸」作「妻」益明。日知録二十七亦依王充竊舉持亡之説。

自温舒等以惡爲治

附案：自此至「以文辭避法焉」一段，無端横入，不成章法，乃漢書減宣傳尾之語，後人妄取入史，而又誤置於此也。蓋漢傳減宣已上皆襲史原文，田廣明已下孟堅自作，故以斯語結之。且徐勃等阻山攻城，天子遣使者繡衣治盜，事在天漢元年，「沈命法」更在後，則非史公所撰益明矣。

周中廢

附案：此下乃後人增入而謬者也。杜周以元封二年爲廷尉，至天漢二年免，即於是年爲執金吾，明年二月爲御史大夫，四年卒。而兩子夾河爲守，正當周爲副相時。史訖太初，皆非所載。至衞太子巫蠱事在征和二年，周已卒四歲。桑弘羊之誅在昭帝元鳳初，更後十餘載矣，安得言周爲執金吾捕治之，因遷御史大夫乎？酷吏莫甚温舒，而云其治甚于王温舒等，則豈能福流數世哉！周之子延年顯于昭、宣之際，訾數千萬。孫緩熊等元、成間至大官。乃謂周列三公之時，子孫尊官，家累巨萬，不亦誣歟？

擅磔人

附案：史詮云湖本「擅」誤「檀」，又一本作「擅殺人」。

推減（金陵本作「推咸」。）

附案：索隱謂徐注「減」作「成」，是也，謂推繫之成獄。

京兆無忌

王孝廉曰「無忌不知何姓？并疑下有脱文」。

大宛列傳第六十三

爲發導驛（金陵本作「導繹」。）

附案：下有「導譯」，此訛「驛」字，漢書作「譯」也。

立其太子爲王

附案：徐廣曰一云「夫人」，漢書張騫傳是「夫人」，未知孰是。宋祁謂古本「夫人」下有「太子」二字，則非也。

西則大月氏，西南則大夏，

金耀辰曰：「下文亦言大月氏在大宛西可二三千里，大夏在大宛西南二千餘里，漢西域傳謂大宛西南至大月氏六百九十里，南與大月氏接，何也？」

其都曰藍市城

案：漢書作「監氏城」，後書作「藍氏城」，各不同。

其東南有身毒國

附案：身音乾。毒音篤。漢張騫傳李奇曰「一名天篤」。西域傳作「捐毒」，師古曰「即身毒、天篤也。」後書西域傳作「天竺」。文苑傳作「天督」。山海海內經作「天毒」。篤、督、竺三字古通。史西南夷傳徐廣曰「一作『乾毒』。」漢傳屢言「塞種」，師古以爲即「釋種」，音先得反。蓋浮屠經皆譯讀，其國名當亦由譯而得，故無定字耳。呂氏春秋本生注「天，身也」。藝文類聚引白虎通云「天者，身也」。是天、身二字古音義並同。

其明年騫爲衛尉

案：「其明年」當依漢書騫傳作「後二年」。

破匈奴西城數萬人

凌稚隆曰「西城，漢書作『西邊』，是」。

其明年，渾邪王率其民降漢，

案：渾邪之降即在元狩二年，當依漢書騫傳作「其秋」。

匈奴攻殺其父

案：據漢書騫傳「匈奴」當作「大月氏」。

岑娶

案：史皆作「娶」，而漢西域傳作「陬」，音子侯反。

於是天子以故遣從驃侯破奴

案：破奴時已坐酎金失侯，不得云「從驃侯」也。

以大鳥卵

宋祁曰：「西域傳大鳥及卵只曰大鳥卵，則成一事矣。」

貳師令搜粟都尉上官桀往

附案：公卿表太初三年書「搜粟都尉上官桀爲少府，年老免」，卽此人。師古疑非上官桀，以表爲誤，未攷也。

封廣利爲海西侯　騎士趙弟爲新畤侯

附案：漢志無海西，正義謂「宛近西海，故號海西侯」，非也。考郡國志廣陵郡海西縣，故屬東海。宋書志臨淮郡海西縣，前漢屬東海，後漢、晉屬廣陵。則知卽漢志東海之海曲縣，「曲」乃「西」之誤，海曲屬琅邪。新畤無攷，漢表云在齊。

而燉煌置酒泉都尉

附案：徐廣引別本「置」字在「都尉」上是也，至疑酒字爲淵，則非漢志敦煌淵泉縣無都尉。

禹本紀言「河出崑崙。崑崙其高二千五百餘里，日月所相避隱爲光明也。其上有醴泉、瑤池。」

案：困學紀聞十云「三禮義宗引禹受地記、王逸注離騷引禹大傳豈卽太史公所謂禹本紀者歟？」余因攷郭璞山海經注亦引禹大傳，漢藝文志有大命三十七篇，師古曰「命，古『禹』字」，列子湯問篇引大禹，疑皆一書而異其篇目耳。而古言崑崙非一處，禹本紀所言是山海經海外之崑崙，非河源所出。日月相避隱爲光明，類釋氏須彌山之説，未免誕妄。意崑崙不過如太山、王屋之屬，山海海内西經以爲高萬仞，庶幾近之。水經、博物志言「高萬一千里」，淮南地形言「山有增城九重，高萬一千里百十四步三尺六寸。」拾遺記言九層，每層相去萬里，與此並難信也。論衡談天篇引史作「玉泉華池」，郭璞注、文選天臺賦注亦作「華池」。

今自張騫使大夏之後也，窮河源，惡睹本紀所謂崑崙者乎？

案：史公此言疑河不出崑崙乎？抑疑世無崑崙乎？古今談河源者各異，禹貢言河出積石。此是大積石山，在漢金城郡河關縣西南羌中，在唐吐穀渾界。先儒以鄯州龍支縣之小積石山當之非。兩漢西域傳及水經注言河有兩源，一出葱嶺山，一出于闐。與寘同。此傳言出于寘南，漢西域傳改其文曰「南出于積石爲中國河」，則所謂出于寘南者指積石言之，依禹貢也。而兩源之説不著，夫禹貢之導河積石，猶導淮自桐栢，導洛自熊耳，皆自其山以導之，而未窮其源，烏得據爲河之所出哉。葱嶺、于寘雖殊出，然同注于鹽澤以至積石，隱淪顯發，異脈合流矣。但葱嶺、于寘之水俱重源旁源，而非河之真源。崑崙其真源乎？爾雅、山海經、淮南地形、水經與史所稱禹本紀並言之。而傳記言崑崙有五處，一在西域，近禹貢崑崙國；山海經西次二經謂在槐江山之南，即海内西經所云「崑崙墟在西北，河水出其東北隅」者，唐釋玄奘西域記名爲阿耨達山，又名無熱丘是也；一在海外，山海大荒經謂「西海之南，流沙之濱，赤水之後，黑水之前，有大山曰崑崙，其下弱水環之」，近條支、大秦國，禹本紀所稱者是也；一在于寘，漢武帝案古圖書，名于寘之山爲崑崙是也；一在酒泉，漢志金城臨羌縣西北有崑崙，十六國春秋謂張駿時酒泉太守馬岌上言，酒泉南山卽崑崙之體是也；亦見晉書駿傳。一在吐蕃，通典言吐蕃自云崑崙山在國中西南，卽唐書吐蕃傳所稱「紫山，直大羊同國，虜曰悶摩黎山」是也。五處崑崙，當定吐蕃爲眞河源之所出，元世祖使招討都實今改「篤什」。求河源，以爲出土蕃朶甘思西鄙，有泉百餘泓，方可七八十里，履高下瞰，燦若列星，名火敦腦兒，譯言星宿海。羣流奔湊五七里，匯二巨澤，名阿剌腦兒。自西而東號赤賓河，岐爲八九股，行二十日至大雪山名亦耳麻不莫剌，其山最高，譯言騰乞里塔，卽崑崙也。潘昂霄從都實之弟闊闊出得其說，撰爲河源志，臨川朱思本又從八里吉思家得帝師所藏梵字圖書，而以華文譯之，與昂霄志互有詳畧。見元史地理志。我朝康熙四十三年，侍衞拉錫氏奉命窮河源，以爲在鄂敦他臘，卽元史之火敦腦兒。然自星宿海至崑崙約有一月程，河源去崑崙甚遠，此胡氏禹貢錐指所以疑古來言河出崑崙爲虛語也。今乾隆四十七年侍衞阿彌達氏奉命往青海窮河源，言星宿海西南有河名阿勒坦郭勒，蒙古語阿勒坦卽黃金，郭勒卽河也。水色黃，迴旋三百餘里，穿入星宿海，自此合流至貴德堡，水色全黃，始名黃河。阿勒坦郭勒之西有巨石高數丈，名阿勒坦噶達素齊老，蒙古語噶達素，北極星；齊老，石也。崖壁黃赤色，壁上爲天池，池中流泉噴湧，釃爲百道，皆作金色，入阿勒坦郭勒。實黃河之上源，又在星宿海上。則知崑崙爲黃河眞源，在今回部中，其水伏流而出青海之阿勒坦噶達素齊老，始經星宿海，重源再發，得未曾有，不但千古之疑可以冰釋，卽都實、拉錫氏之所尋探，尚屬得半而止耳。王鏊震譯集有河源辨，疑都實所得非真崑崙，非真河源。言非真崑崙誤也，言非真河源則是矣。張騫蓋嘗身歷其地，史、漢疏略不言也。又唐書吐谷渾傳及舊書侯君集傳，敍太宗時李靖、侯君集、任城王道宗破吐谷渾，次星宿川達柏海，北望積石山，觀河源。此河源只在積石山流入爲中國河處，而星宿川亦非星宿海。至明徐宏祖遊記謂「河出崑崙北星宿海，去中夏三萬四千三百里」，恐未可信。錐指載洪武時僧宗泐西番求經，云河源出抹必力赤巴山，番人呼黃河爲抹處犛牛，河爲必力處，赤巴者，分界也。其源東抵崑崙可七八百里，崑崙名麻琫剌，以向傳源出崑崙爲非。斯耳食之言，尤不足據。

山海經

附案：劉秀上山海經奏、吴越春秋無余外傳、論衡別通、路史後紀並謂益作之，隋志及顏氏家訓書證云禹、益所記，酈道元水經注序及濁漳水注並云禹著。史通雜述篇言「夏禹敷土，實著山經」，宋尤袤以爲恢誕不典，定爲先秦之書。朱子以爲緣解楚辭天問而作。見通考。吾丘衍閒居録謂凡「政」字皆避去，知秦時方士所著。楊慎升菴集山海經後序以爲出于太史終古、孔甲之流。疑莫能定，文多冗複，似非一時一手所爲也。海外南經有文王。海外西經有丈夫國，注謂殷太戊使王孟采藥始此。大荒東經有殷王亥，大荒西經言湯伐桀，不獨地名有在後者。

游俠列傳第六十四

死而已四百餘年

附案：史詮云七字爲一句。

伊尹負於鼎俎

案：鼎俎之誣，説在殷紀。

故伯夷醜周，餓死首陽山，

案：餓死事，説在伯夷傳。

近世延陵

案：延陵季子非俠，且不可言近世，與四公子相比。徐廣引韓子趙延陵生當之，戰國趙策作「延陵君」，又不得稱王者親屬。疑衍「延陵」二字，漢傳無。日知録二十七謂「季札偏遊上國，與名卿相結，解劍繫樹，有俠士之風」。此説亦未甚確切。

乘傳車將至河南，得劇孟，喜，

案：漢書作「乘傳東將」，句野客叢書謂誤以「車」爲「東」字。然師古云「乘傳車東出爲大將」，則誤者史記也。又通鑑考異曰「史、漢皆云太尉得孟，喜如得一敵國。曰吴、楚無足憂者，孟一游俠耳，何足爲輕重。蓋其徒欲爲孟重名，妄撰此言，不足信也」。

陳周庸

附案：漢書作「周膚」，疑此譌。

陜韓孺

附案：徐廣謂當作「郟」，非。「陜」即「郟」字，與「陝」自別，說在燕世家。漢書「韓」作「寒」，古通。

使之嚼

附案：徐云「子妙反，盡酒也」。後書五行志云嚼復嚼者，京師飲酒相强之辭。但說文繫傳兩引此文，一作「𣢑」，乃「醮」之假借；一作「釂」，與漢書同，恐不可信。

舉徙解

附案：漢書改曰「鬲之」，並通。

解爲人短小，不飲酒，

案：七字複出，疑衍。「解」字屬下句。

遂族郭解翁伯

王孝廉曰：「『翁伯』二字衍，是處何必復表其字耶？」

長陵高公子，西河郭公仲，太原鹵公孺，

附案：漢傳作「郭公子、高翁中、魯翁孺」，此皆傳寫誤其姓。徐廣以鹵爲地名，非。

佞幸列傳第六十五

諺曰

案：封禪、河渠、平準及此傳，前敍獨無「太史公曰」四字，何也？

善仕不如遇合

附案：徐云「遇，一作『偶』」。劉辰翁曰「偶合是」。

鄧通，蜀郡南安人也。

附案：南安漢志屬犍爲，而犍爲郡武帝置，其初南安屬蜀也，故徐廣曰「後屬犍爲」。湖本脱徐注。

以夢中陰自求推者郎（「自」，金陵本作「目」。）

附案：漢書「自」作「目」。凌稚隆曰「目求更勝」。

仁寵最過庸，不乃甚篤。

附案：方氏補正曰「庸，用也。帝雖寵愛之，而任用則不甚篤也」。史記考異曰「不乃者，不能也。乃、能聲相近。言仁寵過于常人，猶不能甚篤，以見景帝之無寵臣也」。

號協聲律

案：漢傳作「協律都尉」，是。

寖與中人亂

附案：徐廣一作「坐弟季與中人亂」，是也，説在外戚世家。

滑稽列傳第六十六

談言微中

案：「談」字何以不諱？說在晉世家。

國中有大鳥

附案：大鳥之語，殆蓋祖楚伍氏諫莊王故智耳。

語在田完世家中

附案：世家無隱諫一節，疑是後人删之。或謂此傳虛述，乃史公不精之咎，恐不然也。

威王八年，楚大發兵加齊。

案：威王在位三十六年，未嘗與楚相聞。若威王八年，並無他國來伐，安得有楚兵加齊，趙王救齊之事。說苑復恩、尊賢二篇說此事，一云楚魏會晉陽，將伐齊，齊王患之。一云諸侯舉兵伐齊，齊王恐。後說近之。

見道旁有禳田者（金陵本作「穰田者」。）

附案：史詮云今本「禳」誤「穰」。

甌窶滿篝，汙邪滿車，五穀蕃熟，穰穰滿家。

附案：説苑一云「下田洿邪，得穀百車，蟹堁者宜禾。」一云「蟹堁者宜禾，（荀子儒效注引作「蟹螺」，）高地也洿邪者百車，傳之後世，洋洋有餘。」御覽三百九十一引説苑「蟹」作「雞」，而藝文類聚九十六、北堂書鈔四十、御覽二百四十三、三百七十八、七百三十六等卷引説苑又云「高得萬束，下得千斛。」

其後百餘年，楚有優孟。

案：孟在楚莊王時，髡在齊威王時。楚莊元年至齊威末年凡二百七十一年，何云孟後髡百餘年哉，史通辨其誤矣。

梗楓（金陵本作「楩楓」。）

附案：史詮云今本「楩」作「梗」誤。

齊、趙陪位於前，韓、魏翼衛其後，

集解曰：「楚莊王時未有趙、韓、魏三國。」索隱曰「後人增飾。」

往見優孟

案：「優」字衍，叔敖子面與孟言，豈宜以優呼之。廣韻以優爲姓，恐非也。

因歌曰

案：優孟之事，決不可信，所謂滑稽也。隸釋延熹碑述優孟事與史不同，而所載優孟歌亦異。歌曰「貪吏而可爲而不可爲，廉吏而可爲而不可爲。貪吏而不可爲者，當時有汙名；而可爲者，子孫以家成。廉吏而可爲者，當時有清名；而不可爲者，子孫困窮披褐而賣薪。貪吏常苦富，廉吏常苦貧。獨不見楚相孫叔敖，廉潔不受錢。」史詮曰「叶音情」。梁溪漫志謂「憤世疾邪，哀怨過于慟哭，比史記所書遠甚」。

封之寢丘四百户

翟教授曰：「列子說符、呂子異寶、淮南子人間訓皆言叔敖死後封其子寢丘。而韓子喻老篇謂莊王賞叔敖，叔敖請漢間沙石之地，九世而祀不絕。則寢丘之封在敖未死時也。」

其後二百餘年，秦有優旃。

案：旃在始皇時，漢初乃卒，則自楚莊卽位至秦滅四百八年，何止二百餘哉？

褚先生曰

附案：少孫續傳六章，惟郭舍人、東方生、東郭先生、王先生四章爲類。但方朔雖雜詼諧，頗能直言切諫，安可與齊贅優伶比。說衞青者青傳是甯乘，此云東郭先生，豈東郭卽乘耶？至王生從太守就徵，乃宣帝徵勃海守龔遂，漢循吏傳甚明，而以爲武帝徵北海太守王先生請俱，妄矣。且東郭之白衞將軍，王生之語太守，皆便計美言，何謂滑稽？其餘二章，淳于髡已見本傳，復勦入獻鵠一節，藝文類聚九十引作「鶴」，古通。殊失之贅。況說苑奉使稱魏文侯使舍人無擇獻鵠于齊，韓詩外傳十稱齊使獻鴻于楚，初學記二十、御覽九百十六並引魯連子云展無所爲魯君遺齊襄君鴻。所載各異，皆不說髡，毋乃謬歟？若夫西門豹，古之循吏也，而列于滑稽，尤爲不倫。然敍次特妙，非他所續之蕪弱。史詮曰「『爲河伯娶之』，湖本缺『河』字。『從弟子女十人所』，湖本『十』誤作『千』」。董份疑爲舊文，褚生取而編之耳。郭舍人敎乳母，西京雜記二云是東方朔。

日者列傳第六十七

自古受命而王

附案：史缺此傳，褚生取記司馬季主事補之，序論亦僞託，然其文汪洋自肆，頗可愛誦。黄震古今紀要二言呂東萊謂歐公每製文，必先取日者傳讀數過。疑當時有此文，如客難、賓戲之比，故史記考要云「季主傳蓋沉淪隱遯不得志於時者之言，未必出少孫」。董份曰「所記季主自有當時舊文，而褚述之」。應或然也。只篇中謂「文王演三百八十四爻」，不免岐異。向有文王作爻辭之説，易正義曾辨之。又謂「句踐倣文王八卦以破敵國」，未知何出。褚復綴四百餘字，更爲蛇足。

龜策列傳第六十八

太史公曰自古聖王

附案：史公此傳亡，褚生補之，而其序則託之史公者也。史公封禪書首曰「自古受命帝王曷常不封禪」，而日者序曰「自古受命而王何嘗不以卜筮」，此序曰「自古聖王何嘗不寶卜筮」，胡屢襲之耶？巫蠱起于征和，乃言丘子明之屬因巫蠱族誅，則非史訖太初之限。「余至江南」以下尤義支辭弱，但衍莊子外物篇宋元君得龜事，二千八百餘言皆用韻語，奇恣自喜，亦必當時舊文，而褚述之。惟語多悖謾，不可以訓。如宋元公何曾僭王，其時亦無博士之官，而稱宋元王呂氏春秋君守有「魯鄙人遺宋元王閉一事。召博士衞平。史不言王季之死，呂氏春秋首時謂季歷困而死，竹書及晉書束皙傳俱謂文丁殺季歷。卽以爲真，是王季不得正其終矣，而此作紂殺太子歷，豈天下之惡皆歸歟？且季歷不應稱太子，若以太子爲伯邑考，又不應名歷。索隱亦疑之。文王之出羑里，紂赦之也，而云與陰兢亡入於周。武王載木主伐紂，示不敢專耳，而云文王攻紂病死，載尸以行，武王代將破紂。其說與淮南齊俗同妄。太白之懸本誣，此又云頭懸車軫，四馬曳行。射天乃武乙事，此以爲桀、紂。日辱于三足之烏，月食于蝦蟇，孔子寧有斯語？其誕不辨而明。史通敍事篇言「日者、龜策傳無所取」，蓋誤認出于史公之手也。至褚枚述宋元一節及占卜命召之辭，索隱、正義譏其煩蕪鄙陋，良然。

貨殖列傳第六十九

丹沙犀

附案：通志「犀」下有「象」字。

計然之策七

案：吳越春秋、越絶皆作「九術」，「七」字與漢傳「十」字同誤。

子贛

案：列子貢于貨殖，非也，說在弟子傳。

李克務盡地力

案：李悝也，說在平準書。

故曰吾治生產，猶伊尹、呂尚之謀，孫、吳用兵，商鞅行法是也。

史記考異曰「白圭當魏文侯時，而商鞅佐秦孝公，孝公卽位，距文侯薨已二十五年，不得如史所言」。

倚頓用盬鹽起

附案：集解引孔叢子言「猗頓興富于畜牛羊」，恐不可信。

及秦文、孝、繆居雍隙

案：史詮謂繆公前無孝公，本紀德公居雍，「孝」當作「德」，蓋是也。通志無「孝」字。但德公之祖文公居郿，文公子寧公居平陽耳。

獻孝公徙櫟邑　武昭治咸陽

案：「孝」字衍。「武」當作「孝」。

因以漢都，長安諸陵，

附案：「漢都」，通志作「北鄰」。

楊、平陽陳

索隱曰「『陳』蓋衍字」。

故楊、平陽陳椽其間，得所欲。

附案：索隱解陳椽爲「經營馳逐」，未確。劉辰翁謂「楊姓、陳姓因緣其間」，改易字句，尤非。史詮引方農部云「商肆之多，如陳列屋椽也。」

多美物　微重而矜節

附案：徐廣「美」作「弄」，「矜」作「務」，是也。又御覽百六十二作「重義而務節」。

而合肥受南北潮

附案：漢書作「湖」。

果陏

附案：「陏」蓋「隋」之省文，即「墮」也，與「窳」同。易說卦「果蓏」，釋文言京本作「墮」，可證。正義音搖，非。楊慎作「狹長」解，亦非。

户百萬之家

案：「户」字衍，漢傳無。

千樹萩

附案：師古云卽「楸」字，二字多譌，辨在建元侯表。

榻布

附案：「榻」乃「荅」之譌，師古云「麤厚之布，非白疊也」。晉書王忱傳「拉荅者有沉重之謦」，可參。

鮿千石，鮑千鈞，

案：漢書删「千石」二字，是，上文「鮐鮆千斤」可例。

佗果菜千鍾

附案：「鍾」乃「種」之譌，漢書「果采千種」。正義以六斗四升解之，誤。「菜」、「采」字通，師古又誤作「采取」解。

有游閑公子之賜與名

案、漢書無「賜與」二字，是。

而刁間（金陵本作「刀間」。）

附案：「刀」本有貂音，玉篇刀部云「刀，亦人姓。俗作『刁』非」。學林九辨「刁」爲俗字，古未有倒其筆爲「刁」者。然廣韻引風俗通刁姓出豎刁，以「刀」爲俗，何也？

故師史能致七千萬

附案：漢書作「十千萬」，師古注甚明，譌「七」字。

任氏獨取貴善，富者數世。

附案：索隱云「買物取貴而善者」。師古以「善」字連下句，「善富」二字新。

田嗇

附案：漢書作「田牆」，人姓名。

盡椎埋去就

附案：「椎埋」乃「推理」譌文，言推測物理也。日知録謂「推移」之誤，非也。

而桓發用之富

案：漢書「桓」作「稽」。

而雍伯千金

附案：徐廣作「翁伯」，與漢書同，音相近。攷水經鮑丘水注言無終山有陽翁伯玉田，引搜神記云雍伯洛陽人，又引陽氏譜敍謂翁伯，周景王之孫，食采陽樊，春秋末宅無終而易氏焉。未知卽此人否？

賣漿

案：漢書作「醬」。

而郅氏鼎食

案：漢書作「質氏」。

史記志疑卷三十六

太史公自序傳第七十

北正黎以司地

案：此本楚語，然今本國語及經疏中所引皆作「火正」，漢書遷傳同。自史公有北正之文，後儒如鄭康成、見詩檜風譜疏。韋昭、見楚語注引唐尚書。臣瓚見遷傳注。皆從之，隋天文志同。其實史歷書序仍是「火正」。顏師古、司馬貞據鄭語與班固幽通賦作「火正」爲是。路史注亦以北黎爲妄。見後紀八。應劭曰「黎，陰官也。火數二，故火正司地以屬民」。張晏曰「火，水配也。水爲陰，故命火正黎兼地職」。

唐、虞之際，紹重、黎之後

附案：此即楚語「堯復育重、黎之後」，羲、和二官是也。黎之爲重黎，說在楚世家。

故重黎氏世序天地。其在周，程伯休甫其後也。

案：休甫黎之後，上文並列重、黎，此不申言黎爲重黎之故，語欠分明，竟似休甫有二祖矣。又通志氏族畧曰「晉、齊、楚、宋、陳皆有司馬氏，不獨休矣」。

晉中軍隨會奔秦

附案：漢書考證齊氏曰「『奔秦』，漢書誤作『魏』。又隨會奔秦時未爲中軍將，史文以後官冠其名。」

錯孫靳

附案：徐廣「靳」作「蘄」是，漢書「蘄」也。

蒯聵玄孫卬

案：索隱引司馬世本是曾孫。

無澤生喜

案：喜爲史公之祖，然其先之相中山者爲司馬喜，奈何與前祖同名乎？又漢書作「毋懌」。

乃論六家之要指

困學紀聞十一曰：「西山真氏云列儒者於陰陽、墨、名、法、道家之閒，是謂儒者特六家之一耳。不知儒者無所不該，五家之所長皆有之，其短者吾道之所棄也。談之學本於黃、老，故其論如此。」

嘗竊觀陰陽之術大祥

附案：徐廣「祥」作「詳」，與漢書合。二字古通，見別雅。

名家使人儉

附案：名家言儉未的，董份以爲「檢」之誤寫。

形神騷動

附案：漢書作「蚤衰」。

因物與合

附案：漢書作「與舍」。後書馮衍傳下引作「與物趨舍」。蓋「舍」字是。

不先定其神

附案：「神」下脱「形」字，漢書有。

有子曰遷

附案：史通雜説篇譏敍傳不書其字爲大忘，班固仍其本傳爲守株。固爲遷傳，其初宜云「遷字子長，馮翊夏陽人」。卮林又謂「文選報任少卿書作『司馬子長』，李善注以爲史遷，未嘗明列出處，呂向遂謂漢書云『字子長』，妄矣。張衡『應閒子長諜之』，章懷注『遷字』，亦不言出何書，因舉論衡變動、須頌二篇及漢紀『司馬子長遭李陵之禍』句作先出之證，然竟無直書『字子長』者」。余謂史、漢中名而不字者甚衆，不獨子長。孟堅仍史，以示不敢改易之意耳。而論衡之稱子長，亦不止兩見。考法言寡見、君子二篇屢稱子長，更在張衡、王充、荀悦之前，後此如後書蔡邕傳論「追怨子長」，方術傳敍「子長亦云」，晉書干寶傳「呂望事周，子長存其兩説」，魏書魏收十志啓「子長命世偉才」，文選潘岳西征賦「子長政駿之史」，劉峻辨命論「子長闡其惑」，抱朴子論仙云「子長不能與日月並明」，水經注四「河水又東南逕司馬子長墓北」，自西漢以迄六朝，豈盡不足憑，而必直書乃信乎？至李善西征賦注云「史記曰司馬遷字子長」，則其妄同於呂向也。

上會稽探禹穴

案：禹穴難信，説在夏紀。

戹困鄱

附案：鄱卽漢志魯國蕃縣，漢傳作「蕃」，此作「鄱」者，以形聲相近而譌。左傳襄四年疏、釋文及史注皆引白褒魯記，云靈帝末陳蕃子陳子游爲魯相，國人爲諱，遂改皮音，而爲「番」字。然漢地理志魯國注以白褒爲非也。左疏讀如藩，應劭音皮。

是歲天子始建漢家之封，而太史公留滯周南，不得與從事，故發憤且卒。

案：此及下述談語不免失言，封禪之誣，君子嗤之，卽封禪書亦深譏焉，而乃以其父不與爲恨乎？咫聞録曰「太史談且死，以不及與封禪爲恨。相如且死，遺封禪書以勸。當時不獨世主有侈心，士大夫皆有以啟之。杜子美天寶十三載獻封西嶽賦，勸玄宗封華山，帝未及行，明年禄山反，天下大亂。文人孟浪類如此」。

自獲麟以來四百餘歲

案：魯哀公十四年獲麟，至漢元封元年封太山，凡三百七十二年。

而遷爲太史令

附案：「令」乃「公」之譌，説在五帝紀。

自周公卒百歲而有孔子，孔子卒後至於今五百歲，

案：周公至孔子其年歲不能的知，恐不止五百歲。若孔子卒至漢太初之元，三百七十五年，何概言

五百哉！蓋此語畧取於孟子，非事實也。

春秋文成數萬

案：張晏曰「春秋萬八千字，當言『減』，而云『成數』，字誤也」。裴駰曰「此史公述董生之言。董仲舒治公羊經傳凡四萬四千餘字，故云『數萬』，不得爲誤」。索隱從師古，曰「史遷豈以公羊之傳爲春秋乎？一萬之外，卽足稱數萬，何乃言『減』」。學林曰今世所傳春秋經萬六千五百餘字，張晏云萬八千，非。裴注亦非。古人於一萬之外稱萬餘，積萬之多乃爲數萬，春秋當言文成萬餘，而云數萬者，太史公之言不確，師古注亦不確。通考載眉山李氏春秋古經後序，謂「張晏曰春秋才萬八千字，今細數之，更闕一千四百二十八字。」馬端臨辨之曰「春秋古經雖漢藝文志有之，然夫子所修之春秋，其本文世所不見，漢以來所編古經，俱自三傳中取出，不特乖異，未可盡信。而三子以其意增損者有之，俱非春秋本文，指以爲夫子所修之春秋可乎」？所論甚確，然則經字之的數無從知之矣。

弑君三十六

案：左氏春秋經書弑者二十五，內諱不書弑者五，書卒者三，書殺音試。者一，哀四年「盜殺蔡侯申」，公、穀作「弑」。凡三十四事，此言三十六，通傳數之，然通數當有三十七。師古楚元王傳注刪僖九年晉里克殺奚齊一事，以合三十六之數，非也。劉向亦仍史誤，他若戰國東周策謂「春秋記臣殺君者以百數」，乃虛妄之辭，春秋繁露王道篇、後書丁鴻傳俱云「弑君三十二」，李賢已糾之。又繁露滅國及會盟要篇作「三十一」，是俗本譌刻。公羊傳文十一年注云「宣、成以往弑君二十八」，成五年注云「自後六十年中弑君十四」，疏已駁之，但所數弒君事多乖異。則皆屬誤端矣。弒君二語，史蓋本淮南主術而誤。

亡國五十二

案：此所言亡國，亦兼經傳數之，蓋專指諸夏，而四裔不與焉。然實止四十一，無五十二。劉向封事仍史誤。師古注并遷國、復國、四裔之國與未入春秋時國以合五十二之數，殊非。考桓五年經「州公如曹」，一也。莊四年經「紀侯大去其國」，二也。十年經「齊師滅譚」，三也。十三年經「齊人滅遂」，四也。十四年傳「楚子滅息」，五也。二十四年經「郭公」，宋胡安國春秋傳云「郭亡」。六也。十六年傳「楚滅鄧」，七也。閔元年傳「晉滅耿、霍、魏」，十也。僖五年傳「晉滅虢、虞」，十二也。十二年經「楚人滅黄」，十三也。十七年經「滅項」，十四也。十九年經「梁亡」，十五也。二十五年經「衛侯燬滅邢」，十六也。二十六年經「楚人滅夔」，十七也。三十三年經「秦人入滑」，十八也。文四年經「楚人滅江」，十九也。五年經「楚人滅六」，傳「楚滅蓼」，二十一也。七年經「取須句」，二十二也。十六年經「楚人、秦人、巴人滅庸」，二十三也。宣八年經「楚人滅舒蓼」，二十四也。十二年經「楚子滅蕭」，二十五也。成六年經「取鄟」，二十六也。十七年經「楚人滅舒庸」，二十七也。襄六年經「莒人滅鄫」，「齊侯滅萊」，二十九也。十年經「晉滅偪陽」，三十也。十三年經「取邿」，三十一也。昭四年經「楚滅賴」，三十二也。十三年經「吴滅州萊」，孫氏復云「微國」。三十三也。二十四年經「吴滅巢」，傳「吴滅鍾離」，三十五也。三十年經「吴滅徐」，三十六也。定四年經「蔡滅沈」，三十七也。五年傳「楚滅唐」，三十八也。十四年經「楚滅頓」，三十九也。十五年經「楚子滅胡」，四十也。哀八年經「宋公入曹」，四十一也。其餘晉滅韓，楚滅權之類，則未入春秋時也。魯滅東夷根牟，晉滅赤狄潞氏、白狄肥、鼓、陸渾戎之類，則四裔也。師古連昭十六年楚殺蠻子數之，不知蠻氏至哀四年始見滅耳。如宋之於宿，齊之於陽，楚之於道，皆遷而未亡也。僖五年楚滅弦，而昭三十一年傳又云吳圍弦，楚救弦。僖十年狄滅溫，而文十年經云及蘇子盟於女栗。襄二十五年楚滅舒鳩，而定二年傳云吳使舒鳩誘楚。昭八年楚滅陳，十一年滅蔡，而十三年偕受封於楚。定六年鄭滅許，而哀元經書許男圍蔡。皆後立而非亡也。外此若晉滅荀、賈、焦、楊，楚滅申、穀、鄀、房，以至宋滅戴，秦滅芮，小國之亡，不可勝數，而春秋俱不書。然則五十二者，非史公誤數之乎？春秋繁露王道譌刻五十一，而公羊傳文十一年注「宣、成以往亡國四十」，成五年注「自後六十年中亡國三十二」，並誤也。疏中所數亡國亦非。

必陷篡弑之誅，死罪之名。

附案：後書儒林傳論注引史作「必陷篡弑誅死之罪」，豈誤以漢書爲史記耶？

於是論次其文七年而太史公遭李陵之禍

案：漢書「七年」譌「十年」。七年者，自太初之元至天漢三年也。觀報任安書，史公征和中尚存，其史成於天漢而實以太初爲限，漢書遷傳贊謂「史訖天漢」，張守節正義序、吳仁傑刊誤補遺從之，殊失考。史公高祖功臣表序云「至太初」，此傳云「漢興至太初百年」，又云「至太初而訖」。他若荀紀、後書班彪傳及史通六家篇、古今正史篇。皆云「訖太初」，即漢書敘傳亦云「太初以後，闕而不録」。則遷傳贊辭，明屬妄談，蓋誤以李陵之降爲斷，復見諸處後人增加之語，遂認史不終太初矣。又史通雜説云「遭李陵之禍，幽於縲紲者，乍似同陵陷歿，遂寘於刑；又似爲陵所陷，獲罪於國。賴班固載其與任安書具述所以，儻無此録，何以克明其事乎」？

孔子戹陳、蔡，作春秋；

案：春秋之作，史公於孔子世家、儒林傳序、言作於獲麟之歲，此又言作於戹陳、蔡之年，孔叢子居衞篇遂造爲子思之言曰「祖君屈於陳、蔡，作春秋」。史通探賾篇從之，謂「因攖莓而掇辭，莓蓋「煤」之譌，事見呂子任數。乃泣麟而絶筆」，其然豈其然乎！公羊首卷疏謂「戹陳、蔡時，有作春秋之意」。賈、服等又言孔子自衞反魯作春秋。

左丘失明，厥有國語；

案：國語不知何人所作，其記事每與傳異，文體亦不同，定出兩人之手。左傳哀十三年疏引傅元云「國語非丘明作」，當是也。困學紀聞六引劉炫説同。自史公有左丘國語之説，班彪謂「左、國出丘明」，見後書彪傳。漢藝文志、司馬遷傳贊亦謂左氏傳、國語皆左丘明著，後儒多從之，殊未敢信，且何以失明而乃著書耶？或問漢、魏已來稱國語爲春秋外傳，豈不然歟？曰：公、穀二子有傳矣，而漢志又別有公羊外傳五十篇，穀梁外傳二十篇，斷非二子傳授之作，則國語之不關丘明可知。

不韋遷蜀，世傳呂覽；韓非囚秦，説難、孤憤。

案：史通雜説及遜志齊集讀呂氏春秋一篇，辨遷蜀著書之誤談。余謂不韋傳明言相秦時使其客著呂氏春秋，故其序意篇云「維秦八年，良人請問十二紀」，何史公又有此言乎？韓子著書在未入秦時，故秦王見書曰「寡人得見此人與之游，死不恨矣」！因秦之後，何暇著書哉，此亦誤。

至于麟止

案：史公作史，終於太初而成於天漢，其歿在征和間。一部史記惟自序傳後定，其曰至太初而訖者，史作始於太初元年，即以太初終也。曰論次其文，七年遭禍者，明未遭禍以前已爲史記，至是乃成也。若所稱麟止者，取春秋絕筆獲麟之意也。武帝因獲白麟改號元狩，下及太初四年凡二十二歲，再及太始二年凡二十八歲，後三歲而爲征和之元。太始二年更黃金爲麟趾褭蹏，蓋追紀前瑞焉，而史公借以終其史，假設之辭耳。獨是漢晉以來春秋家一曰感麟而作，一曰文成致麟。致麟之誕，先儒辨之，而感麟亦不足信。明文範席書獲麟說云「夫子作春秋生平之志，使麟不出，春秋其不作乎？春秋或作於獲麟之年，或於麟先，或於麟後，皆不能知。孟子曰『詩亡然後春秋作』。以詩亡，非以麟也。曰『孔子懼作春秋』。以懼亂，非以麟也」。席文襄之說，余甚韙之。歐陽子春秋或問篇有云「義在春秋，不在起止」，亦同斯意。杜預緣公、穀，經傳止於獲麟，遂謂春秋感麟而作，因此爲終。左氏經自哀十四年小邾射來奔，下至十六年，乃弟子所續。此杜氏獨己之見也。今之春秋，非夫子所修之本文，奈何據之，安知聖人之制作不終於哀十六年二月，其後或以疾，或以歿，而不復續歟？有謂因是年請討陳恒不行而絕筆者，有謂魯史所書止獲麟，故孔子亦絕筆於此者，皆臆說也。但杜氏實本史公。蓋史公惑於麟爲瑞物，而又見書於春秋，妄相牽合。不知麟亦恒有之獸，夫子之傷，以其生不遇時耳，於作春秋奚涉？秦、漢已來，史册之書麟鳳華芝，往往不乏，大抵德益衰而祥愈多，豈必有聖如夫子者出而制作哉！

自黃帝始

案：史始黃帝，說在五帝紀。

作殷本紀第三

案：契封於商，而湯亦以商爲代號，其稱殷者，子孫所改也。準義驗情，當書曰「商本紀」。

悼豪之旅

附案：「豪」乃「崤」之譌。

作秦本紀第五

案：史公以天子爲本紀，諸侯爲世家。三王事簡，不別其代，義統於天子也。若秦莊襄已上，爵在諸侯，而編同本紀何哉？且秦天下所共惡也，曰「獷秦」，曰「虎狼秦」，其强暴無道比於禽獸，卽史公亦甚惡秦者，乃分列二紀，與三王殊例，似乎不合，當并始皇作一篇爲允。倘因事繁文重，則依史通、索隱之說降爲秦世家，拔始皇以承周赧，不亦善乎？水經注四引薛瓚稱秦本紀爲秦世家，改標名目，史通、索隱之所本矣。

作項羽本紀第七

案：本紀不應稱字，史詮曰「以月表例之，當稱『楚項王本紀』」。然霸王者卽當時諸侯，此語出史通本紀篇。何以紀爲。班彪譏遷進項羽，唐、宋以來如小司馬補史及史通、後漢書注、容齋隨筆、續古今考諸書言項羽不得列本紀，皆本班氏。惟路史後紀二謂高祖之王出於項籍，天下之勢在籍。高祖固出其下，以史記紀籍爲得編年之法，蓋與欲作「義帝本紀」者同妄矣。大事記書「義帝元年」，容齋隨筆、路史注皆言史公宜紀義帝。凝道記曰「史不爲義帝立紀，而以項羽當之，其失爲不知統」。

作高祖本紀第八

案：高祖者，臣下總謚號之稱，不可爲典要。古今考謂「高帝謚號通一『高』字，文帝以後然後號與謚異。」真瞽説已。尚書古文疏證四曰「太祖其號，高皇帝其謚，史忽謁爲高祖，班固正之曰高帝紀，但史文未盡釐正耳。」續古今考曰「高祖本紀上不書『漢』字，疎也。」

大臣洞疑

附案：董份云「『洞』是『恫』之誤，索隱釋爲『洞達』，既洞達矣，又何疑乎？」

作呂太后本紀第九

案：「太」字衍，漢書遷傳是「呂后」。蓋太后乃一時臣子之稱，不曰高后者，不與其爲高帝之后也，班氏便妄更之。但史以呂后作紀，全没惠帝及兩少帝，附見牝朝，未免乖違。班書雖補孝惠而仍紀高后削少帝，無怪乎神璽在握，火德猶存，而居攝建年。不編平帝之末，孺子主祭，咸書莽傳之中矣。後之唐書紀武氏，亦緣史誤，而論者謂紀呂、武不没其實，合春秋之法，見新書則天后紀贊及示兒編中。豈不異乎！漢律歷志載元鳳時太史令張壽王言驪山女爲天子。後書張衡傳欲爲元后作本紀。路史立女媧紀，辨史遷紀呂，唐史紀武，是著其統，以絀呂、武爲非。史通鑒識篇以漢、史本紀不列少帝而編高后爲合事宜，俱屬詭錯。通志三皇紀引春秋世譜路史本風俗通以女媧爲伏羲女弟，猶唐盧同與馬異結交詩以爲伏羲婦，僞三墳以爲伏羲后，其實女當音汝，即女字直讀，亦古人姓名所有。論衡順鼓篇曾辨女媧非天子婦人矣，夏有女艾，商有女鳩、女方，秦之先有女防，其大夫有女父，晉有女齊、女寬，陳有女叔，鄭有堵女父，公羊傳有子女子，莊子有女商，後漢書方術傳有魯女生，魏書孫道登傳有宗女，金史有活女傳，豈皆婦人乎？文心雕龍史傳篇、小司馬補史、通志、續古今考並譏史公紀呂之失，當立孝惠紀，而以呂后兩少帝附之，庶幾名禮兩得。長沙周氏士儀史貫曰「呂后爲漢之罪人，光武罷呂后配享，見光武紀。袁宏後漢紀以光武爲非，蓋不然。子孫尚不得私其祖妣，作史者何不正其名位耶？今欲正其謬，於呂氏但歸之世家，而取其行事繫之惠帝紀，斯於義例不爽耳」。學林三謂呂后無盜漢之心，其罪減於唐之武后，殊未確。余因攷唐沈既濟駁吳兢史議當紀稱中宗而事述太后，見新書沈傳。唐孫樵經緯集孫氏西齋録，條高后擅政之年下繫中宗，而宋范祖禹因本之作唐鑑，有旨哉！

於是畧推，作三代世表第一。

案：世表依本紀起五帝至三王，表中亦明標曰「帝王世」，則篇題當云「帝王世表」，乃止稱「三代」，何也？索隱謂「三代長遠，且皆出自五帝，故以名篇」。正義謂「五帝久古，傳記少見，夏、殷以來，事迹易明，故舉三代爲首」。豈其然哉！

作十二諸侯年表第二　作六國年表第三

案：「十二」當作「十三」，「六國」當作「七國」，俱説在表。

天下三擅

附案：「擅」與「嬗」「禪」同，荀子正論凡「禪讓」皆作「擅」字。

作漢興已來諸侯年表第五

附案：遷傳無「興已來」三字，是也，此後人所增。而索隱本侯下有「王」字，凡兩見，並引應劭曰「雖名爲王，其實如古諸侯。」各本脱之，史文必云「漢諸侯王年表」。

作高祖功臣侯者年表第六

案：「高祖」當作「高帝」，説見上。遷傳無「侯者」二字，非。

作惠景間侯者年表第七

附案：此表不曰「功臣」者，蒙前表省之也。遷傳作「惠景間功臣年表」，非。

作王子侯者年表第九

附案：此與遷傳同，是也。「王子」上無「建元以來」四字，承前表省之。水經注引表有，他本篇題亦有，蓋依後人所加而書之，並非。

間不容翲忽

案：此出大戴禮曾子天圓章，作「間不容髮」，故索隱云「翲」恐衍字。正義曰「字當作『杪』。」

嘉伯之讓，作吴世家第一。

案：諸世家各摘一事以著作史之由，雖是舉重言之，然豈因嘉一事而作乎？小司馬及王若虚曾譏之矣。「吴」下脱「太伯」二字，遷傳及索隱本有。

申、呂肖矣

附案：注以肖爲痟，衰微之謂。日知録云「肖乃『削』字脱其旁耳，與孟子『魯之削』同」。

不背柯盟，桓公以昌，

案：不背曹子之事，非實也，説在刺客傳。

作周公世家第三

附案：「周公」上缺「魯」字，遷傳、索隱本有。

燕易之禪，乃成禍亂。

案：禪位致亂者是王噲，非易王也，「易」字必「噲」之誤。

作燕世家第四

附案：「燕」下缺「召公」二字，遷傳、索隱本有。

作管蔡世家第五

案：當作「蔡曹世家」，説在世家中。

及朔之生，衛傾不寧，

附案：此言衛之傾危由於惠公朔也，索隱以爲衛傾公，謬甚，衛有傾公乎？

嘉彼康誥，作衛世家第七。

案：誥乃書册，何嘉之有？「衛」下缺「康叔」二字。

武庚既死，周封微子。

案：微子非封於武庚死後，說在殷紀。

剔成暴虐，宋乃滅亡。

附案：徐廣作「偃」是，蓋暴虐滅亡者王偃，非剔成君也。然「偃暴虐」不成句，疑「剔成」乃「王偃」之譌。

作宋世家第八

附案：遷傳、索隱本「宋」下有「微子」二字，此缺。

作晉世家第九

案：史公作世家，其篇題必書其始祖，如吳太伯之類是。合二爲一者則書國，如陳、杞之類是。乃晉、楚、鄭、趙、魏、韓六國皆獨一世家，而不書其始祖，此亦史例之可議者。且晉何以稱焉，叔虞封唐，其子燮父改晉，唐詩譜疏疑時王命使改之，杜注昭元年左傳云「叔虞封唐，是爲晉侯」，與杜譜異，故孔疏規之曰「叔虞之身不稱晉」也。夫詩作於改晉之後，猶謂唐風，則安得以子孫所改之號易始祖受封之名哉！史當書「唐叔世家」。

作楚世家第十

案：當書曰「楚熊繹世家」。蠻夷不書爵，無謚與字故書名，越句踐世家其例也。

少康之子，實賓南海，

案：越非少康之裔，説在夏紀及世家。

作越王句踐世家第十一

附案：越僭號爲王，例不應書，觀陳涉不書王可見，此後人妄加之，當删「王」字。遷傳作「越世家」，又脱「句踐」二字。

作鄭世家第十二

案：此當書曰「鄭桓公世家」。

作趙世家第十三　作魏世家第十四　作韓世家第十五

案：三晉俱篡國，當依田完世家稱名之例，書曰「趙籍世家」，「魏斯世家」，「韓虎世家」。

韓厥陰德

案：下宫之事虚也，説在趙世家。

作田敬仲完世家第十六

案：史記篇題未有名謚兼書者，此必後人妄增，遷傳無「敬仲」二字。滑稽傳曰「語在田完世家中」，尤可證已。嬾真子云「不謂之齊，不與其篡也」。與莊子胠篋篇同義。或言宜稱「田齊世家」，亦非。但史公作世家皆書開國之君，彼陳完遭亂奔齊，尚不敢爲卿，何有於世家？况斯時齊方鼎盛，奈何以後代之篡，追崇其先祖，齒列諸侯乎？幾等王莽之追王胡公、敬仲矣。史通世家篇云「没其本號，惟以田完制名，非人情」。是當書曰「田和世家」。又陳改田在春秋後，史謂始於陳完，直稱「田完」亦非，説在年表。

作孔子世家第十七

附案：史公敍孔子於世家，以表尊崇之義，蓋謂有土者以國世其家，孔子以德世其家。小司馬深然之。而王安石云：「仲尼之才，帝王可也，何特公侯哉！仲尼之道，世天下可也，何特世其家哉！處之世家，仲尼之道不從而大；置之列傳，仲尼之道不從而小。而遷也自亂其例。」王厚齊録入困學紀聞，蘇氏古史因改爲列傳。然宋晁補之雞肋集辨其非，以爲「宋乃殷後，至桀偃而絶，賢如正考父，聖如孔子，豈不可以繼宋，則亦與有上之世家同」。慈溪姜氏宸英湛園集又謂「史公之意，以孔子尊周之功最大，尊周者諸侯之事，故附孔子於世家」。二公之論雖殊，而識勝蘇、王遠矣。

桀、紂失其道而湯、武作，周失其道而春秋作，秦失其政而陳涉發迹，

困學紀聞十一曰：「夾漈鄭氏云，湯、武仗大義平殘賊，易謂順天應人，烏可與陳涉同日而並議哉！」

作陳涉世家第十八

案：班彪譏史進涉，嗣後如小司馬補史及史通、後漢書注、續古今考、示兒編諸書言涉起羣盜，稱王數月而死，無世可傳，無家可宅，當降爲列傳。其説本於班氏，蓋宜與項羽同傳也。

嘉夫德若斯，作外戚世家第十九。

范械曰：「漢五帝后妃，未聞有可嘉之德。且泛言嘉德，不知所嘉何人？此語欠明。又后妃止宜在列傳，若謂代有封爵，不妨儕之世家，亦應書『后妃世家』不當標題『外戚』。」范史本王隱作皇后紀，尤非。史通題目篇云：「皇后而以外戚命章，外戚憑皇后得名，猶宗室因天子而顯稱，若編皇后曰外戚傳，則書

天子曰宗室紀，可乎？」

作荆燕世家第二十二

附案：遷傳作「荆燕王」，是也，此脱「王」字。

作梁孝王世家第二十八

案：孝王及五宗、三王帝胄也，而混於諸臣之中，以時爲次，似乎非體，當敍三世家於齊悼惠王世家下。然後之史臣皆倣此例矣。

作老子韓非列傳第三

附案：昔人以老、韓同傳爲不倫，王儉語，見南史王敬則傳。史通編次篇深訾之。小司馬補史亦云不宜同傳，宜令韓非居商君傳末。然申、韓本於黄、老，史公之論，自不可易，並非强合。況韓子有解老、喻老二篇，其解老篇創爲訓注體，實五千文釋詁之祖，安知史公之意不又在斯乎？前賢妄規之也。史通品藻篇謂韓、老俱著書，故用爲斷，殊非。後書劉陶傳言陶作匡老子、反韓非、復孟軻，惜不傳。

作商君列傳第八

案：商君爵號也，而以稱鞅，似失史法，當書曰「衛鞅」。

遂圍邯鄲，武安爲率，

案：武安因不肯攻邯鄲，遂有杜郵之賜，何云武安爲帥乎？

獵儒、墨之遺文，明禮義之統紀，絶惠王利端，列往世興衰。作孟子荀卿列傳第十四。

案：此當次仲尼弟子列傳第七之後，不應在第十四也。程氏讀史偶見謂「此傳專爲孟子作，紹遺文而明統紀，舉陳、蔡之厄，比齊、梁之困，旁及諸子，牽連書之，荀卿亦附見。傳目孟、荀並列，或後人所加。」其論似已。但「獵儒、墨」之語費解，困學紀聞十一引夾漈鄭氏云：「孟子距楊、墨，荀卿亦非墨子，儒、墨固異矣，豈嘗獵其遺文哉！」何氏焯注以獵儒、墨謂諸子，明禮義謂荀卿，亦未確。孔、墨同稱，始於戰國，孟、荀齊號，起自漢儒，雖韓退之亦不免。見進學解。蓋上二句指荀卿，即傳所謂荀子推儒、墨道德之行事興壞著數萬言者，下二句指孟子，儒林傳言孟子、荀卿咸遵夫子之業，非孟荀並列之證歟？夫荀况嘗非孟子矣，豈可並吾孟子哉！

作孟嘗君列傳第十五

案：昔人稱四公子以原、嘗、春、陵爲次，見班固西都賦。史以嘗、原、陵、春爲次，其實陵當居首也。遷傳以孟嘗君列傳爲第十六，平原君虞卿列傳爲第十五，而「平原」下無「君」字，並非。

連五國兵

案：破齊者六國之兵也，說在秦紀。

作魯仲連鄒陽列傳第二十三

附案：小司馬言魯連、鄒陽年代乖絕，不可合傳。但傳中如屈原賈生，扁鵲、倉公，皆以類相次，時不足拘之，特此傳無所爲類耳。或謂鄒陽見王生救梁，並有排難之功，故同編焉。而傳削救梁事，意不在斯矣。然則何以合傳？曰：傳論云「辭有足悲，附之列傳」。附也，非合也。序傳無片語及陽，更非合傳也。是知史公祇愛其獄中一書，採入爲傳，篇題「鄒陽」二字乃後人妄加，非史原文，觀遷傳作「魯仲連列傳」，可證。

曹子匕首，魯獲其田，

案：劫桓之事非實，説在傳。

作刺客列傳第二十六

案：史詮謂「儒林、循吏、酷吏、刺客、游俠、佞倖、滑稽、醫方、日者、龜策、貨殖雜傳也，以類相從，合在後。」此説甚是，蓋十一傳當在司馬相如傳後，以儒林、循吏、酷吏、貨殖、與平準相表裏。刺客、游俠、滑稽、佞倖、醫方、日者、龜策爲次。史通編次篇言「龜策異物，宜與八書齊列」，非也。史公乃傳能占龜策之人耳。至刺客之爲傳，説在傳中。

作鯨布列傳第三十一

史通稱謂篇曰「英布而曰黥布，趙佗而曰尉佗，皆出於當代，史臣編録，無復弛張。蓋取叶隨時，不藉稽古」。

作淮陰侯列傳第三十二

附案：遷傳「侯」下有「韓信」二字，非也。蓋史公於本朝諸臣以罪誅黜者例不稱爵，惟淮陰之死爲寃，故書其降貶之爵而不名，以微見意云。

作韓王信盧綰列傳第三十三（金陵本無「王」字。）

附案：索隱本無「王」字，震澤本同，則遷傳及諸史記本有「王」字者，妄加之也。蓋叛臣削爵，即盧綰不稱燕王可見。

作樊酈列傳第三十五

案：「酈」下脱「滕灌」二字，各處皆有。

作張丞相列傳第三十六

附案：遷傳誤增「倉」字，各處無之。

作傅靳蒯成列傳第三十八

附案：「蒯」當作「蒯」，説見表。遷傳「成」下有「侯」字，非；合傳無書「侯」者。

作袁盎朝錯列傳第四十一

經史問答曰：「爰、鼂合傳，失史法。錯雖以急切更張蒙謗殺身，然其料七國則非過也。盎直小人之尤，但當附見鼂傳。」

作吳王濞列傳第四十六

案：濞與淮南、衡山俱帝胄大邦，不但當以類從，亦當皆次於齊悼惠王世家之下，乃置濞四十六，淮南衡山五十八，何也？若以謀反貶在列傳，則彼在世家者皆不反之王乎？又何相隔之遠也。且淮南、衡山削「王」字，吳何以「王」，何以濞獨名，均所未曉。班彪譏遷黜淮南衡山條例不經，章懷亦言其進退之失。而不及濞。小司馬謂濞宜與楚元王爲一篇，淮南宜與齊悼惠爲一篇，庶幾允愜。學史言

「史敍淮南衡山在東越、朝鮮、西南夷後，以二國故荆地，並有合於春秋用夷禮則夷之義」，殊非。

作魏其武安列傳第四十七

經史問答曰「竇、田薰蕕，相去遠甚。竇本不以外戚封，而争梁王，争栗太子，大節甚著，不善處進退之間，自是無學術。田蚡特竪子，無一可稱，晚有交通淮南之大逆，只合黜之。史公喜道人盛衰榮枯之際，自寫其不平，而不論史法，故以灌夫之故强合竇、田爲一傳也」。

作匈奴列傳第五十

案：史詮謂「匈奴、南越、東越、朝鮮、西南夷、大宛四夷也，以類相從，當在雜傳之後」。此説是。小司馬亦云司馬相如、汲鄭不宜在西夷下，大宛不合在酷吏、游俠之間。又遷傳衛將軍驃騎列傳第五十，平津主父列傳第五十一，匈奴列傳第五十二，則今本史記有譌，正義反謂舊本匈奴傳在第五十，非也。説者遂言司馬相如開西南夷者，故次西南夷後。匈奴傳後繼以衛、霍、公孫弘，而全録主父偃諫伐匈奴書，史公有深意。並曲解耳。

作平津侯列傳第五十二

案：索隱本作「平津侯主父列傳」，遷傳亦作「平津主父」，但缺「侯」字耳，則此脱「主父」二字。史詮曰：「太史公平津傳附主父偃、徐樂、嚴安三人，然行事終不相合，主父以下當别爲一傳。」

納眥職（金陵本作「貢職」。）

附案：史詮曰「湖本『貢』作『眥』，誤。」

作東越列傳第五十四

附案：遷傳作「閩越」，是也，此誤「東」。

以集真藩

附案：史詮曰「湖本『番』作『藩』，誤。」

壯有溉

附案：「壯」即「莊」字，鄭當時之字也。「溉」即「既」字，徐廣五帝紀注云「古『既』字作水旁」。既者已也，助語辭。凌稚隆疑「溉」下有闕文，非。史詮謂「溉」下缺「乎」字，妄。徐廣一作「慨」，亦誤。

作汲鄭列傳第六十

案：漢書公孫弘傳贊云：「質直則汲黯卜式，推賢則韓安國、鄭當時。」評林引宋劉子翬曰：「鄭當時雖推轂士類，然極無操守；卜式雖樸直，然所行多詐，非汲黯比。史遷作汲鄭傳，班固以黯、式同科，是生不見知於武帝，死不見知於遷、固也。」困學紀聞十二亦有汲、鄭不可同傳之說。又經史問答曰：「汲在漢無倫輩，鄭莊固不敢望，況莊有引桑宏羊之罪乎？汲當作專傳，鄭應附韓安國一輩傳中。」余謂汲黯傳宜在韓長孺傳之前。

仁者有乎　義者有取焉

困學紀聞十一引夾漈鄭氏曰：「游俠之徒，未足爲煦煦孑孑之萬一，況能當仁義之重名乎！」

而賈生、晁錯明申、商

案：史公言賈生明申、商與晁並稱，似未當。

律歷改易，兵權山川，

案：兵權卽律書，似複出，當衍「兵權」二字。索隱言兵書亡，妄也。山川謂河渠書，然史有河渠而無地理，遂使自秦已前州野分畫，郡邑沿革，與夫名山之劃隸開通，川源之遷移湓塞，皆湮没無考。河渠一書，豈足以概山川哉！

作三十世家

案：諸侯有國，大夫有家，古之制也。史以諸侯王爲世家，王若虚曾譏之。今既定公侯傳國曰世家，卿士特起曰列傳，則當條次不紊，編沓無遺。蓋周時列邦當先吴、魯、管、蔡、衞、晉、燕、鄭，乃及陳、杞、宋、越、楚、齊、韓、趙、魏、田氏，而以孔子殿焉。漢代以外戚居首，乃及楚、荆、燕、齊、梁、五宗、三王，然後蕭、曹、張、陳、周，而陳涉附焉。此條次也，史似不得其序。若編沓則邾、莒並春秋時次國，世系足攷，其事跡較詳於曹、杞，安得云滕、薛、騶邾後稱騶。以小弗論耶？小司馬欲補許、邾世家，許不足補也。六國表云楚簡王滅莒，趙岐孟子題辭云邾爲魯所并，又言爲楚所并。居易録九載元末朱右撰邾世家一卷，年表一卷。又吴芮至忠，著於令甲，五代稱王，侯封支庶，何獨缺如乎？餘説見前。

作七十列傳

案：列傳之失次及吴濞、淮南、衡山、張耳之當入世家，已説見上。困學紀聞謂傳伍員而不傳包胥，非所以勸忠。野客叢書謂不立紀信傳，疏於節義。是固然也。余謂夏、商以前，帝臣王佐雖代不乏人，而世遥事逸，故但據詩、書所稱一二大端載於本紀，卽周初散宜、南宫、史佚之徒，厲、宣間芮良夫、召虎、仲山甫之流，亦同斯例。若春秋之際名德顯暴者，尚有如魯柳下惠、孟獻子、衛甯俞、史魚、晉士會、士燮、叔向、宋子罕、楚子文何爲蓋闕？此古史、通志所以作補傳也。漢時傳鄒陽而不傳賈山、枚叔，傳徐樂、嚴安而不傳終軍、東方朔，去取之義亦未曉。又史公自序在七十列傳中，索隱本作「太史公自序傳」是也，各本篇題俱缺「傳」字。

凡百三十篇

附案：史通雜説仍班彪之論，謂「太史公上起黄帝，下盡宗周，事跡殊畧。戰國已下，始有可觀，其間詳備者，唯漢興而已。」余謂此但議其煩省失宜耳，豈知史公變編年之例，突起門户，著目曰本紀，曰表，曰書，曰世家，曰列傳，史臣相續，稱爲「正史」。蓋鑿荒難而遵塗易，創始恒不若續撰之精密也。班固本其父彪之語譏史公是非頗繆於聖人。論大道則先黄、老而後六經，序游俠則退處士而進姦雄，述貨殖則崇勢利而羞賤貧。晁公武郡齋讀書志曾辨之。補筆談亦云：「班固所譏甚不慊。夫史公考信必於六藝，造次必衷仲尼，是以孔子儕之世家，老子置之列傳。尊孔子曰至聖，評老子曰隱君子。六家指要之論歸重黄、老，乃司馬談所作，非子長之言，不然胡以次李耳在管、晏下，而窮其弊於申、韓乎？固非先黄、老而後六經矣。游俠傳首云『以武犯禁』，又云『行不軌於正義』，而稱季次、原憲爲獨行君子。蓋見漢初公卿以武力致貴，儒術未重，舉世任俠干禁，歎時政之缺失，使若輩無所取材也，豈退處士而進姦雄者哉！貨殖與平準相表裏，敍海内土俗物産，孟堅地理志所本。且掘冢博戲，賣漿胃脯並列，其中鄙薄之甚。三代貧富不甚相遠，自井田廢而稼穡輕，貧富懸絶，漢不能挽移，故以諷焉。其感慨處乃有激言之，識者讀其書因悲其遇，安得斥爲崇勢利而羞貧賤耶！傳首伯夷，而云「末世争利，維彼奔義」，亦不退處士不崇勢利之一證。自序言易、書、詩、禮、樂、春秋，亦不先黄、老之一證。況孟堅於史公舊文未嘗有所增易，不退處士，不羞賤貧，何以不立逸民傳，此條本於困學紀聞十二。又何以仍傳游俠、貨殖？此文人之習氣，各自彈射，遞相瘡痏，蹈襲抵梧，目睫不見，所謂笑他人之未工，忘己事之有拙。晉張輔論漢書三不如史記，有以也。」後書范升奏史公違戾五經，謬孔子言及左氏春秋不可録三十一事。又張衡條上遷、固所敍與典籍不合者十餘事，未知所指。

五十二萬六千五百字

附案：遷傳同。通考百九十一引李方叔師友談記作「七十萬言」，余三番計之，字數都不能合。因今本史記歷經後人增删，非史公之舊。增者猶可辨其僞，删者無從得其真。如朱建傳述平原君諫淮南王反事，云「語在黥布語中」，而布傳無之。滑稽傳敍淳于髡以隱説齊威王事，云「語在田完世家中」，而世家無之。皆裁割未盡者。是以晉書張輔傳、西京雜記、史通並稱史記五十萬字，但舉成數言之耳。至於逸文墜句，往往見於他書，如漢書五行志中上中下屢稱史記，師古謂皆指遷所撰，或未盡然。漢書考異曰：「班志所云史記非太史公書，古列國之史俱稱史記也。」但志中下引史記曰「秦武王三年，渭水赤者三日。昭王三十四年，渭水又赤三日。」始皇紀末附秦記惟武王時渭水赤有之。水經注十九引之，明言是史記秦本紀。御覽五十九、六十二引史並同。又論衡禄命篇引「太史公曰：富貴不違貧賤，貧賤不違富貴。」

此皆漢人所引，得毋被楊終刪之，而世猶有真本在耶？左傳僖五年注「傳説星」，孟子離婁疏「西施入市」，經典釋文「莊子字子休」及駢拇音義「師曠無目」，史通敍事篇之「立轄」，説文繫傳「杲」字注之「反景桑榆」，「儹」字注之「代王儹債」，今本俱無。他若水經注、後漢書注、文選注、廣韻注、太平御覽、初學記、藝文類聚、通志氏族畧等書均有引史之語，不能盡録。而御覽尤多，雖未免舛譌，究難盡没，豈歷經傳寫，復有損削歟？

爲太史公書

附案：漢藝文志亦云「太史公百三十篇」，又云「馮商所續太史公七篇」，蓋史公作書，不名史記，史記之名，當起叔皮父子，觀漢五行志及後書班彪傳可見。蓋取古「史記」之名以名遷之書，尊之也。

曩賢多注漢書，儁指三十餘家，而注史記者甚少，延篤、徐廣、鄒誕生、劉伯莊俱作音義，別有音隱五卷，莫詳其人，並佚不傳，惟經裴參軍等引用，什獲一二。裴氏集解與小司馬索隱、張長史正義附見於史，僅止三家，甄釋探討，庶幾子長忠臣，然屢涉誤端，瑕瑜相準。唐藝文志許子儒、王元感、徐堅、李鎮、陳伯宣均注史記，又子儒音三卷，李鎮義林及裴安時纂訓各二十卷。攷索隱後序小司馬已罔覩許注，則唐初遂亡，宋史志祇載伯宣注，是元感諸儒所纂亡於宋代。而馬氏通考言伯宣注殘缺，今並殘本不可得。柳宗元龍城録稱漢末大儒張昶撰龍山史記注，未之見也。後序謂隋柳顧言善此史，劉伯莊先人常從受業，隨手記録，伯莊緣以作音義，張嘉會亦善此史，小司馬少從之學，因成索隱，柳、張二公之旨，殆絶而不絶矣。昔曹子桓云「人生不朽，其次莫如著篇籍。」劉孔昭云:「使我數十卷書行於後,不易齊景千駟。」誠見自古著述,傳之實難,獨怪史記擅奇六經之餘,漢章帝乃詔楊終删之,終雖有聞西蜀,而才謝龍門,輒敢妄加筆削,殊爲顔厚。且踳駁之處,歷歷具在,所删究屬何語?史册原文尚不能完保行世,奚論其他。刊整既畢,綴書紙尾,用寄喟然。

癸卯仲夏十八日,玉繩重識。

史記志疑附録一

瞥記卷三

司馬貞補史記序云「本紀十二象歲星一周，八書法天時八節，十表放剛柔十日，三十世家比月有三旬，七十列傳取懸車之暮齒，百三十篇象閏餘而成歲。」張守節論史例襲之，推改列傳七十象一行七十二日，言七十舉全數，餘二日象閏。子長本無此語，穿鑿可笑，王若虛曾斥其妄。

五帝紀北發，當是北户。大戴禮記作「大教」，不可解。曲阜孔檢討廣森補注云「大，大人，汪芒氏之國也。教，教民也。其爲人黑，山海經有焉。」

裴氏集解引鄭玄云「由内爲姦，起外爲軌」。案左傳成十七年「亂在外爲姦，在内爲軌」，虞書孔傳同。鄭意與傳相反，何也？

余嘗疑少昊是古官名，見史記志疑一。今又得一證，越絶計倪内經「少昊主金，與祝融、后土、玄冥、太皞爲五方之官」，則爲官名審矣。

夏本紀與河渠書及漢溝洫志並言禹治水在外十三年，尸子言十年，吴越春秋言七年。三國志高堂隆傳「昔洪水滔天，使鯀治之，績用弗成。乃舉文命，隨山刊木，前後歷年二十二載。」蓋依史、漢之十三年，又並鯀九載數之也。其實當以孟子八年爲定。金仁山謂「兖州賦十三載乃同，故以爲十三年。」説本禹貢注疏，蔡九峯諸儒已非之。孔疏引馬融，謂「禹治水三載，並鯀九載爲十三載。八州十二年平，兖州十三年平」。未免臆撰。至路史作治水三十年，尤不足信。

周本紀載吕刑「惟貌有稽」作「惟訊有稽」。海寧陳仲魚名鱣。云「説文系部引周書作『緢』，訓爲旄絲，次『緢』字於『細』字之下，當有細義，言維細有所稽考也。『貌』字乃衞包私改，郭忠恕汗簡釋『緢』爲『貌』，失之矣。史記『訊』字，疑『緢』之誤。説文『訊』，重文作『𧦝』，與篆文『緢』形相近耳。嚴九能云古『皃』字作『緢』，故汗簡云然。此古文假借，非誤也。古文『廟』作『庿』，亦以『緢』省。廟者，皃也。」紀言厲王在位三十七年，原未可深信，然欲考世表、世家年次，不得不依以爲説。許周生謂本紀誤，竹書十二年流彘近之。

温公通鑑始於周威烈王二十三年命三晉爲諸侯，以爲天子自壞其紀綱，特著篇首，爲後世戒。宋樓鑰獨謂「此書之作，實繼左氏傳，温公不敢顯言之耳。左傳以三晉事終，通鑑以三晉事始」。攻媿此論甚確，見本集。

太史儋言「合七十歲而霸王者出焉」，周紀與封禪書同。秦紀作「七十七歲」，老子傳及漢郊祀志、水經渭水下注並作「七十歲」。余謂自始皇初生，逆數至惠文改元，爲六十六年，而後四年西周亡，鼎入秦，恰得七十年。海寧錢廣伯云名馥。「恰得七十，既非初生，復非卽位。如何，以當闕」。

秦本紀「大廉玄孫曰孟戲、中衍，鳥身人言」。「鳥身」上似脱「中衍」二字，不然，太戊妻之當何屬，而下文所謂中潏者又誰之玄孫？廣伯云「『其玄孫曰中潏』上有『中衍之後』句。」

武王之謚，疑當以悼武爲定。廣伯云「下文『悼武王后出歸魏』，則本篇有」，足證也。

秦初并天下，分三十六郡，史不注其目，參考漢志、續志，連内史祇三十五，尚缺一郡。案水經灅水注云「始皇二十三年滅燕，以爲廣陽郡，漢高帝更曰燕國」。余據以補郡數之缺。詳史記志疑四。趙誠夫水經注釋引顧亭林北平古今記，謂「漢志廣陽國，昭帝元鳳元年置，當以昭帝置者爲定。」恐未盡然。孟堅志地理，但舉大略，文義簡古，不能盡詳。卽如漢更秦廣陽爲燕國，高帝時封盧綰及其子建，文帝時封劉嶧，武帝時封子旦，直至昭帝，因旦謀反誅，地入於漢，改用廣陽舊名，宣帝仍而不易。中間凡二次國除爲郡，孟堅皆不書，則其不言秦廣陽郡者，略也。秦有黔中，高帝更名武陵，孟堅不云故秦黔中郡，亦是脱略不書，與廣陽一例矣。

始皇本紀「年十三歲」，古無年歲並稱者。日知録謂「古人但云年幾何，不言歲也。自太史公始變之」。錢廣伯云「孟子『鄉人長於伯兄一歲』。趙策『太后曰：年幾何矣？對曰：十五歲矣。』則言歲不始於太史公」。

許周生云「始皇八年，『王弟長安君成蟜將軍擊趙，反，死屯留，軍吏皆斬，衍死字，漢志無。遷其民於臨洮。』此爲一事，據漢書五行志所引止此，可證。以下另爲一事。『將軍壁死，壁當是將軍在外者。卒屯留蒲鶮反，前所衍死字疑在此。戮其尸。』蓋蒲鶮以屯留人聞遷屯留民，懼禍及己，故因將軍之死而反。反亦卽死，故戮其尸也。呂后紀末前言東牟侯與滕公除宮，麾執戟者掊兵罷去，載少帝出。則宮中已無一人，乃又云『代王入未央宮，有謁者十人持戟衞端門』，此十人何自來乎？且天子未出，而一麾罷去。今帝已出，而十人者謬言天子在宮，以止代王之入，轉必待太尉諭然後去。則十人明是太尉所使，俾知操縱之權，實出於己，故文帝卽夜拜宋昌、張武，收兵柄，以備不測。一時君臣情事，史公以掩映之筆出之。綜計上下文，史公不應乖反如此，固自其微意所在耳」。

泰山碑曰「施於後嗣，化及無窮。遵奉遺詔，永承重戒」。是帝在時，亦可稱遺詔也。嶧山碑極簡古，決是秦時之文。水經泗水注「始皇觀禮於魯，登嶧山，命李斯以大篆勒銘山頂，名曰『書門』。」其鄭重如此，且爲刻石七篇中之第一篇，太史公獨闕不載，何也？盧學士謂史文有脱誤，其說見於所著鍾山札記。

春秋之法，雖無事猶必書孟月。史記周以後本紀，是年無事，則並年逸之。獨始皇紀於三十年特書曰「無事」，此史公創例，全書亦祇一見。

始皇因圖書曰「亡秦者胡」，乃發兵擊胡，而不知爲胡亥。路史後紀注引世紀曰「桀見籙書云『亡夏者桀』，於是大誅豪傑」，何其類也。

子長爲項羽作本紀，班叔皮譏其失，唐已來諸儒皆言羽不當列本紀，惟羅泌以爲「得編年之法」，未敢謂然。明吴偉業綏寇紀略言「張獻忠自爲一文，歷評古帝王，以楚霸王爲最。」真盜賊之語也。

高祖本紀「漢將別擊布軍洮水南北，皆大破之，追得斬布鄱陽。」全氏經史問答謂「洮水當作『沘水』，在九江。布敗於蘄，反走其國，又敗於沘，乃思投長沙，未至而死於番陽。」許周生云「別擊布別將之軍，非布在洮水也。『追得斬布鄱陽』，遥接上文『布走，令別將追之』也。全氏似未審。」

世表「從黄帝至湯十七世」，依史數之，是十八世，非十七世。許周生云「諸數世次處，史蓋離身數，而志疑悉連身數之，以至悉差一世」。

十二侯表「平王元年，東徙雒邑。」周生云「志疑辨平王東徙在五年。案周之東徙在平王元年無疑，謂在五年者非也。犬戎方伐周殺幽王，平王以辟戎寇而徙，揆諸情理，必不能遲至五年之久。或謂平王未必倉卒徙都，亂定後乃至洛。夫詩譜不言「以亂故，徙居東都」乎？若亂定，則不必徙矣。平王徙洛，豈晉徙新田之比哉！管蔡世家言「周室卑而東徙，秦始得爲諸侯。」六國表、秦本紀同。年表係秦爲諸侯於幽王之末，本紀言秦襄公將兵救周，因卽以兵送平王，此又徙東都在元年之確證也。」

周生又云：「晉文公過衛，志疑據晉語韋注在衛文公十八年，以世家書於十六年爲誤。案世家以晉文過衛在衛文十六年，甚確。左傳晉文於僖四年十二月奔狄，表書於五年。處狄自五年始，十二年而行過衛，則正當衛文之十六年。國語亦言『蓄力一紀，可以還矣。乃行過五鹿。』子犯言「十有二年，必獲此土。」僖二十八年晉取五鹿，則衛文十六年過五鹿，內、外傳所同。惟內傳與文公不禮，野人與塊爲一時事，而外傳以過五鹿在適齊前，過衛在去齊後，爲有歧誤。國語言『衛文公有邢、狄之虞』，不必定是見伐，特虞其來伐耳。若方當見伐，則當日有邢、狄之變矣。韋昭注以僖十八年邢人、狄人伐衛爲文公過衛之歲，殊非。文公自去齊後於衛、曹、鄭既不蒙見禮，而宋襄、楚成亦止聞乘馬厚幣之贈，未嘗假館。自衛至秦，雖經歷多國，而道途元非遠隔，入秦在二十三年，則過衛亦在二十三年，史表所書非誤。若謂僖十八年過衞則自十八年至二十三年，此六年中，文公淹留何國乎？」

「鄭襄公十八年，晉欒書取我范。」索隱本作「氾」，左傳成四年釋文云「氾音凡，或音祀」。王栗臣孝廉云「成皋之氾水當作『氾』，濟陰有氾水音汎，又音凡。成皋之水與之同音同字，故師古注漢紀謂「此水舊讀音凡，今彼鄉人呼之爲氾」，卽釋文或音祀説也。可知氾乃俗音，因氾與『江有氾』之『氾』相近，故俗呼之曰氾，至今相沿不變。而成皋之氾水，直書作『氾水』矣。若果氾水，何以舊音凡？且左傳『王在適鄭，處於氾』，杜注『鄭南氾也』。正義謂『鄭有南氾、東氾』。又「楚伐鄭，涉氾而歸」。又『秦軍氾南』。俱作氾，音凡。則成皋之氾水宜作『氾』也審矣，況正義謂『涉氾』之『氾』是地名，尤與取氾合。」

高祖功臣表「昌武侯單得坐傷人二旬內死，棄市。」此漢時保辜限也。今律以受傷之輕重，定限期之多寡，手足及他物傷者限二十日，刃及湯火傷三十日，折跌肢體及破骨墮胎五十日，以被傷時刻爲始，過一刻卽爲限外。

功臣邔侯表，索隱引周成雜字解詁，案周成不知何代人？唐志周成解文字七卷，亦不言其時，文選注及唐釋玄應一切經音義亦引之。

建元侯表書符離侯路博德之功曰「將重會期」，書衆利侯伊卽軒之功曰「手自劍合」。班書亦往往效之，唐樊宗師專學此等句法。

蘪兒侯亦作「語兒」。水經注引吳黃武時由拳西鄉産兒，墮地便能語，云「天明河欲清，脚折金乃生。」案永樂大典本「天方明，河欲清。鼎脚折，金乃生。」

褚少孫續建元侯表，載田千秋上孝武書，有「蚩尤畔父，黄帝涉江」之語，漢書千秋傳無之，豈刪而不録耶？

將相名臣表鴻溝作「鴻渠」，蓋引渠水所爲，故名渠，非以別名狼湯渠之故。水經注謂之梁溝，而梁溝即陰溝水，又有沙水、浚儀之稱焉。

景帝後三年正月甲子崩，二月丙子，太子立。漢書則云「甲子，太子立。」大事記以班氏爲誤，而不知史所書是既殯正繼體之禮，班所書是始死定嗣子之儀也。大事記又譏漢昭元諸帝葬前即位，謂廢自古既葬即位之禮。然自古即位，亦不必定在葬後，嗣君改元之年，先君尚未及葬，則先即位然後葬先君，春秋書文、成兩公可見。

王孝廉云：「封禪書『中嶽嵩高也』，志疑引周禮冀州山鎮及左傳司馬侯語辨中嶽是霍山，非嵩高，恐不然。嵩高爲中嶽，自當據爾雅，史公不誤。霍山在今山西，故周禮指爲冀州山鎮。冀偏西北，不得言中。司馬侯別太室於四岳之外者，以東西南北爲四嶽，則太室之爲中嶽自在其外，不得據崧高之詩以駁爾雅。」

書金縢一篇，今古文皆有，太史公載之魯世家，然先哲多疑其僞。余據淮南子「金縢豹韜」語，疑古別有金縢之書，（許周生云「淮南子所謂金縢豹韜，蓋即莊子所言金版六弢。）後讀宋樓鑰攻媿集，有一説極爲明通，其跋金縢圖云「書序武王有疾，周公作金縢，言金縢之篇，爲公而作也。所謂金縢之匱，其中實藏古書，自后稷封邰，分茅胙土，授之以龜，占書至嚴，子孫世守，非有大事不啓也。啓籥見書，正啓先世金縢之匿也。」

鄭世家言鄭君乙爲韓所滅，六國表言康公滅，無後。而一統志山西平陽府翼城縣西十里有鄭太子墓，唐盧照鄰銘，「太子壽者，康公之子，桓公二十代孫。聰明仁智。邑封千户，今壽城是其地。年七十八薨，葬天陵南。」此果可信，則康公非無後矣。

田完世家言「田常有七十餘男」，小司馬引鮑昱云「陳成子生男百餘人。」後此漢中山靖王有子百二十餘人，勃海王悝子女七十人，梁鄱陽王恢男女百人，北燕馮跋子男百餘人，吐谷渾有子六十人，明代端順王奇湞生子七十餘人，然不多見。

陳涉世家「涉之爲王沈沈者」，劉伯莊云「猶談談」。王孝廉云「作『談』卻不可解，竊疑是『淡』字之誤。淡淡，水平滿貌，見高唐賦。與『潭』亦近，『淡』轉爲『潭』，猶『談』之作『譚』耳」。

弟子傳壤駟赤，桐城姚姬傳郎中名鼐。經説謂卽左傳定十年之郈工師駟赤。

趙李同死，封其父爲李侯，是子蔭父也。平原君傳。漢奚涓死，封其母疵爲魯侯，稱曰「母侯」，是子蔭母也。高祖功臣表。張敖賜謚爲魯元王，是夫從妻爵也。呂后紀。魏志郭悳爲甄氏後，封平原侯，是以異姓襲殤母之爵也。

樂毅傳望諸君，索隱曰「戰國策『望』作『藍』」。案藍諸君見中山策，而燕策蘇代云「望諸相中山，使趙，劫之求地。望諸攻關而出。」豈樂毅之前，已有號望諸者乎？疑燕策兩「望」字當作「藍」，索隱反牽引藍諸作樂毅，合爲一人，則誤甚矣。

淮陰侯傳「從間道萆山而望趙軍」，萆讀曰蔽。索隱引楚漢春秋作「卑」，蓋省文。而顧宛溪方輿紀要謂「北直真定府獲鹿縣西有抱犢山，本名萆山，韓信登萆山望趙軍卽此。」則不當作隱蔽解，若訓蔽，則字當從「竹」。

倉公傳「趙章病，法五日死，而後十日乃死。其人嗜粥，故中藏實，中藏實故過期。」則食粥真養生之要也。張文潛有贈潘邠老粥記，言晨起食粥之妙，蓋於老人尤宜。

韓長孺傳「於梁舉壺遂、臧固、郅他皆天下名士」索隱曰「郅音質。三人姓名也。若漢書則云『至他』，言至於他處，亦舉名士。」似漢書誤。嚴九能云「『郅』作『至』，或省文，或傳譌，俱未可定。」

衛將軍驃騎傳「千騎將得王、王母各一人」，王孝廉云「『得』字當在『千』字上，謂得千騎將，又得王，又得王母。」

日者傳「越王句踐倣文王八卦以破敵國，霸天下。」此事莫詳，因考後書崔駰傳「顔回明仁於度轂」。張衡傳「洪鼎聲而軍容息」。孔融傳「南睢之骨立」。三國蜀志秦宓云「成湯大聖，睹野魚而有獵逐之失。」晉書地理志敍「世祖武皇帝接千祀之餘，當人堯之禪。」宋書文九王建平王傳「曾子孝於其親而沈乎水」。北周書褒長孫儉詔「蕭何就窮僻之鄉」。其事皆未聞。後書南蠻傳「爲僕鑒之結，著獨力之衣」，章懷亦未詳。

太史公自序傳「申、呂肖矣」，注以肖爲「痟」。顧亭林謂肖乃「削」字脱其旁耳。嚴九能云「方言『趙，肖小也』。肖有小義，亭林似未考方言」。以上各條，因史記志疑已刻，不及增改，故録此。

史記志疑附録二

蛻稾卷四

答錢詹事論漢侯國封户書

今月十二日，郵書論漢侯國封户，諸承指示。並賜新刻漢書考異一册，伏而讀之，皆實事求是，出自心得，過宋三劉刊誤遠甚。閣下謂高祖功臣盡食一縣者，惟曲逆侯陳平一人。敬聞命矣。由是知列侯封國，雖計户口之多少爲限，而仍以畺域爲斷。史公言「漢初大侯不過萬家，小者五六百户。後數世，民咸歸鄉里，户益息，蕭、曹、絳、灌之屬或至四萬，小侯自倍。」則復業户口，在列侯封内者，例得兼食之。故有始封户少，而免絶時户多者，曹參萬六百户，至國除凡二萬三千。推之曲周、潁陰諸國俱然，有始封户多，而免絶時户少者，柳丘侯戎賜八千户，至國除僅三千，昌武亦然。倘但限之以户，安得有前後盈絀之殊，且未聞多者從而損之，少者從而益之也。匡衡因郡圖誤閩佰爲平陵佰，遂封真平陵佰以爲界，衡食止六百户。表云「六百四十七户」。假使閩佰爲界，户數有餘於六百之外，猶將歸之有司，何論平陵？而郡圖之誤不誤，並與安樂侯國無涉，胡乃盜土自益，卒坐亂減郡界之罪哉！蓋始封户數，原有一定，嗣後或孳生，或衰耗，或遷徙，居乎國界則得食，出乎國界則不得食也。至閣下謂武安侯田蚡爲丞相，其奉邑食鄃。而其時俞侯欒布子賁嗣侯尚無恙，布封邑千八百户，鄃縣户口必不止此數，亦是以布所食外之餘户益封田蚡。竊恐未然。班、馬兩表書俞侯年數多舛錯不合，曾細校之，布以景六年封，中四年薨，在位六年。賁以元朔二年封，元狩六年免，在位十年。中絶十八年，正當蚡作相時，故得食於鄃。意蚡爲丞相，别食奉邑，如張安世國在陳留，别邑在魏之比。霍光亦有别邑，蓋異數也。蚡卒而邑歸有司，其卒在元光三年，迨元朔二年，仍以鄃續封布子賁。未必一鄃兩封，如後漢伏湛、宋酆之封不其侯也。狂瞽無當，惟閣下更誨焉。

公儀子禁織辨

史記循吏傳公儀子爲魯相，食茹而美，拔園葵棄之。見其家織布，而疾出婦，燔其機。予曰：拔園葵，猶可言也，固不察雞豚，不畜牛羊之意也。燔機出婦，不可以訓。古者自王后、夫人以至庶人之妻，莫不親執紡紝之事，以供衣服，故敬姜效績，仲尼美其不淫，誠懼夫安而忘善也。若公儀子之所爲，是令其家休蠶織矣。公儀賢者，豈備官而未之聞乎？將謂不欲以食禄之家與民争利，則諭其婦輟梭投杼可也，出而燔之，不已甚哉！或曰臧文仲使妾織蒲，仲尼以爲不仁，何歟？曰：非此之例也。織蒲以爲席，本非女子之常務，而況販席取贏耶！君子謂臧文仲教家以貪，公儀休教家以逸。

反蘇子范增論

東坡論范增之去項羽，當在殺宋義時。余謂增爲羽謀主，羽之殺宋義，增教之也。不爾，何以羽之姁姁不忍，竟能一朝之間，奮然斬宋義於帳中，出令諸將，莫不慴伏哉！且宋義一庸妄剛愎之人耳，奉命救趙，留四十六日不進，天寒大雨，士卒凍飢，猶飲酒高會，羽殺之固當。而東坡以懷王擢宋義爲賢，又責增之不能誅羽，毋乃戾乎！然則增當以何事去？曰：是必在鴻門罷會之時矣。羽不殺沛公，羽之大失策也，增勸之而不聽計，惟效范蠡之不赦吴王，趣壯士誅之，而後謝羽以專命之罪。羽見沛公已誅，方德增重增，而必不咎增。乃觀望瑟縮，任其脱身至軍，不可復制。增年已七十，知豎子之不足與謀，知吾屬之且爲所虜，可以乞骸骨而去矣，何待反間行於陳平，嫌疑起於惡食，始愿歸卒伍，疽死道路耶？蓋增始終無制漢之術，羽始終非信增之人。不能謀一身，何能定天下？東坡謂增爲高帝之所畏，增不去，羽不亡。嗟乎！增去羽亡，不去羽亦亡。天方助漢，亦同歸於驅除而已矣。

書史記酷吏傳後

太史公傳酷吏十人皆以嚴峻爲事，至今讀之，猶使人不寒而栗。然有周陽繇之撓法，杜周之從諛，而乃以郅都爲伉直。有義縱之鷹擊毛摯，而乃以趙禹爲平。有寧成、王温舒之家累千金，而乃以張湯爲廉。

彼善於此，則有之矣。兹數人者，惟趙禹以壽終，杜周、寧成不言其死。其餘如周陽繇棄市矣，義縱棄市矣，王温舒罪至五族矣，郎郅都、張湯所稱爲公廉敢諫，揚善蔽惡者，乃一斬一自殺。嗟乎！後之爲吏者，無都、湯之才，有都、湯之罪，而未受都、湯之禍者，可不懼哉！可不戒哉！

史記志疑附録三

庭立紀聞

自序。或問署名於字之下何義？翁曰：經、史中或字在名下，或名在字下，原無一定。然左傳僖三十二年疏、襄十年疏並云「古人言名字者，皆先字後名而連言之」，遂依其例。

夏紀帑僇。周禮秋官司厲鄭司農注引尚書曰「予則奴戮汝」，與漢書王莽傳引甘誓「孥」作「奴」同。

帝泄。錢竹汀詹事云「世，卽泄也，非字脱」。

殷紀帝號。大戴禮誥志篇「天子卒葬曰帝」。

周紀稷生。后稷名棄之故，翁雖據蘇明允嚳妃論，而心尚有疑。後閱常熟陶正靖父元淳。晚聞存稾詩説一則云「生民詩『履帝武敏』，毛、鄭異解，蘇明允譏鄭之失，而子由仍從鄭，諸儒亦曲附之，則以稷見棄之故未明也。明允以爲疑而棄之。夫首子易生，人情所樂，何反致疑棄？援鄭莊之寤生爲比，豈足以絀鄭哉！稷之致棄，經固明言之，諸儒特未察耳。經曰『先生如達』，注但云『易生』，而不知其所以易。凡嬰兒在母腹，有胞衣裹之，臨蓐時其衣先破，兒體少舒手足，漸欲動摇，故生之難。羊子之生，胞仍完具，墮地而後母爲破之，故其生易。稷生如達，蓋藏於胞中，形體未露，是以無啼聲。及轉徙數處，鳥去而呱，至此始離於胞，在既生數日之後也。然則疑而棄之，乃人之常情，所謂居然生子者，正疑怪之辭，故下章遂言棄置之事，仍識其啼聲，不惟著收養之由，而前之致棄益明已。

秦紀正有征音。老子「天得一以清，地得一以寧，侯王得一以爲天下正。」

始皇生年。史於始皇略其在位之年，而書其生年曰「五十一年而崩」，其實五十歲耳。錢竹汀有一說云「『五』當爲『立』。秦王政二十六年始稱皇帝，至三十七年崩，爲帝十一年也」。

始皇紀狹中。注謂「狹中在餘杭」。翁引毛西河說，以爲赭、龕二山之間，非餘杭也。後又採宋陳鵠耆舊續聞，云「餘杭非江流所經，狹中即今富陽縣。絶江而東，取紫霄宮路，江流至此極狹，水波委蛇。始皇從此渡，取暨陽界至會稽山。暨陽有始皇祠。」諸大令藹堂云「赭、龕二山之口，潮汐出入，如何可度。若以富陽爲狹中，則在省城西南九十里，古今道里不同，似史言『西百二十里』近是。志疑從西北之說，恐非。」

呂后紀臨光。張衡西京賦「覜往昔之遺館，獲林光於秦餘」，亦作「林」字。

孝文紀令勉。諸藹堂云「『中大夫令勉爲車騎將軍』，中大夫令是官號，勉其名。荀紀作『李勉』，必有所據。大顏、小顏以爲姓令，索隱引風俗通云令尹子文之後，皆非也。志疑誤從之」。

天官書河戒。錢竹汀云「鉞星在南、北河之間，故曰河鉞。漢志作『戉』，今本作『戍』，誤。此『戒』字亦『戊』之譌。唐一行誤讀史、漢，創爲山河兩戒之說，索隱、正義仍之，故多用『戒』字」。

魯世家王舅。祭統「衛莊公稱孔悝叔舅，其實莊公乃悝之舅，而悝則甥也。謂之舅者，亦以稱異姓之臣耳，可與左傳『齊王舅也』一語參看。」

宋世家親戚。以親戚稱父母者，又得數條，大戴禮文王官人篇、逸周書官人解「伐名以事其親戚」。管子九變云「大者，親戚墳墓之所在。」墨子節葬下篇、列子湯問篇「炎人之國其親戚死，朽其肉而棄之，儀渠之國其親戚死，聚柴焚之。」荀子榮辱篇「親戚不免乎刑戮」。

晉世家介推。龍蛇之歌，高誘注淮南説山，又與諸處所述異。

孔子世家年七十三。太平廣記詼諧類引談藪「北齊使來聘，梁訪東海徐陵春秋，答曰『小如來五歲，大孔子三年』，謂七十五也」。亦誤以孔子年七十二。

孟子傳作孟子。樓攻媿行彭龜年兼侍講制云「惟孟軻所著七篇之書，非戰國以來餘子所及。」亦謂孟子之書自作。

酷吏傳郅都。寰宇記四十九「郅都葬雁門，墓側古柏五千餘株，號『郅君柏』。」

自序傳引説文繫傳。歸安嚴九能云「代王償債，乃楚金引漢書宣元六王傳、淮南憲王欽爲張博償債二百萬事，誤記爲史記耳。又『代王』當作『王代』。」

金史蕭貢傳「貢注史記一百卷」，當補。